播音与主持艺术专业
“十四五”规划教材·实训系列

U1019641

新媒体
文艺作品演播

卢茜 编著

中国传媒大学出版社
·北京·

目录
CONTENTS

下编　文体篇

序

卢 静

新媒体时代,文艺作品正在受到市场化的冲击,有的哗众取宠,远离时代的主旋律;有的急功近利,缺乏历史的厚重感;有的俗不可耐,背离了中华优秀民族传统文化。同时,新媒体文艺作品演播也被世俗化、自然主义、口语至上的浊流所污染,不同程度地降低了演播的质量和水平,经典作品如今更加罕见。这些问题的出现,除了社会文化环境的影响,也有演播者创作意图和演播能力的原因。因此,端正态度、掌握科学的新媒体演播方法并加以苦练,才是每个新媒体文艺作品演播者的必由之路。

文艺作品演播虽隶属于播音与主持艺术专业,是该专业的重要课程之一,但在新媒体飞速发展的今天,受到历史、社会、经济、传播方式、受众等因素的影响,其侧重点也越来越向表演专业倾斜,也就是需要将播音与主持艺术的知识与表演知识相结合,借鉴表演专业理论,将两门学科的相关知识融会贯通,兼收并蓄,才能更有利于提升演播者的声音造型和语言张力,使最终的文艺作品更有表现力、吸引力和感染力,甚至能够实现戏剧作品的“卡塔西斯”功能。此外,文艺作品演播从传统媒体向新媒体的转变,不仅仅是播出平台的转变,更重要的是为了贴近受众收听习惯、满足其审美需求和心理需求的变化,演播者要从根本上调整自己的思想意识观念和有声语言表达的方式方法,更好地为听众服务。演播者应在文艺作品的创作实践中讲好中国故事,树立中国形象,为实现具有中国特色、中国风格的文艺作品演播体系的目标不断前进。

在艺术教育领域,特别是播音与主持艺术专业高校人才培养领域,教材的出版是一件值得高兴的大事。这本培养新媒体文艺作品演播人才的教材,是编写者在研究了新媒体平台海量的案例资料,分析了大量有着不同创作风格和美学追求的演播者之后,博采众长,结合自己多年的教学与创作经验精心编写而成的。

此外,与以往有关文艺作品演播教材不同的是,本教材不仅对播音与主持艺术专业的相关理论进行了不同程度的创新,还结合了表演专业的理论知识,解决了以往高校教师在施教目的上重播轻演的问题。本教材适用于文艺作品演播及其相关的系列课程,如广播剧演播,侧重点在于播音主持和影视表演的结合。文艺作品演播课程的主要目的在于,提高演播者的声音造型能力和语言张力,增强演播者的声音弹性等,而这些能力的培养,除了需要灵活运用播音与主持艺术专业的知识,对表演专业理论的学习和借鉴也是必不可少的,比如斯坦尼斯拉夫斯基的形体行动分析法、梅耶荷德的有机造型术、焦菊隐的"心象说"等。同时,作为实践重于理论的文艺作品演播,本教材在众多有一定影响力的新媒体平台搜集和选取了点击率高、收藏量大的文艺作品文字材料,作为将理论运用于实践的案例分析,力求达到"练一篇抵十篇"的效果。

"授之以鱼不如授之以渔",作为一本教材,需要阐明的不仅仅是"做什么",更重要的是"为什么做"和"怎么做"。因此,本教材在符合创作需求的基础上,总结了学生容易出现的问题,具体情况具体分析,找准作品关键的切入点,对症下药,量身打造了更加有效的指导方案和具体实施步骤。相信以上几点都更有利于激发文艺作品演播者的学习热情和创作激情,以提高自己的演播水平。

《新媒体文艺作品演播》搜集了新媒体播放量较高、深受听众喜爱的演播材料,以文艺作品演播创作实践的发展为历史坐标,在大量经典案例和流行案例的基础上,结合中国传媒大学的文艺作品演播相关教材,深入剖析演播者的最新创作方法、创作个性和美学追求,多角度、深层次地对新媒体文艺作品演播的"情感"和"思考"、"理论"和"实践"进行深入浅出地分析和阐释。我相信,这是一本前沿的、具有理论价值和实践意义的教材,它对于提高播音与主持艺术专业学生的表达技巧,以及新媒体文艺作品演播爱好者和有声小说演播从业者的演播水平,将会有一定的参考意义和指导作用。也希望卢茜在今后的专业领域和相关艺术领域能有长足的进步和长远的发展!

上编 技巧篇

第一章　新媒体文艺作品演播概说

内容提要

1. 新媒体文艺作品演播的定义和主要特点是什么？

2. 新媒体文艺作品演播与传统媒体文艺作品演播有哪些相同点和不同点？

近年来，随着新媒体的飞速发展、文化强国概念的提出和人们对精神文化产品需求的不断提高，媒体的传播环境发生了新变化，文艺作品演播以各种新媒体形式出现在受众面前。新媒体成熟强大的移动终端不仅拓宽了文艺作品演播的范围，扩大了作品的影响力，也满足了不同受众的视听需求。受众可以在手机、平板电脑等便携设备上随时随地播放文艺作品，实现文艺作品全方位、多角度的传播。

第一节　何谓新媒体文艺作品演播

一、新媒体文艺作品演播的定义

新媒体文艺作品演播，指利用艺术语言表达的各种手段将文艺作品的文字语言变为有声语言，通过网站、手机应用程序（App）、微信公众号、微博等平台传达给受众的创作活动。

二、新媒体文艺作品演播的特点

相比于传统媒体文艺作品演播，新媒体文艺作品演播由于演播的平台发生了变化，具有以下显著特点。

(一)形象生动

形象生动,既是传统媒体文艺作品演播的特点,也是新媒体文艺作品演播的特点。形象,是文学艺术创作的依托,是其表现的特殊手段,即"文学艺术把握现实和表现作家、艺术家主体思想感情的一种美学手段;是根据现实生活各种现象加以艺术虚构所创作出来的负载着一定思想情感内容,因而富有艺术感染力的具体生动的图画"①。《汉典》中对"生动"的解释是"灵活而不呆板,有变化"。文学作品从创作到演绎都离不开形象,也离不开灵活和变化。因此,形象生动对于文艺作品演播具有重要意义。文艺作品是通过塑造各种艺术形象激发相应的情感来打动人、感染人和启发教育人的,文艺作品演播理应形象生动,新媒体文艺作品演播亦有此特点。

古代哲学家很早就把想象力看作是人类认识自然、认识自我的一种心理机制。黑格尔曾经说过:"如果谈到本领,最杰出的艺术本领就是想象。"②心理学通常认为,想象是人脑对已有表象进行加工改造而创造新形象的过程。因此,想象是形象思维的较高级阶段,也是文艺作品演播过程中较为常见的思考方式。演播一部文艺作品需要经历阅读、感受、转化、表达四个步骤。在感受阶段,就需要运用形象思维,通过联想、想象活动,人们能够在脑海中产生形象生动的画面。

比如食指在 1968 年创作的《相信未来》,从诗歌创作的背景来看,诗人正处于一个特殊的时代,诗篇饱含浓郁的个人思想情感和独特的个人印象,表达了作者在绝望之中对人生和民族未来的朦胧而执着的希望。演播其中的"当蜘蛛网无情地查封了我的炉台,当灰烬的余烟叹息着贫困的悲哀""当我的紫葡萄化为深秋的露水,当我的鲜花依偎在别人的情怀""我要用手指那涌向天边的排浪,我要用手掌那托住太阳的大海,摇曳着曙光那枝温暖漂亮的笔杆"时,如果只是见字出声,出现情浅、声白等现象,那么和人工智能进行文艺作品演播就没有任何区别了。相反,我们应经过备稿六步,深刻感受、用心体会,去想象诗歌中所体现的意象和描述的画面,最后用有声语言将诗歌生动形象地展示出来,让诗歌"活"起来。

《相信未来》第一句中的"蜘蛛网"往往出现在长期没有人类活动的地方,这些地方大多落满灰尘,色调灰暗,给人以毫无生机、死气沉沉的感觉,而这一意象中心语"网"带给人的切身感受是全身性的束缚,所以通过对"蜘蛛网"这一意象的具体想象,我们的脑海中应浮现出相应清晰、动态的画面,演播者应努力通过表达使受众也在脑海中产生尽可能清晰连续的画面,唯有如此,才有助于文艺作品生动形象地呈现。

---

① 夏征农. 辞海:1999 年版缩印本:音序[M]. 上海:上海辞书出版社,2002:1907.

② 黑格尔. 美学:第 1 卷[M]. 朱光潜,译. 北京:商务印书馆,2017:357.

(二)个性时尚

在心理学中,个性有广义和狭义之分。广义的个性与人格是同义词,指个人的特定意识倾向和各种稳定而独特的心理特征的总和。狭义的个性通常指个人心理面貌中与共性相对的个别性,即个人独具的心理特征。至于时尚,《汉典》中对时尚的解释是这样的:所谓时尚,是时与尚的结合体。所谓时,乃时间、时下,即在一个时间段内;尚,则有崇高、高尚、高品位、领先之义。时尚在这个时代不只是为了修饰,更演变成了一种追求真善美的意识。

心理学研究表明,个性强调个人的独特性,是个人所以有别于他人的行为特点,比如智慧、气质、技能和德行。个性具有稳定性、发展性和社会性,它是社会关系的客体,是一个处于一定社会关系中的活生生的人和这个人所具有的意识,个性的社会性是个性的最本质特征。唯物辩证法认为,共性即普遍性,个性即特殊性,两者密切联系,不可分割,是辩证统一的关系。人人都有个性,人人的个性都各不相同。正是这些具有个性的人,推动着历史的前进和时代的变迁;也正是具有千差万别个性的演播者,推动着新媒体文艺作品演播事业的前进,他们自身也反映着时代的变迁。就具体的新媒体文艺作品演播而言,个性主要体现在两个方面:稿件的个性化理解和个性化表达。个性会受到一个人性别、民族、出生环境、成长环境以及父母和朋友等因素的影响,而个人在理解稿件时也不免受到个性的影响,“一千个读者有一千个哈姆雷特”就说明了这一点。在新媒体文艺作品演播中,个性化表达要求演播者能够把文稿中的个体经历与受众的普遍经验连接起来,这样不但能给受众留下印象,而且还能让受众产生共鸣,一举两得。同时,个性化表达亦有助于文艺作品演播更加形象生动,更能引起受众的兴趣。

在当今社会,时尚多指流行得体的一些东西,它被视为一个时期的流行风气与社会环境的集中反映,是流行文化的表现。新媒体时代,受众的声音审美需求和收听收视习惯都发生了相应的变化。很多受众对于传统黄钟大吕的处理方式产生了一定的审美疲劳,因此更口语化、更多样化的处理方式可能会令他们耳目一新,逐渐成为一种“时尚”。虽然流行和时尚是短暂的,但从时代发展的角度讲,时尚是一种超越时代、超越传统束缚、追求个性的表达,是一种真善美意识的觉醒。从历史的角度来看,时尚也具有时代性,反映一种思想的解放、审美的解放、观念的解放。另外,受众可通过新媒体的便利条件,快速获取自己所需的文艺作品演播内容。综上,新媒体文艺作品演播以个性时尚的服务提高了受众的满意度。

(三)互动交流

互动就是指个人与个人之间、个人和群体之间通过语言或其他手段传播信息而发生相互依赖性行为的过程。交流是人与人之间的互动,没有交流,也就没有情感的产生与传递。传统媒体文艺作品演播和新媒体文艺作品演播在这一点上主要体现为侧重点的不同,传统舞台上的交流侧重体态、眼神、走台以及表现形式等单向交流方式的多样化,而新媒体平台的交流更多是弹幕互动、连麦以及合作录制等,互动交流更加频繁、自由和灵活。新媒体的诞生,改变了以往传统媒体信息的单向交流与传播方式,文艺作品演播也不断融合新媒体的特征,摆脱了传统媒体创作的旧模式,演播者和受众在新媒体平台频繁互动,媒介变成一种思想和情感双向流淌的中介。

新媒体平台正在使文艺作品演播产生越来越大的影响力,许多演播文艺作品的网站、手机应用程序、微信公众号、微博等都能够通过互动交流及时了解受众的意见并予以反馈,提高了受众的参与度和积极性。此外,新媒体可通过以上途径及时地向受众的移动终端设备发送受众需要的文艺作品演播信息。新媒体相较于传统媒体,最大的优势是为受众提供的交互式体验。受众通过新媒体提供的互动平台,能够积极地参与到文艺作品演播活动当中,随时表达自己的感受和观点。总之,新媒体平台为细粒度挖掘受众互动交流内容提供了技术支撑,这是新媒体文艺作品演播的优势之一。

(四)情感共鸣

情感共鸣,也是传统媒体文艺作品演播和新媒体文艺作品演播的共同特点。情感在人类生活中起着非常重要的作用,主要表现在四个方面:第一,情感是人最基本的精神需求,是人适应生存的心理工具;第二,情感能激发人的心理活动,反映着我们对人、对事的态度,影响着我们的判断和选择,驱使着我们做出行动;第三,情感是心理活动的"组织者",与我们的想象力、创造力有关,丰富深刻的情感有助于我们更全面地观察事物、探索未知;第四,情感是人际交流的重要手段。因此,情感源于生活、指引生活,是艺术的内在生命。

文艺作品虽说以形象表达观点、说明问题,但更是以情感去打动人的。文艺作品大都是有感而发、有情而发、有悟而发的。文艺作品演播者的情感大都处于积极状态,只有情感浓烈饱满,才能够让受众产生共鸣,并进一步感染受众、打动受众。比如舒婷的《致橡树》,创作于 1977 年 3 月,是爱情诗的代表作。它向世人展示了新一代女性心目中伟大的爱情:两个人像两棵树一样彼此独立地扎根于同一片土地,同甘共苦、冷暖相依。诗中运用了"凌霄花""痴情的鸟儿""泉源""险峰""日光""春雨"等生动鲜活的意象,让受众更多地从感性的层面体会到旧时代女性内心柔弱并依附于男性的爱情并不是新时代独立女性心中所向往和追求的,反之刚强、自重、自爱才是她们在爱情中的理想形象;在爱情当中,女性不应是附属品,也不应成为对方的陪衬和点缀,而是必须与对方站在同等的位置上,人格平等、互相尊重、并驾齐驱,这样的爱情才能够长久。"你很好,但我也不差""我可以与你同甘苦,共患难""我们的爱情必将经历吸引—责任—信仰三个阶段,最终坚贞不渝”。诗歌中的爱情观点以细腻的情感表达出来,它不是以理服人,而是润物细无声地让受众对此产生强烈的认可和共鸣。

演播新媒体文艺作品时,精准把握与受众互动内容中的情感倾向,有助于提升演播者情感挖掘的效率,并进一步提升演播者的演播能力和水平。

综上所述,从本质上来说,新媒体文艺作品演播和传统媒体文艺演播在以上四个方面其实是有共性的,只不过在新媒体平台进行文艺作品演播需要更多在原有基础上的“创新”与“突破”。

第二节 新媒体与传统媒体文艺作品演播的比较

无论是从播出的平台和途径、文艺作品的选择还是受众的参与度等角度来看,传统媒体和新媒体的文艺作品演播存在着明显的差异。因此,准确把握二者的异同是十分必要的。

一、播出的平台和途径

传统媒体通过广播电视的播出平台将文艺作品演播传达受众,播出平台较为单一;新媒体文艺作品演播的平台和途径更加多样化,主要有影视类网站、手机各类播放软件、微信公众号、微信小程序、微博、其他短视频平台等。

二、文艺作品的选择

(一)作品时长

传统媒体的文艺作品演播,往往受制于广播电视节目的时长,受众也不能选取自己感兴趣的部分或跳过不感兴趣的部分。而新媒体文艺作品演播的时长则相对自由。为了更好地满足受众的收听需求,文艺作品往往被分为更多的小片段进行演播,方便受众利用碎片化的时间收听、收看演播者传递的内容并与之互动交流。比如深受当代年轻人喜爱的手机应用程序“戏鲸”,其中的文艺作品的演播时长往往是 2—5 分钟,方便受众随时收听接下来的演播片段,也可以自行取舍他们不感兴趣的片段。此外,新媒体平台对于文艺作品演播的速度也可以为受众提供个性化选择,比如放慢或加快,一般可设置 0.8 倍速、1.0 倍速、1.2 倍速、1.3 倍速和 1.5 倍速;还贴心地设置了定时关闭功能(10 分钟、15 分钟、30 分钟、60 分钟、90 分钟),以应对受众收听时睡着了无法关闭应用程序等情况。

(二)作品的流行性

传统的文艺作品演播多选择经典的文艺作品,因为经典作品有很多的优点:一是具有稀缺性,比如四大名著等;二是具有思想性,传统的文艺作品演播节目倾向于选择具有丰富文化内涵和深邃哲学思想的作品,比如《史记》;三是具有文学性,比如《道德经》《逍遥游》,几乎每一篇都有很高的文学价值和文学造诣。而新媒体文艺作品演播的包容性更强,不但会保留经典的文艺作品,也会吸纳流行的、通俗易懂的、深受年轻人喜爱的文艺作品,比如霸总题材的爱情小说、紧张刺激的恐怖小说、天马行空的科幻小说以及幽默搞笑的广播剧等,这样不但不会导致喜爱经典文艺作品演播的受众流失,而且还扩大了文艺作品演播的受众面,大大提高了新媒体文艺作品演播的热度和影响力。

(三)作品的原创性

新媒体文艺作品演播的"新",指的是文艺作品文稿具备基本的原创性。这里的原创性,区别于一般意义上个人或个别团体单独的原创性,更多的是指一段特定时间内具有时代特征的新的内容创造,一种区别于前面时代的内容、形式或理念上的创新。传统媒体文艺作品演播内容受到国家主流意识形态的影响,须符合电台、电视台的节目定位,遵循节目宗旨。因此,传统媒体选择的作品往往具备文学性、思想性、永恒性等特征,而新媒体的文艺作品文稿关注的是时效性、新颖性,这些文稿一般篇幅短,内容新,表述要求通俗易懂,直截了当,有趣味性。相较于经典文艺作品,新媒体文艺作品的创作难度较低,创作周期较短,这些特点都有利于新媒体产出更多原创性文艺作品,满足不同受众的喜好。

三、受众的参与度

就受众参与的特征而言,传统媒体是"主导受众型",而新媒体是"受众主导型"。在新媒体里,受众有更大的参与度。

在传统的文艺作品演播中,受众几乎没有参与的空间,传者与受者之间的互动交流也比较滞后,缺少时效性,而新媒体文艺作品演播弥补了传统文艺作品演播这方面的不足,受众参与的即时性提高了,同时参与的范围也更广泛了。随着受众参与度的提升,新媒体文艺作品演播更能吸引受众的注意力。比如手机应用程序"戏鲸"从以下几个方面提升了受众的参与度:首先是"评论"版块的设置,赋予了受众用户最大限度的话语权。受众可以随时将自己的观点、看法甚至意见以文字的形式反馈到评论聊天栏里,并与其他受众进行互动交流。其次受众还可以在"详情"页收藏自己喜欢的作品,这既节约了搜索时间,也便于他们反复收听这些作品。再次,受众还可以将任何一部 App 里演播的文艺作品分享到其他平台、分享给其他受众,十分方便。最后,“戏鲸”还开设了“Pia 戏”版块,受众可以选取自己喜欢的任意角色申请上麦,这体现了受众不但可以是文艺作品演播的观看者,而且也可以自己成为演播者,大大提高了受众的参与度。再比如微信小程序“为你读诗”,受众通过“美妙共创”版块的“加入我们”环节,可以参与其中。“为你读诗”主要通过微信视频号在四季 12 个月中的特别节日、纪念日等特殊的时间节点,以诗歌的形式,以中外文化为内容,以全球不同行业的特别嘉宾为参与者,以中国和海外的城市为坐标,推出系列主题直播活动。此外,该小程序还通过线上课程与线下课堂联动,为喜爱诗歌朗诵的受众提供了更多学习和交流的机会。

本章小结

1. 新媒体文艺作品演播是通过网站、手机应用程序、微信公众号、微博等平台传达给受众的创作活动。
2. 新媒体文艺作品演播的特点主要体现在四个方面:形象生动、个性时尚、互动交流、情感共鸣。
3. 新媒体文艺作品演播和传统媒体文艺作品演播的不同点主要体现在以下几方面:播出的平台和途径、文艺作品的选择、受众的参与度。

思考题

在文艺作品演播方面,新媒体相较于传统媒体有哪些优势?

第二章　用声技巧

内容提要

1. 如何用声音表达出形状的变化、颜色的不同、位置的转移、情绪的差别？

2. 如何体现声音的对比变化？

第一节　用声音表达出形状的变化

大千世界都是由物质组成的，从人们日常所需的生活用品，到人们赖以进行生产的资料；从树木、花草、鸟兽，到岩石、高山、大海；从地球上的万物，到茫茫宇宙中的太阳、月亮和星球……这些实实在在的物质大多都有具体的形状，文艺作品演播文稿往往离不开对这些物质的记录和对其具体特征的描述。例如《八元五角的母爱》这篇文章，其中记录水果的一段文字就需要演播者用声音表达形状的变化——“她用八元五角钱买了一个梨子、一个苹果、一个橘子、一个香蕉、一节甘蔗，一枚草莓……”

一、声音的高低、明暗

在这里，声音的高低指的是音调的高低。它是由声带的松紧和厚薄、气息的强弱、共鸣的高低等共同作用而成的。此外，口腔、呼吸肌的松紧等要素，对声音高低的变化也有影响。《八元五角的母爱》中比较了三种水果，从水果的形状特点来看，梨子相较于苹果更长、更瘦，苹果比较矮、比较胖；而苹果相较于橘子更高瘦，橘子更矮、更胖。因此，在表达“一个梨子、一个苹果、一个橘子”时，音调要逐渐降低，音色要由亮变暗，这样有助于将三种水果的形状呈现在受众面前。

二、声音的长短、虚实

音长是指声音延续的时长,它与气息的长短有很大关系,但二者并不等同。音长的长短,可以影响用声的虚实,但并不起决定作用。一般语言表达中用声虚实可以分为几种状态:实声、半实声、虚声及轻声。发实声时,声门紧闭、用力闭合,声带振动发出乐音性质的明亮声音,声音结实、有力;发半实声时,声门较轻松、闭合或半闭合,声带振动以乐声为主,少有气流摩擦声,声音相对柔和一些;发虚声时,声门有些开度,声带振动的乐音成分小于气流摩擦的噪音;发轻声时,声带靠拢,但发音时声带不振动,只有噪音,没有乐音。以上这几种用声虚实的状态,在新媒体文艺作品演播中都能用到,演播者灵活使用声音的虚实会达到富于表现力的效果。

我们再来看上面例子中提到的第四、第五种水果。从水果的形状特点来看,香蕉的形状是弯曲的,一节甘蔗的形状相较于香蕉而言是笔直的;除此之外,香蕉的线条给人的感觉较柔和,而甘蔗的线条让人感觉更生硬些。因此,在表达时,“一个香蕉”的音长要比“一节甘蔗”的音长略长,在声音的虚实方面,香蕉要比甘蔗虚一些,用声音进行这样的处理能让受众精准细腻地感受到两种水果形状上甚至视觉形象上的差别。

最后是对“一枚草莓”的处理,由于没有其他水果与之对比,演播者要想更好地用声音表达出草莓的形状,就可以在脑海中想象另外一种与之有不同之处的水果,比如西瓜。一枚草莓和一个大西瓜相比,明显的不同之处就是体积的大小以及柔软和坚硬的区别。因此,在表达时,“一枚草莓”就可以音长偏短、声音偏虚一点,表现出草莓个头小、软软的、甜甜的特点,以使草莓的形象更清晰生动地浮现在受众脑海中。

第二节　用声音表达出颜色的不同

组成大千世界的物质,不仅仅有形状的变化,还有颜色的不同。很多经典的作品都有对颜色的描绘,比如朱自清的散文《春》中对于花朵的比喻——“红的像火,粉的像霞,白的像雪”。

一、声音的强弱、厚薄

声音的强弱,即声音的力度大小,也叫音强,主要是由气流的压力大小与声带配合的不同所塑造的。口腔及呼吸肌的松紧对音强也有影响。此外,声音的强弱与声音的高低往往密不可分。如朱自清的《春》中描述颜色的语句就可以用声音的强弱配合声音的厚薄来处理。具体而言,朗读“红的像火”这一句时,演播者可以在脑海中想象熊熊燃烧的火焰,它是温暖的、明亮的、艳丽的、火热的。“粉的像霞”可以从两个方面来把握:首先是“粉色”给人带来什么样的感觉?可爱的、害羞的、少女的、萌萌的……其次是“霞”给人的感觉,演播者在备稿时可以搜索一些早霞或晚霞的图片来观察和体会,会发现它们没有红色那么高的饱和度,也并不刺眼,而是给人柔柔的、薄薄的、轻盈的、平静而通透的感觉。“白的像雪”依然可以从两个方面来把握,一是白色往往给人干净、圣洁、纯洁、明亮的感觉,二是雪也是大家都曾见过的普通事物,它是晶莹剔透的、纯洁可爱的,甚至是闪闪发光的。因此,“红的像火,粉的像霞,白的像雪”声音是从强到弱的,同时也是由厚到薄的。

二、声音的松紧、粗细

朗读一句话时除了要有声音的强弱、厚薄的区分外,同时也要有声音的松紧和粗细变化。比如“红的像火,粉的像霞,白的像雪”一句中,“红”“粉”“白”的声音是由紧变松的,也是由粗变细的。由此可以看出,无论是声音的强弱、厚薄,还是声音的松紧、粗细,都是有程度的区分的,也是有不同的层级的。

再比如,手机应用程序“蜻蜓 FM”里的有声小说《致朝与暮》中,形容女主角朝与暮的两段文字“那道身影转过身,怕被包裹在黑暗中,留下浓墨般的影子”“与暮静静地站在窗前,眼神迷离地望着眼前蔚蓝色的大海,内心也像这大海一样冰冷”,涉及与颜色有关的两个词语“黑暗”和“蔚蓝”。因此在表达时,不但要把握不同的颜色给受众心理带来的不同感受,还要考虑小说人物内心的不同情绪是否与颜色相吻合。首先是黑色,黑色往往给人以沉重、压抑、恐惧、危险等感觉,用声较紧和粗;然后是蔚蓝,提到蓝色人们往往会感觉到伤感、开阔、平静等,而这里结合主人公当时的心情,朝与暮要与背叛她的未婚夫解除婚约,内心是伤感的,因此用声要相对松弛,轻声细语且将语速放慢。

第三节 用声音表达出位置的转移

文艺作品是用来记录生活的。生活中的物体常常发生位置的变化,这也会反映在文艺作品稿件中。比如徐志摩的诗歌《雪花的快乐》中形容雪花在空中纷飞的句子:“假如我是一朵雪花,翩翩地在半空里潇洒,我一定认清我的方向——飞扬,飞扬,飞扬——这地面上有我的方向。”其中的“飞扬”反复出现了3次,表明诗人将自己的意念附着在充满灵性的雪花上,充分享受着选择的自由、轻松和快乐。正因为雪花是自由的,所以我们可以综合运用声音的高低、长短、强弱等技巧来表现雪花在空中翻飞的位置变化。具体可设计为:高、低、高;低、高、低;逐渐变高或逐渐变低。

再比如唐代诗人王之涣的《登鹳雀楼》,此诗的后两句“欲穷千里目,更上一层楼”把哲理与景物、情势融合得天衣无缝,意在催人抛弃故步自封的浅见陋识,登高望远,拓宽视野,不断开拓更加美好的新境界。这两句诗也常常被引用,借以表达积极探索和无限进取的人生态度:想要看得更远,唯一的办法就是要站得更高些。因此,以诗句的意思为依据,第二句的用声要比第一句的用声更高、更强,也更实、更亮一些。

在艺术语言的表达中,有时需要用声音表现出镜头位置转移的顺序。比如冰心的散文《小橘灯》中对主人公小姑娘的外貌描述:“我掀开帘子,看见一个小姑娘,只有八九岁光景,瘦瘦的苍白的脸,冻得发紫的嘴唇,头发很短,穿一身很破旧的衣裤,光脚穿一双草鞋,正在登上竹凳想去摘墙上的听话器,看见我似乎吃了一惊,把手缩了回来。”这段文字的描述很有电影镜头的感觉,这一桥段的镜头位置移动的顺序分别是:脸—嘴唇—头发—衣裤—光脚/草鞋—墙上的听话器—缩回来的手,按照视觉的焦点转移来决定声音的高低,依次就是:高—中—低—更低—最低—高—中。演播中进行这样抑扬顿挫的表达,有助于受众在脑海中浮现出和演播者一样或相似的画面,能让小姑娘的形象更加鲜活。

第四节　用声音表达出情绪的差别

情绪是一种内部的主观体验,但在情绪发生时,又总是伴随着某种外部表现。这种外部表现也就是可以观察到的某些行为特征。这些与情绪有关的外部表现,叫表情。最能表现人们各种情绪状态的外部表现是人的面部表情,尤其是人的眼睛的表达。不同的眼神可以表达人的不同情绪,比如高兴时“眉开眼笑”,气愤时“怒目而视”,恐惧时“目瞪口呆”,悲伤时“两眼无光”,惊奇时“双目凝视”,等等。眼部肌肉和口部肌肉在情绪表达中各有自己擅长的领域。研究表明,口部肌肉比眼部肌肉更擅长表达喜悦、怨恨等情绪,而眼部肌肉可以辅助演播者更细腻地反映文艺作品中人物的情绪并精准地将不同情绪表达出来。

比如寓言故事《狐狸列娜》的一个片段包含三个主要角色,分别是狐狸、胖鱼贩和瘦鱼贩。文中提到胖鱼贩和瘦鱼贩因为打到了很多鱼而心情大好:“我说今天这鱼啊,指定能卖个好价钱。”之后,二人在马车上看到前面的路上好像躺着一个什么东西,走近一看,原来“是只死狐狸”,然后他们就把狐狸放到了车上的鱼篓子里,又高高兴兴地上路了。因为他们想到,不但鱼可以换来很多钱,而且意外地得到了一只死狐狸,因此可以用“开心到飞起来”来形容他们喜悦的心情。在表达时,演播者可以闭上眼睛,想象画面,仔细体会当事人的情绪,努力找到发自肺腑的快乐感受,以情带声,用较明亮、较实的声音、较高的声调以及较短的音长来体现两个鱼贩喜悦的情绪。后来,两个鱼贩发现狐狸之前只是在装死,当他们还在争吵这张狐狸皮给父母做成什么礼物的时候,狐狸列娜已经在鱼篓子里吃了整整30条鱼,然后对着那两个鱼贩子说:“别吵啦!别吵啦!这身皮呀,我还要留着自个儿用呢!”说完便大摇大摆地走了。两个鱼贩子目瞪口呆,很明显,此时二人的情绪是惊讶的,眼前的一切简直难以置信,他们的脑子还没反应过来。因此演播者在表达时,要努力体会两个鱼贩从云端跌落谷底的心情,“目瞪口呆”这个词也有助于演播者将惊讶的情绪更好地表现出来,用声要偏低、偏柔,语速偏慢。

狐狸列娜

旁白:有一天,天气很冷,狐狸列娜在田野里徘徊。

狐狸:哎哟,哎哟,我的妈呀,我的肚子饿极了,简直,简直能把一座山都吃掉。

旁白:突然,大风把远处的一阵腥味给吹了过来。

狐狸:嗯,好香呀。哎,是鱼,没错,我狐狸列娜的鼻子天下第一,我说是鱼那准是鱼。哈哈!今天的早饭有着落啦!

旁白:果然,没多久,就从大路上来了一辆运鱼的马车。这车上啊,还坐着一胖一瘦两个卖鱼的。

胖鱼贩:嘿嘿,我说今天这鱼啊,指定能卖个好价钱。

瘦鱼贩:那当然了,我们要发财了。

旁白:这时候,列娜赶忙跑到前边的大路上,躺在地上装死。马车慢慢地过来了。

胖鱼贩:欸?这前面的路上,好像有个什么东西。

瘦鱼贩:哦吼,是只死狐狸。我说你快停下来,你快停下来!对对对对对对!

旁白:两个鱼贩子小心翼翼地拿着斧头下车来了。

胖鱼贩:当心,万一没死它会咬你的。

瘦鱼贩:嗨,只要它还有一口气,我就一斧子劈了它!

旁白:他们俩把列娜翻过来翻过去,还狠狠地踢了它两脚。可列娜一动也不动。

胖鱼贩:哎哟喂,还真的是只死狐狸!你看这身上还冒着热乎气儿呢!

瘦鱼贩:今天可真不赖!打了两筐鱼,又捡了一张狐狸皮,晚上回家去烫壶热酒吃桌席,烫壶热酒,啊吃,啊吃,吃桌席!

旁白:他们呀,万万没有想到,这时候的列娜正在鱼篓子里大吃特吃鲜美的鱼呢。

胖鱼贩:我说呀,这件狐狸皮正好给我老妈做件大衣领子!

瘦鱼贩:哎哟,我说这狐狸皮给我老爸做围脖更合适!

胖鱼贩:不,给我老妈!

瘦鱼贩:给我老爸!

胖鱼贩:那是我先看到的!

瘦鱼贩:那是我先捡起来的!

胖鱼贩:我!

瘦鱼贩:我!

旁白:就在他们俩吵得不可开交的时候,列娜已经吃了整整30条鱼。差点呀,把肚子都给撑破了。它对着那两个鱼贩子说——

狐狸:嗨,别吵啦! 别吵啦! 这身皮呀,我还要留着自个儿用呢!

旁白:列娜说完,大摇大摆地走了。两个鱼贩子目瞪口呆,等他们回过神儿来,列娜早已经没影儿啦!

想要更好地用声音表达出情绪的差别,我们平时可以多做下面这个小练习:用“八百标兵奔北坡”这一句话来表达27种情绪,这些情绪分别是:钦佩、崇拜、欣赏、快乐、焦虑、敬畏、尴尬、厌倦、冷静、困惑、渴望、厌恶、痛苦、着迷、嫉妒、兴奋、恐惧、愤怒、有趣、郁闷、失落、疲惫、悲伤、满意、无聊、同情和满足。

本章小结

1. 用声音的高低、明暗、长短、虚实来表达出形状的变化。
2. 用声音的强弱、厚薄、松紧、粗细来表达颜色的不同。
3. 综合运用声音的高低、长短、强弱、虚实、明暗等来表达出位置的转移和情绪的差别。

思考题

新媒体文艺作品演播除了可以运用高低、明暗、长短、虚实、强弱、厚薄、松紧、粗细等声音技巧来表达出形状、颜色、位置和情绪的变化外,还能表现哪些方面的变化?

第三章　用气技巧

内容提要

1. 气息控制的基本要求是什么？
2. 控制气息的训练方法具体有哪些？
3. 气息自如的技巧和方法有哪些？

气息的运用，是文艺作品演播的重要一环，对文艺作品演播者的语言表达有着非常重要的作用。

第一节　气息的控制

气息控制的基本要求是：呼吸时吸得多用得少。简单来说就是气息稳劲、持久、自如。

稳劲：如果气息控制不好就会出现头重脚轻的现象。文艺作品演播要求演播者在很多时候都要吸气平稳，减少对声带的强烈冲击并且保持使发音悦耳、有利于稿件表达的气息。这就要求演播者有较强的气息控制能力。

持久：在文艺作品演播时，为了完整表达语意以及作品内容，往往需要一口气说出较多的音节，因此演播者需要有持久的气息控制能力。

自如：一切艺术表达活动都要靠独特的表现手段来提高自己的辨识度，而不是生搬硬套、千篇一律，文艺作品演播也不例外。气息控制的方式僵硬而单调会造成声音色彩的单一化，从而影响演播的质量。在表现文艺作品时，需要用准确的声音色彩反映丰富的内容，这就要求演播者具有自如灵动的气息控制能力。

第二节　气息的练习

气息是人体发声的动力和基础。在演播文艺作品时，气息的速度、流量、压力与声音的高低、强弱、长短以及共鸣情况都有直接关系。可以说,要控制声音、驾驭语言,就必须学会控制气息。

下面介绍气息训练的四种方法。

一、闭口打哈欠法

闭口打哈欠法,即打哈欠时故意不张开嘴,而是强制用鼻吸气、呼气。

二、压腹数数法

平躺在床上,在腹部压上一摞书,深吸一口气,从1开始往后数。这是对气息输出作强制训练,增强腹肌和横膈膜的控制力。做这个练习时,开始阶段压的书可少些,之后可逐渐增加,循序渐进。为了不占用工作中的时间,我们可利用睡前时间做这个练习。

三、气球撒气法

把自己想象成一个充满气的气球,先吸足一口气,屏息数秒,然后用低微的、带有气息的声音发“si”音。和压腹数数法一样,这是对气息输出作强制训练,以达到增强丹田控制力的目的。应注意,不要一下子撒气、漏气,所发的“si”音时间越长、吐气越均匀越好。

四、跑步朗诵法

平时跑步出现轻微气喘时,可朗诵一首短小的诗歌或者散文片段。训练初级阶段可不顾及声音是否优美,是否出现喘息声;坚持训练一段时间后,要能控制好呼吸,在朗诵时尽量不要有明显的喘气声;进一步训练后,加入情感,将声音和情感进行有机结合。

第三节　气息自如的技巧

演播者要想做到气息运用自如,就需要掌握一些基本的换气方式。

一、偷气

偷气指短而无声的吸气,是人生理的需要。当演播者遇到的文艺作品稿件句子较长,意思不能中断,不允许中间停顿换气时就得偷气。偷气时气息进气量小,口鼻同时进气,动作要快而且幅度要小,不能让受众感觉出来。简言之,偷气即快而不露地换气。

比如在喜马拉雅 FM 播放量高达 6.7 亿人次的《明朝那些事儿》第一集中,介绍朱元璋的一个长句子“生卒,也就是在世活的这个岁数啊,活了多少年,是从 1328 年到 1398 年,整整活了 70 岁”,演播者在句中很多地方都可以做偷气的处理,使表达时不至于气短,做到气息运用自如。再比如戏鲸中的广播剧《与你》,其中在表现句子“记忆的碎片在流年里不知疲倦地流淌”时也可以灵活地偷气。

二、抢气

抢气,即快速而不顾忌有无声音的吸气,是发音过程中一种带有吸气声的补气方式。在文艺作品演播时,当句子较长、节奏急促或感情强烈时,气息消耗很快,常常要在句与句之间或句子中可停顿的地方急速补充气息。抢气是以口部进气为主的快速补气方式。像“闻”或深呼吸时的感觉,多用于表达惊讶、恐惧、悲伤等情感。

比如喜马拉雅 FM 播放量高达 10 亿人次的恐怖小说《张震讲故事》,其中有一期《邪恶游戏》讲到“迪飞自嘲地笑了一下,就去洗澡了,他把传呼机一扔,然而正在他洗得尽兴的时候,他又听到了 BB 机的声音,然后他看到浴室的毛玻璃上出现了一个陌生的影子!迪飞猛然开门,可是什么都没有”。演播者在“陌生的影子”前和“猛然开门”前都做了抢气处理,使得恐怖故事的气氛更加紧张,受众的心也跟着颤抖,甚至屏住呼吸,期待接下来的情节。再比如恐怖小说《运尸人》第二集《亮子出事》中:“哥,你可救我啊!”“我,我被那女的给缠上了!”由于亮子天天晚上都梦见被他伤害过的女尸,他感到自己不久于人世了,所以极度恐惧地向男主人公求救。因此,在每句话的停顿处都做了抢气处理,有明显的吸气声,吸气量大并急速补充气息,以更好地表现出人物恐惧的心理。

三、就气

就气是指虽有停顿,却不进气,而是调动体内的余气将话语说完。就气一般用在强烈的感情爆发之前,或为引起受众注意的地方,或是给人以悬念的地方。

比如喜马拉雅 FM 都市言情小说《重生八零:媳妇有点辣》第一集开头对女主人公的介绍:“事业再成功,没有婚姻的点缀,女强人总是容易被人嚼舌根。特别是像夏小兰这样作风强势、相貌平平的。公司总是有人背后说她——人丑年纪大还眼光高,能嫁出去才有鬼呢!”“说她”后面的话语,是演播者设置悬念的地方,如果在“说她”后面不做停顿的处理,紧接着说出“人丑年纪大还眼光高,能嫁出去才有鬼呢”这句话,给听众留下的印象远远比不上在这里做一个就气处理的效果。也正因为做了这样的处理,才让这个细节悬念感十足,成功引起了听众的注意。再比如戏鲸中的广播剧《虚空烬》中的一个片段“嘿!你听说了吗,太子的生母……被长公主给杀了!”“再加上齐王妃说了这么大逆不道的话,自然就……咔嚓了呗。”在省略号的地方,演播时如果吸气那么前后语意就会出现断层,而如果用就气的方式进行处理,那么就保持了意群的完整性,听众对事件结果的印象就会更深刻,表达效果也更好。

四、提气

提气是指演播者把气息从丹田处提起来,不至于气息没有控制地飘浮。这时的气息控制力比较强,一般演播者遇到比较兴奋的内容时,常用提气的方法。

比如蜻蜓 FM 的儿童广播剧《小猪佩奇》中的《妈妈的生日》,佩奇和乔治给猪妈妈做了生日卡片并高兴地对猪妈妈说:“生日快乐!妈妈!”还有妈妈吃完早餐下楼到厨房找佩奇他们,由于爸爸和佩奇、乔治在厨房准备给猪妈妈的生日惊喜蛋糕还没有完成,所以在猪妈妈打开厨房门的那一刻,佩奇着急地说:“不行!您不能进来!”这两部分,分别表达了喜悦和激动的心情,要求演播者具备较强的气息控制力,演播时好像要把气从丹田位置提出来,音调也较高。运用提气的方法,切忌一激动就将气息浮上来或吊到嗓子眼,还要注意丹田用力,让气息有“根”,这样才能保证声音的圆润饱满动听。

五、补气

当演播的句子比较长,中间有逗号等标点,或感情要转入高潮时,需要积蓄力量,中间要补气。补气这个动作的时间比大喘气要快、要短,比偷气又慢些、长些。

比如李白《将进酒》的最后一句“五花马,千金裘,呼儿将出换美酒,与尔同销万古愁。”气势豪迈,感情奔放,抒发了诗人激昂的情感。此处演播者为了表达激昂的感情,也为了积蓄力量,中间要做补气处理。

再比如《嘎达梅林》中需要做补气处理的地方也比比皆是。“长生天啊!你睁开双眼看看这被血泪浸透的科尔沁草原吧,如今它只留下一片凄凉。”“你们鱼肉百姓,早晚会有报应的这一天!”“受苦受难的百姓们,草原上的牧民们,拿起你们的棍棒刀枪——为了我们的土地和草原不落到日本人手里,我们就是粉身碎骨,也要和他们决一死战!”“长生天啊！请厚葬这位蒙古民族的英雄吧！请永远地记住那些为美丽的草原流淌过鲜血和付出过生命的勇士！请永远地记住:嘎达梅林!”这些句子都蕴含充沛的情感,这些情感达到高潮时演播须做补气处理,这样朗诵时才能有气息的支撑,情绪才能足够饱满,效果才能“顶得上去”。

六、情、声、气相结合

情、声、气三者的关系是密不可分、相辅相成的。它们的正确关系应为:气随情动,声从气发;以情带声,声情并茂。情是演播者对语句内容和受众的感情态度,是演播者除表达意义之外最重要的部分,它通过真实可感的声音表现出来。声是演播的声音形式,其高低、强弱、虚实等变化都与一定的感情色彩相联系。气是支持发音的气息,它与情和声有着密不可分的关系;它是感情的直接生理反应之一,不同的感情色彩会引起气息状态的不同变化。

下面以张晓风的散文《相思树》为例,探讨演播时的用声要领。

> 很小的时候就开始喜欢那一片细细碎碎的浓绿。每次坐在树下望天,那些刀形的小叶忽然在微风里活跃起来。像一些熙熙攘攘的船,航在青天的大海里,不用桨也不用楫,只是那样无所谓地飘浮着。
>
> 有时走到密密的相思林里,太阳的光屑细细地筛了下来,在看不见的枝丫间,有一只淘气的鸟儿在叫着。那时候就只想找一段粗粗的树根为枕,静静地藉草而眠,并且猜测醒来的时候,阳光会堆积得多厚。
>
> 有一次,一位从乡间来的朋友提起相思树,他说:“那是一种很致密的木材,烧过以后是最好的木炭呢,叫作相思炭。”
>
> 我望着他,因激动而沉默了。相思炭！怎样美好的名字,“化作焦炭也相思”,一种怎样的诗情啊!
>
> 以后,每次看见那细细密密的叶子,心里不知怎么总是深深地感动着。
>
> 每一棵树都是一个奇迹,不是吗?①

《相思树》这篇文章虽短,却需要演播者将情、声、气三者有机结合起来,才能收获完美的演播效果。比如演播第一段时,演播者一定要想象一片树林的画面:浓绿的色彩以及树叶细细碎碎的生动模样,感受作者很小的时候就开始喜欢它的长情和深情。

① 张晓风.故事中的风沙与皮箱[M].杭州:浙江文艺出版社,2020:67-68.

这样才能够让演播者自身对这片浓绿产生发自肺腑的热爱,也才能灵活地运用自己的气息去支撑和烘托这份热爱,真正地做到气随情动,用气托声。紧接着,演播者可以想象自己坐在树底下望着天的场景,想象着一阵风吹过,树叶被风吹得哗哗作响,它们仿佛有了生命一般。演播这一段最后一句话时,可以想象我们曾经看过的动画片《大鱼海棠》的画面,在电影的世界里,一个世界的大海同时也是另一个世界的天空,而那些熙熙攘攘的船和叶子的形状相似,并且也是一样的无拘无束、自由自在,不受环境的限制和束缚。因此演播者在表达这一部分时可以努力体会和感受这些刀形的小叶子彼时彼刻的状态,恬淡、舒适、惬意又从容。由此,演播的气息的变化受到当时心情和心境的影响,也是平稳、和缓的,似涓涓流水一般。

再比如文章的第二段,演播者在演播时可以想象这样一幅画面来调动自己情绪:相思林的树木很多,密密麻麻的,树叶也是密密麻麻的。太阳透过树叶的缝隙射进树林里,就仿佛细沙通过筛子细细地筛落一般,只不过却是一束一束的样子。气随情动,在这里,气息是徐徐的、柔柔的。直到"有一只淘气的鸟儿在叫着",由于作者当时的心情是欢快喜悦的,因此演播者为了更好地表达感情,声调可以明显提高,并做提气的处理。"那时候就只想找一段粗粗的树根为枕,静静地藉草而眠"一句,气息要下沉,演播者可以想象这样的画面:在一个温暖安静的午后,阳光和煦地撒在自己的脸上,在一棵树根很粗并且裸露在地面的树下舒心地睡觉,并且睡到自然醒。演播时,演播者要尽力让受众感受到生活的美好。

到了第四段,作者的情感发生了变化。为了表达激动的感情,演播者在这里要积蓄力量,中间要补气。

最后,在朗读文章的尾句之前,可以换口气,给自己一个喘气的机会,用偷气的方式给受众一个喘息和思考的时间,做一个留白的处理。

将情、声、气有机结合进行文艺作品演播,是为演播的最终效果服务的。

本章小结

1. 气息控制的基本要求是呼吸时吸得多用得少。简单来说就是气息稳劲、持久、自如。
2. 控制气息的训练方法有闭口打哈欠法、压腹数数法、气球撒气法、跑步朗诵法等。
3. 促进气息运用自如的换气方式主要有:偷气、抢气、就气、提气、补气等。

思考题

新媒体文艺作品演播中哪些情绪的表达需要抢气?试举例说明。

第四章　吐字技巧

内容提要

1. 吐字归音的定义和要领是什么?
2. 口腔控制的要领是什么?
3. 想要口齿伶俐须进行的吐字训练有哪些?
4. 要做到灵活且富有对比变化地吐字,要掌握哪些技巧?

新媒体文艺作品演播不同于舞台表演,也不同于新闻播报,它是通过话筒等电声设备传达内容的,没有图像和其他手段的辅助,因此要求演播者吐字更加清晰、饱满、集中、准确、自然,这样才能有助于塑造形象,生动展现作品。

本章围绕唇、舌等口腔肌肉的控制方式,对新媒体文艺作品演播吐字的技巧展开分析,力求使演播者做到打开口腔、吐字有力。

第一节　吐字归音

一、吐字归音的定义

吐字归音,是指中国传统戏曲声乐艺术的一种发音方法。它根据汉语语音特点,将一个音节的发音过程分为“出字”“立字”“归音”三个阶段。吐字归音要求通过对每一阶段的精心控制,使吐字达到清晰有力、珠圆玉润的境界。吐字归音作为一种发音方法,已从戏曲艺术逐步渗透到歌唱、话剧等艺术门类以及播音的实践中。①

① 童兵.陈绚.新闻传播学大辞典[M].北京:中国大百科全书出版社,2014:347-376.

二、吐字归音的要领

(一)出字

出字是指音节的头(声母)和颈(介音,也叫韵头)的发音过程,即“咬字”阶段。咬字要求干净利落、弹发有力,字头与韵头迅速结合。如音节 dian,d 是字头,i 是韵头,ɑ 是字腹,n 是字尾。字头的发音应具有一定的弹射力,这是整个音节有“力度”的关键。字头部位准确,咬字适当,是汉语语流中字字清晰,并且有一定“亮度”的关键。

(二)立字

立字是指韵腹(字腹)的发音过程。韵腹的发音应有“拉开立起”之势,要“立得住”。在汉语音节中,口腔开合度最大、泛音共鸣最丰满、声音最响亮的就是韵腹(主要元音)的发音。再加上韵腹是声调(字神)的主要体现者,声调和韵腹充实、饱满的声音结合在一起,能产生一种抑扬顿挫的音乐美。

(三)归音

归音是指音节发音的收尾过程。归音要求字尾弱收,肌肉由紧渐松,口腔随之由开渐闭、渐松。归音要干净利落,趋向鲜明,既不可拖泥带水留尾巴,也不可唇舌“不到家”。

三、吐字归音的要求

想象每一个音节的吐字发声过程是一个枣核形状,两头尖中间鼓。字头、字腹、字尾的吐字归音有不同的要求:

(一)字头

即出字阶段,要求部位准确,叼住弹出,短暂有力,清晰干脆。

(二)字腹

即立字阶段,要求拉开立起,气息集中,相对均匀,音长饱满。

(三)字尾

即归音阶段,要求弱收到位,干净利落,趋向鲜明,尾音完整。

新媒体文艺作品演播对演播者没有统一的规范要求,因此有的演播者字音发不清楚，口齿不清；有的演播者字与字之间的发音界限不明，偶有吃字的现象发生；还有的演播者归音不到位，字的尾音没有收住等。以上种种问题都会影响新媒体文艺作品演播的效果和感染力，甚至影响稿件思想内容的传达。为了克服以上问题，演播者需要在正确的吐字归音理论指导下，提高吐字清晰的意识，根据自身问题多做有针对性的练习。唯有如此，才能从根本上提高自己的文艺作品演播水平，更好地胜任演播工作。

四、口腔控制

口腔控制，是指为使语音准确清晰、声音圆润集中而对口腔各发音器官的发音动作进行适度调节的行为。口腔控制是发声训练的重要环节，也是初学者从松散的发音状态向训练有素的发音状态过渡的重要一步。

口腔控制关系到吐字的清晰度、力度，也关系到声音质量。因为口腔不仅是咬字器官，也是用声的最主要的共鸣器官。学习口腔控制要掌握控制口腔吐字器官的方法和吐字归音的技巧这两方面的知识。对于吐字器官的控制，我们重点讲解打开口腔的要领。打开口腔的四个基本要领为：提颧肌、打牙关、挺软腭和松下巴。其中，提颧肌、打牙关和松下巴三个要领对打开口腔的效果较明显，同时也比较容易掌握。

（一）提颧肌

颧肌稍带紧张感，该部位肌肉向外、向上稍稍提起，这就是提颧肌。提颧肌能使我们的发音更清晰、明亮。

（二）打牙关

指口腔两侧上后槽牙保持向上提起的感觉。牙关打开之后，可以加大后声腔开度，丰富口腔共鸣。初学者可以用含有“ɑ”的音节来做夸张的练习，以获得明显的训练效果。

（三）挺软腭

可以用半打哈欠的动作来体会软腭挺起的感觉。挺软腭练习正确的方法是自然开口，从而使后声腔打开呈半球形。软腭的挺与垂，可以改变口腔、鼻腔的共鸣状态。如果发音时鼻音过重，可以多练习挺软腭，减少气流进入鼻腔。

（四）松下巴

即下巴放松，打开口腔，向下扩大口腔容积。初学者可以用牙疼时说话的感觉来体会松下巴。

适宜的口腔松紧变化和良好的口腔控制能力，是实现吐字游刃有余不可忽视的重要条件。除了掌握以上吐字的具体方法外，新媒体文艺作品演播对演播者的吐字提出了更高的要求，既要做到吐字的标准化、规范化，同时又要灵活自如地吐字，具备适应变化的能力。口腔肌肉既不能太紧太死，显得不够自然且过于死板，但也不能太松，太弱，没有力量，达不到新媒体文艺作品演播对吐字的最低要求。因此，在新媒体文艺作品演播时，吐字的力量应集中、均衡、有力且灵活，将力量集中于唇舌中间三分之一处，做到"前音后发、后音前发，窄音宽发、宽音窄发"。同时，还要努力找到声挂前腭之感，即由喉发出的声束经咽腔沿上腭中纵线前行，向硬腭前部流动冲击，从而使字音有挂在硬腭穹隆前部的感觉，并由上唇以上的部位透出口腔。这样发出的声音集中、明朗、圆润、穿透力强，发音省力。①

第二节　吐字练习

演播者想要普通话标准，吐字清晰，唇舌作用非常重要。唇舌是语言表达的重要器官，想要口齿伶俐而不是笨嘴拙舌，唇舌训练必不可少。工欲善其事，必先利其器，通过训练，演播者只有增加唇舌力度，提高自身对唇舌的控制力，才能使新媒体文艺作品演播的表达效果得到保障。

一、唇部肌肉练习

人通过控制唇部肌肉改变唇形，可发出不同的声音。如果演播者的唇部肌肉不够灵活，就会影响新媒体文艺作品的演播效果。因此，正确、适当的练习不仅能够刺激唇部肌肉，使唇部肌肉的敏感性增强，还可以提高唇部肌肉的力量以及唇的稳定性、灵活性和控制力。具体练习方法如下：

（一）噘唇、展唇

噘唇可以通过夸张的嘟嘴来实现，展唇就如同夸张的不露齿的假笑或皮笑肉不笑。可以先尝试噘唇再展唇，反复多次练习。每天练习 30 组，可以让唇部肌肉力量逐渐增强。

（二）绕唇

绕唇主要是锻炼整个面部肌肉的控制能力。先把双唇噘起，稍微用力，尝试左右

① 吴弘毅. 实用播音教程：第 1 册：普通话语音和播音发声[M]. 北京：北京广播学院出版社，2002：311.

来回动。如果做不到位,就用手辅助。唇部的左右移动是通过左右面部肌肉的伸缩来完成的。先练习左右移动,再练习上下移动,然后综合起来,将唇噘起,按照顺时针或者逆时针的方向顺序移动,这样绕唇的动作就完成了。

(三)喷唇

喷唇也叫双唇打响。双唇紧闭,将力量集中于唇部中央三分之一的位置,唇齿相依,不裹唇,阻住气流,然后突然连续喷气出声。

(四)弹唇

弹唇就是一个双唇放松的动作。双唇放松向外吹气,发出类似发动机的声音。发不出来,可以用手按住嘴角向内用力,把双唇稍微向前突起。如果做不出来这个动作,可能是唇部太紧张了。可以先一步一步练习,熟练之后再连贯起来。

二、舌部肌肉练习

舌头是人体最灵活也是最有力量的一块肌肉,我们要让舌头像弹簧一样有弹性、韧性和有力度,准确无误地“指哪儿打哪儿”。舌部肌肉练习主要有以下几种方法:

(一)顶舌

即用舌头去顶两腮。刚开始可以用手指辅助,顶到像要把脸颊戳穿为止。

(二)绕舌

让舌头在唇和齿之间用力进行顺时针或逆时针360度旋转。绕舌这个动作对于舌头的锻炼是最充分、最全面的,所以要多练、常练。

(三)刮舌

舌尖抵住下齿背,整个舌体中纵部用力向下向外顶,用上齿背刮擦舌面。舌头整体处于隆起收缩的状态。用力时应集中在舌面的一个点上,如果不用力舌面就会特别宽,所以舌头一定要集中用力。

(四)伸舌

舌头用力向前伸,能伸多远伸多远,尽量不要靠在牙齿上,独立向前伸直,要保持水平向前,不能向下或向上。这个动作可以锻炼舌头的力量和耐力。

(五)弹舌

弹舌与其说是练习方法,倒不如说是检测方法。将所有的力量集中于舌面前部和舌尖,舌面前部(连同舌尖)使劲抵住硬腭前部,然后瞬间弹动,发出响亮的声音。在一定程度上,弹舌声音越响亮说明舌头的力量越大、越集中。

唇舌训练是每天必做的功课,每次练到肌肉酸痛的时候,不妨再坚持练几次。只有反复练习才能有效控制住唇舌,只有控制住唇舌才能练好普通话,只有练好普通话才能演播好文艺作品。

三、综合变化练习

下面通过一系列唇舌综合变化练习来加强口腔控制和吐字力度,为新媒体文艺作品演播打好基础。

(一)绕口令练习

小了白了兔,白了又了白,两了只了耳了朵了竖了起了来,爱了吃了萝了卜了和了青了菜,蹦了蹦了跳了跳了真了可了爱。

要求:吐字准确、双唇有力、语气到位。小白兔、竖耳朵、萝卜、青菜,还有小白兔蹦蹦跳跳的样子,都要想象得具体、形象。

打南边来了个哑巴,腰里别了个喇叭;打北边来了个喇嘛,手里提着个獭犸。提着獭犸的喇嘛要拿獭犸换别着喇叭的哑巴的喇叭,别着喇叭的哑巴不愿拿喇叭换提着獭犸的喇嘛的獭犸。不知是别着喇叭的哑巴打了提着獭犸的喇嘛一喇叭,还是提着獭犸的喇嘛打了别着喇叭的哑巴一獭犸。喇嘛回家炖獭犸,哑巴嘀嘀嗒嗒吹喇叭。

要求:首先,要说清楚"哑巴""喇叭""喇嘛""獭犸"这4个词,同时要将4个词所指代的意思想象得具体、形象。其次,这则绕口令有它的故事情节,因此在表达时不能见字出声,而是要有讲述感和交流感。

胡庄有个胡苏夫,吴庄有个吴夫苏。
胡庄的胡苏夫爱读诗书,吴庄的吴夫苏爱读古书。
胡苏夫的书屋里摆满了诗书,吴夫苏的书屋里放满了古书。

要求:第一,着重注意"胡苏夫""吴夫苏"的发音要领和方法。第二,要注意圆唇展发,使发音到位又有力度。第三,发音与动脑要同步,思维要跟上,情绪也要到位。

(二)台词

女:我哪里无情!? 哪里残酷!? 哪里无理取闹!?

男:你哪里不无情!? 哪里不残酷!? 哪里不无理取闹!?

女:我就算再怎么无情再怎么残酷再怎么无理取闹也不会比你更无情更残酷更无理取闹!

男:我会比你无情!? 比你残酷!? 比你无理取闹!? 你才是我见过最无情最残酷最无理取闹的人!

女:哼,我绝对没你无情没你残酷没你无理取闹!

男:好,既然你说我无情我残酷我无理取闹,我就无情给你看残酷给你看无理取闹给你看!

女:看吧,还说你不无情不残酷不无理取闹! 现在完全展现你无情残酷无理取闹的一面了吧!

要求:第一,要将与合口呼、撮口呼有关的字音发到位,比如"不""无""我""酷""取""全"。第二,要掌握影视剧人物配音中吵架的技巧,将吐字和用声、用气技巧有机结合,才能达到更好的表达效果。

(三)歌词

找点空闲,找点时间,领着孩子,常回家看看;带上笑容,带上祝愿,陪同爱人,常回家看看;妈妈准备了一些唠叨,爸爸张罗了一桌好饭,生活的烦恼跟妈妈说说,工作的事情向爸爸谈谈。常回家看看,回家看看,哪怕帮妈妈刷刷筷子洗洗碗,老人不图儿女为家做多大贡献呀,一辈子不容易就图个团团圆圆。常回家看看,回家看看,哪怕给爸爸捶捶后背揉揉肩,老人不图儿女为家做多大贡献呀,一辈子总操心就奔个平平安安。

要求:《常回家看看》(作词:车行)这个练习不是将歌曲唱出来,而是要将歌词朗诵出来。朗诵歌词时吐字力度更大,唇舌变化更夸张,因此可以更好地体会口腔控制、唇舌变化、声束走向以及力量集中的感觉。在练习时还可以努力找到《疯狂动物城》里"闪电"说话那种放慢了好几倍速的感觉。

第三节 灵活吐字的技巧

吐字的灵活性和吐字的标准性同样重要,灵活吐字和声音弹性又密切相关。

一、练就声音弹性

声音弹性是指播音时声音形式对于人们变化着的思想感情的适应能力,即声音随感情变化而来的伸缩性、可变性。① 声音弹性包括声音的高与低、强与弱、实与虚、明与暗、刚与柔、厚与薄等多层次的对比变化。塑造声音弹性是发声训练的主要目的。在进行声音弹性训练时,不但要注意声音的形式变化,而且还要注意影响声音形式变化的感情因素。

声音弹性各不相同,有些人的声音对于不断变化着的思想感情适应力强、表现力好,我们就说这个人的声音富于弹性;有些人的声音对于变化着的思想感情适应力弱、表现力差,我们就说这个人的声音弹性差,其对作品的适应能力就相对要弱。

二、以稿件为依据

新媒体文艺作品演播的稿件是多种多样的,包括散文、诗歌、寓言、童话、小说、广播剧、影视人物配音等。有的稿件包括对不同的人物的描述和相关情节,不同人物有着不同的性格特征和情绪变化,因此,吐字技巧的运用要以稿件为依据,以满足受众需求为最终目的,吐字方式要灵活而富有对比变化才是科学的。

(一)人物性格特征

人物性格根据不同的标准可以分为不同的类型,不同的人物性格又有着不同的性格特征。我们简单地将人物性格分为外向型和内向型两种,在此基础上讨论性格对吐字的影响并分析和解读具体的吐字技巧。

1. 外向型

外向型性格特征的突出表现往往是人物的情绪比较外露,对愤怒、悲伤、兴奋、焦虑、急切等心理状态的表达较为直接。性格外向的人物往往有干脆、直爽、开门见山的语言习惯,说话方式也较直接。因此,演绎具备此性格特征的人物时吐字一般偏紧、语气偏刚。

比如谍战剧《伪装者》中汪曼春的一段台词:

不过你那个宝贝弟弟还真是一身贱骨头!我怎么敲打都敲打不醒。你看看,我这好好的一双皮鞋,愣是被他给弄脏了,溅我一身血。(明镜骂汪曼

① 吴弘毅.实用播音教程:第1册:普通话语音和播音发声[M].北京:北京广播学院出版社,2002:390.

春)骂我？骂我有用吗？骂我不能解决任何问题。要不这样吧,你把我这双鞋擦擦干净,我或许可以考虑让你见他一面,怎么样？不擦是吧？对！这才是你明大董事长做事的风格,宁折不弯！

汪曼春不但性格外向强势,做事手段更是可以用狠辣来形容,是个不折不扣的大魔头。尤其是她在刑讯逼供的部分以及对拆散她和明楼的姐姐明镜示威的部分,台词表达要做到咬字紧而狠、刚而硬,这样可以将人物性格表现得淋漓尽致。

再比如古装剧《甄嬛传》中华妃的两段经典台词:

贱人,你跟你父亲一样狡诈,若不是你父亲设下诡计,我们年氏一族不至于一败涂地,你们宫里宫外联手,不就是为了置我于死地吗！

在本宫身边,只有唯命是从之人,没有大胆妄为之人,更不能有步步为营之人！只要敢跟本宫争夺,就全部都得死！

华妃性格张狂,同时又自恃清高,所以在为华妃这个角色配音时,吐字既要力度强、咬字狠,同时又要适当地松、柔,以更好地凸显她复杂、多面的性格特点。

2. 内向型

言语、思维和情感不常表露出来的人通常属于内向型的性格。典型的内向性格可以描述为:安静、离群、内省、保守,更喜欢独处,与人保持一定距离;倾向于做事有计划,瞻前顾后,不会一时冲动;一般较为严谨、做事可靠,很少有进攻行为。内向型性格的人物一般“喜怒不形于色”,因此演绎具备此性格特征的人物时吐字一般偏松、语气偏柔。

比如1987年版电视连续剧《红楼梦》中林黛玉这个角色,她是贾母的外孙女,贾宝玉的姑表妹、恋人、知己,贾府通称她林姑娘。她博览群书、学识渊博、才华横溢,具有浓郁的诗人气质,但容易感到寂寞,害怕孤独;她不轻言放弃,但有时过于偏执。在第14集,她与贾宝玉闹矛盾的一段情节里,她是这样说的:“好好儿的,谁哭了?”“要死了,就这么动手手脚的。”“你死了倒不算什么,只是丢下了什么金,又是什么麒麟,可怎么办呢?”虽然这段台词是对贾宝玉的冷嘲热讽,且夹枪带棒、话里有话,还说了两遍“死”字,看似刻薄,但因为林黛玉敏感、细心、温柔、真性情、自尊自爱且多愁善感,所以哪怕她是在生气、郁闷的情况下,也不会穷凶极恶,不会如泼妇一般破口大骂。饱读诗书的她有着刻在骨子里的教养,这使得她在任何情况下都不会情绪失控,因此在演绎这样的人物时应吐字偏松、语气偏柔。

以上实例表明:演绎人物的性格特点是会影响演播者的吐字力度和吐字方式的。

(二)人物情绪变化

我国古代常把情绪分为"七情":喜、怒、哀、惧、爱、恶、欲,它表达了人与客观事物之间极其复杂的关系。此外,情绪具有两极性,如快乐和悲伤是截然相反的两种情绪。不仅如此,在每一对相反的情绪中间还存在着许多程度上有差别的情绪,表现为情绪的多样化。客观世界是复杂的,因此,情绪也会因为受到复杂的客观世界的影响而变得复杂。

下面先举一个情绪较为单一的例子。唐代崔颢在《黄鹤楼》中写道:"昔人已乘黄鹤去,此地空余黄鹤楼。黄鹤一去不复返,白云千载空悠悠。晴川历历汉阳树,芳草萋萋鹦鹉洲。日暮乡关何处是?烟波江上使人愁。"这首诗感叹人生、抒发乡愁,以乐景寄哀情,表达了漂泊在外的诗人内心的孤独、寂寞和惆怅,渲染了诗人浓浓的思乡之情。演播者在表达低落的情绪时,吐字往往较柔、较松,音长较长。

接下来再举一个情绪复杂的例子:快乐、焦急、害怕、痛苦直至崩溃在一个人物身上集中体现出来。如在电视连续剧《那年花开月正圆》中,女主人公周莹的丈夫吴聘被人下毒身亡。在吴聘未被下毒之前,周莹、吴聘二人十分恩爱。当周莹孕反突然想吃树上的酸枣时,吴聘更是二话不说就爬上树去摘。突然,吴聘从树上掉了下来,双眼紧闭晕了过去,周莹先是很意外,反复叫道:"吴聘,吴聘,吴聘,我是周莹,听见我说话了吗?你快醒醒!"这时她的吐字并不是硬且紧的,反而带着对吴聘的心疼和爱意,演播者此时吐字应力度较小,轻柔且较扁,好像生怕吓到他一样。吴聘中毒后,周莹发现吴聘的手和身体变冷了,心情变得越来越焦急,此时周围有人说了句:"好像断气了!"她听到后害怕极了,于是愤怒地对那人喊道:"你闭嘴!"这时声调变得很高,声音尖厉,吐字力度瞬间加大,变得刚硬且紧张。慢慢地,吴聘的七窍开始流血,周围人的脸色变得很难看,周莹也担心、恐惧到了极点,这时她反复说道:"吴聘,你别吓我,你别吓我吴聘,你快醒醒,你快醒醒吴聘,你怎么了?"由于极度的害怕,这时周莹声音的音量已经低到仿佛只有她一个人才能听到,更像是在自言自语,所以此时演播者吐字的扁、松和柔也达到了极点。这个片段的最后,周莹用手试了试,发现吴聘已经完全没有了气息,情绪瞬间崩溃,她仰天大喊"吴聘",那声音是撕心裂肺的,也是歇斯底里、痛彻心扉的,此时,"吴聘"这两个字的吐字达到了刚、硬和强的极致。

以上实例表明:演绎人物的情绪变化也会影响演播者的吐字力度和吐字方式。

本章小结

1. 吐字归音要领分三部分:出字叼住弹出,短暂有力;立字拉开立起,气息集中;归音弱收到位,趋向鲜明。

2. 口腔控制的要领是:提颧肌、打牙关、挺软腭、松下巴。
3. 有助于口齿伶俐的吐字训练包括唇部肌肉练习(噘唇、展唇、绕唇、喷唇、弹唇)以及舌部肌肉练习(顶舌、绕舌、刮舌、伸舌、弹舌)。
4. 要做到灵活而富有对比变化地吐字,须以人物性格和人物情绪为依据。

思考题

你还能想到哪些让口齿变得伶俐的吐字训练方法?

第五章　表达技巧

内容提要

1. 新媒体文艺作品演播所需的内外部表达技巧有哪些?
2. 如何运用内外部技巧来进行新媒体文艺作品演播?

好的表达,声出形塑,使听者如临其境。

毋庸置疑,新媒体文艺作品演播是需要高超的语言表达技巧的,要有强烈的吸引力和感染力。演播者要能刺激受众的听觉,令受众不由自主地浮想联翩。演播者的语言表达要有临场感,要具有多样性,才能直击受众内心。因此,表达技巧是增强新媒体文艺作品演播生命力的重要因素。

依据《中国播音学》中的理论,有声语言表达技巧分为内部技巧和外部技巧。

第一节　表达的内部技巧

一、情景再现

(一)情景再现的定义

情景再现是稿件中的人物、事件、场面在新媒体文艺作品演播者的脑海中形成连续不断的活动的画面,并产生相应的态度、感情的过程。

情景再现要求演播者进入文艺作品稿件预设的情境之中,在用心揣摩、全面了解文艺作品的历史背景、作者生平的基础上进行二次创作。经过备稿六步后,在有声语言表达过程中,演播者要全情投入,沉浸式地将自己置身于稿件的情境当中,来表现作者的思想和感情,甚至要表达出文字稿件表达不出来的感觉,比如内心视像、身份感、不同人物之间的关系、感同身受的体会和心理活动等。

(二)具体步骤和注意事项

1. 情境再现的步骤

(1)理清头绪

演播者要按照起因、经过、结果的顺序来理解稿件,以是什么、为什么、怎么办的逻辑来调整思路,做到主次分明、心中有数,不可信口开河、自以为是,按主观意愿张嘴就来。比如新媒体文艺作品演播中的悬疑小说演播,如果演播者连人物之间的关系以及事件起因都不清楚的话,那么在正式表达时就会“只见树木不见森林”,无法从全局的高度来看整个作品,就会被文字牵着鼻子走,做不到游刃有余地驾驭稿件,容易给受众一种混乱的感觉。

(2)设身处地

演播者要结合内心视像中的表象、回忆、联想和想象,调动所有的感知觉,将自己置身其中,在作品原有的感性形象的基础上创造出新形象,让受众有身临其境之感。比如新媒体文艺作品演播中的恐怖小说演播,由于大家都没有见过“鬼”长什么样子,只能凭借着影视剧作品中所展现的鬼怪形象,在此基础上再创造出自己脑海中“鬼”的新形象,以调动自己相应的情绪并呈现不同的感觉。再比如经典名著《红楼梦》里的王熙凤,我们可以通过作者的文字描述在脑海中大致勾勒出她的外貌,了解她的气质,接着在自己的生活中寻找一个泼辣狠毒的女性形象,并以此为基础再创造出一个更清晰、更生动的新形象,甚至连她具体的表情和眼神都能想象得出来。

(3)触景生情

当演播者“真正”在脑海中对应上稿件中的场景和事件时,要有积极的反应,不要把自己当成一个“局外人”“旁观者”,而是要把自己当成是作品中的人物角色,这样才能对稿件的内容有具体的感受并产生相应的感情。比如寓言故事《当针尖遇上麦芒》,我们都知道,针尖和麦芒都是生活中司空见惯的物体,它们不会像人那样思考问题,但寓言故事往往采用拟人的手法赋予小动物和植物以思想或者是赋予事物以生命,所以演播者要有丰富的想象力,想象自己就是针尖和麦芒,从内心深处觉得自己很了不起,发自肺腑地瞧不起别人,高傲地认为谁都比不上自己;在遇到与自己旗鼓相当的对手,且对手对自己态度不敬并挑衅自己时,便能够较自然地唤起内心的愤怒等负面情绪。由此,演播者越投入、越“入戏”,就越能够做到触景生情。

(4)现身说法

这是情景再现的最后一步,主要是指通过演播者的转述感染听众。

2. 注意事项

第一,以演播内容为中心,避免为“情景再现”而“情景再现”。

第二,学会用自己的经验、经历丰富情景画面。

第三,注意备稿与播出时“情景再现”的不同,并且注意播音语言与现实语言的差别。备稿时情景再现可以用时很长,而演播时则要瞬间唤起演播稿件所需的态度和情感。

二、内在语

(一)内在语的定义

内在语,指的是新媒体文艺作品演播稿件中文本语言不便表露、不能表露或没有完全显露出来的语句关系和语句本质,也就是人们通常说的“言外之意”“话外之音”,而不是“字面意思”。

(二)内在语的分类

演播新媒体文艺作品时,演播者要深入理解稿件背后的真实含义,努力挖掘并解读作者及作者笔下不同人物的真实想法,这样才能将稿件表达得更加精准。

内在语按性质和作用不同,大致可分为发语性内在语、寓意性内在语、关联性内在语、提示性内在语、回味性内在语和反语性内在语。其中的反语性内在语更是要求演播者将完全相反的意思通过高超的语言表达技巧将之体现出来。

如果说情景再现是为了感受具体、表达生动,那么内在语则是为了解决表达的准确与深刻的问题。难以想象,若不使用内在语技巧,新媒体文艺作品演播该如何进行。因为文本语言有很多不便言说、不能言说或言有尽而意无穷的地方,只有运用内在语这一技巧才能将语句的真正内涵和态度情感表达得更加准确和深刻,否则轻则产生歧义,重则有可能会表达出完全相反的意思。

此外,内在语这一内部技巧还与作为有声语言表达外部技巧之一的语气有关,语气的精准和贴切需要内在语作为依据和支撑,否则表达就容易让受众产生理解上的偏差。

以电视剧《一生一世》为例。该剧根据墨宝非宝小说《一生一世美人骨》改编,讲述了业内顶尖配音演员时宜与海归化学教授周生辰在点滴相处中逐渐产生默契,携手保全家族传统手工艺,并在一连串风雨后决定相伴此生的故事。剧中时宜为救周生辰而跳楼,昏迷数月后时宜终于苏醒过来。周生辰考虑到时宜许久未进食而肠胃虚弱,所以煮了碗清汤面条给她吃。但时宜任性闹脾气想要吃辣椒酱,周生辰不答应,时宜便赌气不吃了。周生辰并没有妥协,而是假装对时宜说:“你不吃啊?你不吃我吃啦?”按照字面意思,周生辰已经决定要吃这碗面了,但其实周生辰是在用激将法,让时宜乖乖吃下这碗没有辣椒酱的养生面。这里的内在语属于“异向内在语”,也就是内心真实想法和语言的表层意思是完全相反的。后来,时宜看到周生辰开始大口大口地吃面,担心面被他吃光了自己就没面吃了,于是沉不住气地说了一句:“给我留点。”这时的内在语是“同向内在语”,也就是语句本质及其感情态度和字面意思完全相符,那就是害怕对方把面吃光了,所以要及时说话制止。

再比如月下蝶影创作的古代言情小说《我就是这般女子》的第一章中,女主角班婳在被一个模样、家世都不及她的男子退婚后,做了一个很长的噩梦,长到让她分不清是梦境还是现实,梦里她也被退婚了,然后还被抄家了,班婳这才从梦中惊醒。母亲本以为班婳是因为被退婚失了面子而感到羞愧难过,班婳却是害怕被退婚的梦境已成真,自己被抄家的梦境会不会也变成真的。于是她在母亲身旁蹭了蹭说道:“我不是因为那个谁退婚而难过,是因为做了一个很奇怪的梦,才有些感到害怕。”这里语言的表层意思和人物的内在语是完全一致的,因此演播者表达时也要完全统一。与此同时,班婳的弟弟班恒看到父母只为姐姐的终身大事操心全然顾不上自己,不禁有些羡慕姐姐。母亲一眼便看出了儿子的心思,说道:“想都别想,你给我乖乖待在家里念书。”班恒马上反驳道:“我,我什么都没想。”在这里,弟弟班恒所说的话是与内心所想背道而驰的,所以要运用异向内在语在语气、在表达上体现出他底气不足的感觉,才能准确地反映出人物真实的心理活动。

三、对象感

对象感,是指新媒体文艺作品演播者必须设想和感觉到对象的存在及对象的反应,必须意识到受众要求、愿望、情绪等,并依此调动自己的思想感情。

新媒体文艺作品演播要有对象感,“对谁播”非常重要。不同类型、不同题材的文艺作品,喜爱它的受众会有年龄、性别、职业、爱好、性格、习惯等方面的不同,在演播时,虽然演播者在大多数情况下不直面受众,但要做到心里有受众,也就是虽“目中无人”,但“心中有人”,找到正在与受众面对面交流、为受众讲述甚至表演的状态,给受众带来被重视、被尊重和被关注、被服务的感觉。

为了赢得受众对演播者所扮演角色的信任,演播者要时刻提醒自己,在不同文艺作品的不同预设受众面前,要始终相信自己作品中的人物都是真实存在、具体饱满的。在运用对象感这一内部技巧的基础上,演播者要努力把人物播“活”,从真实的第一自我,转变为作品中虚构人物的第二自我,再从第二自我出发,去思考、行动,努力让受众被自己演绎的人物所吸引,最终让受众的心系在自己所演播的人物身上。

比如梁晓声的长篇小说《人世间》是以知识青年上山下乡运动的历史事件为背景的,所以演播者首先要锁定主要的目标受众,哪个年龄阶段的受众对故事内容更感兴趣?然后了解他们的具体喜好,思考如何演播才能更贴近人物的真实生活,令受众不由自主地关心人物命运的走向，并且能够对一些特定的情节产生共鸣。再比如萧如瑟的小说《斛珠夫人》，主要讲述了九州大陆上的大徵王朝朝堂与后宫当中，帝旭、权臣方诸和奇女子海市三人面对纷繁复杂的权力斗争，坚定守护和平的故事。小说中不乏法术、言情、玄幻等元素，主要会吸引 20—40 岁的中青年人，因此，演播者须仔细揣摩这部分受众的要求、愿望、情绪等，这样才能激发自己的演播潜能，更好地将文艺作品呈现出来。

第二节　表达的外部技巧

一、停连

（一）停连的定义

停连，包括停顿和连接两个方面。停顿指新媒体文艺作品演播中那些中断和休止的地方；连接指语言表达中那些不中断、不休止的地方，尤其是有标点符号也不中断、不休止的地方。只有准确地停连才能更好地传情达意。停与连既是演播的生理需要也是心理需要，还是内容表达、传递情感的需要。其中，心理需要是起决定作用的，是第一位的，生理需要受制并服从于心理需要。因此，文本中的标点符号并不完全等同于新媒体文艺作品演播中的标点符号，停连才是有声语言表达的“标点符号”。

（二）停连的作用

1. 区分语意的作用

停顿分为扬停和落停两种。扬停的停顿时间短，是一种声停韵未停，停时声音向上或者拉平的停顿方式。扬停适用于分句关系紧密、同属于一个意群的情况，即意思没有表达完但还需要停顿的语句之间用扬停，因此扬停有“声停气未停”的特点。而落停往往在一个句子将完整的意思表达完后，停顿时间相对较长，是一种句尾声音顺势而落的停顿方式，给人以收束感。

连接分为直连和曲连两种。直连，用于虽有标点符号但内容联系比较紧密的地方，采用顺势连接的方式，紧连快带，有时甚至不用换气，给人中间没有连接点的感觉。曲连一般用于标点符号两边既需要连接又需要有所区分的地方，特别是一连串顿号之间，或者是排比句式的连接点，给人似停非停之感。做曲连处理时，需要内容前后连贯，停中带连，环环向前。

比如张嘉佳的长篇小说《云边有个小卖部》里的一段话：“她来到了这里，一共买了以下几样东西，苹果、香蕉、桃子、西红柿、黄瓜、胡萝卜、巧克力、棒棒糖和蛋糕。”从文本的标点符号来看，苹果、香蕉等9样东西都是用顿号隔开的，但是从有声语言表达的角度来看，停顿之处应该分别在桃子、胡萝卜和蛋糕之后，因为前三个词“苹果、香蕉、桃子”是水果，中间三个词“西红柿、黄瓜、胡萝卜”是蔬菜，最后三个词“巧克力、棒棒糖和蛋糕”是零食，前两处运用的是扬停的处理方式，第三处则应运用落停的处理方式。每三个词内部用到了连接中的曲连，使三个词听起来“抱团儿”，这样的停连处理起到了区分语意的作用。

再比如电视剧《花千骨》中女主角花千骨经过了千辛万苦终于成为长留上仙白子画的首徒，也是唯一的徒弟。她每天都很幸福地练功，很幸福地打扫卫生，很幸福地照顾师父的饮食起居，不过最幸福的时刻还是她和师父聊天的时候。有一次，花千骨在种花，师父问花千骨在做什么，花千骨回答说：“师父，我在种花呀，顺便打扫一下绝情殿，你看多干净呀！”然后她又接着说：“师父，师父！你喜欢安静，以后这些活儿，全部由小骨一个人来做吧！自己亲手收拾的，才有家的感觉呀！还有啊师父，以后扫地啊、浇水啊、洗衣做饭这些活儿，也全部由小骨一个人来做吧！”花千骨自顾自地碎碎念这一段话，其中有很多的标点符号，但是演播中的停顿却很少，几乎是一气呵成的，用到了很多的直连和曲连的技巧，因此这段影视剧人物配音作品就能表达较为完整的意思：花千骨把绝情殿当作自己的家一样来呵护。相反，如果没有运用停连这个技巧来演播作品，效果就会大打折扣。

2. 反映心理的作用

人的心理状态指心理活动在一定时间内的整体特征，包括疲劳、紧张、轻松、忧伤、喜悦等。新媒体文艺作品演播中会有很多需要通过停连的表达技巧来反映人物心理活动的地方，通过停顿和连接的处理可以表现人物在一段时间内多样的心理状态。

比如在《我在未来等你》这部剧中，37岁无车无房未婚的男主人公郝回归租了个女人假结婚，可在最后一刻他逃出了自己荒诞的生活。他实在不想再这样生活下去，于是去游戏厅发泄，无意之中竟然穿越到了自己的17岁，有幸成为一个旁观者，看着17岁的自己长大。在长期自卑心理的影响下，郝回归说话是吞吞吐吐、犹犹豫豫的。因此，在演播这个人物的时候，停顿较多，连接较少。

除了主线剧情外，《我在未来等你》中还有很多衍生情节，比如在第13集里，郝回归总算能够见自己重病的外公最后一面。不同年龄的人会有不一样的感受，在电视剧里，男主人公的妈妈郝铁梅在父亲（郝回归的外公）离开后默默地守候在那里，强忍着内心巨大的悲痛，一个人孤零零地待在医院……当她的丈夫出现时，这一切坚强都变得不堪一击，郝铁梅瞬间泪崩，哭着说出那句最为戳心的台词：“我以后没有爸爸了。”悲痛—孤独—崩溃这一系列心理状态的变化，都需要演播者运用有声语言表达的内外部技巧来表现，包括停连。尤其是在演播郝铁梅在极度悲伤时说出的“我以后没有爸爸了”时，就用到了扬停和落停两种处理方式。

再比如古装仙侠爱情剧《招摇》中的女二号琴芷嫣，她是仙门弟子，性格温柔坚韧，因父亲被仙门人所害，一心想去万戮门修魔复仇。机缘巧合下，她与路招摇的元神相识，身体在夜晚被路招摇借去。白天琴芷嫣的仙门做派和魔修格格不入，夜晚却行事招摇，这令一众魔修迷惑不解，引起了众人的怀疑。一天夜里，男主人公厉尘澜听取司马容的建议去试探琴芷嫣，真的琴芷嫣一开门见到厉尘澜就紧张到了极点，生怕被他发现，马上一边跑一边对路招摇说："厉厉厉厉厉厉厉厉厉厉厉尘澜来了！你去！你去！你去！"为这一段内容配音时，演播者使用了很多扬停和直连的处理手法，用结巴说话的方式来反映琴芷嫣一直以来都很紧张的心理状态。

3. 划分层次的作用

新媒体文艺作品演播的文稿都是由一个个词、词组和句子组成的，借助停顿和连接的技巧处理能起到划分层次的作用，让文稿变得层次分明。停顿可以在强调的成分之前或之后停顿，也可以在前后同时停顿；在那些不需要强调的成分之间，可以缩短停顿时间，甚至不做停顿。

比如唐七公子所著的古风小说《三生三世十里桃花》中，女主人公白浅上神在去东海龙宫参加宴会时碰上男主人公天族太子夜华，她便对夜华说："老身不偏不倚，刚好大了夜华君整整九万岁，夜华君还是论辈分，唤我一声姑姑吧。"在这句话中，演播者在"九万岁"这个词之后运用了落停来体现层次。上一层意思是说白浅比夜华年长很多，下一层意思是说夜华因此还是对她尊称姑姑比较合适。接下来的一个情节是缪清公主爱慕夜华，想要成为他的婢女，白浅和夜华的孩子阿离想要母亲白浅去阻止，白浅却说："你父君青春正健，那缪清公主也正是年华豆蔻，年轻男女相互思慕本乃是伦常，他两个既已做了鸳鸯，你我再去当那打鸳鸯的大棒，无端坏人姻缘，委实造孽。"演播者分别在"年华豆蔻""伦常"后作了扬停的处理，在句子最后进行了落停。第一层意思是夜华和缪清都很年轻，第二层意思是年轻的时候是萌发爱情的阶段，第三层意思是棒打鸳鸯是不好的，白浅也不忍心。此外，在各层次内部的处理上，演播者用的是曲连，以免把内容演播得过于细碎。因此，在这两处，停连都起到了划分层次的作用。

二、重音

（一）重音的定义

新媒体文艺作品的文稿是由一个个句子组成的，句子又是由词和短语构成的，其中，最能体现语句目的、表达思想感情的词或短语就需要用重音去表达。重音在表情达意时有强调重点、突出情感的作用。在表达阶段，准确找到重音的位置，才能表现出作者的真正意图，否则就会产生歧义。

(二)重音的表现手法

简单来说,重音的表现手法就是将发音加长、上扬、加重。其中,加重不是指词的轻重格式,也不是重读,而是指唇舌力度加大,通过加大唇舌力度以起到强调重音的作用。具体而言,重音的表现手法有以下几种,要牢牢掌握才能更好地突出重点,为演播文艺作品服务。

1. 高低强弱法

通过用声的高低、用气的强弱来强调重音,做到欲高先低、欲强先弱、低后见高、弱中见强。

2. 长短快慢法

通过声音的长短、缓急、停连来强调重音,重音处往往会分配更多的时长。

3. 虚实结合法

通过声音的虚实变化来强调重音。重音处用声偏实,非重点的部分偏虚。

(三)重音的分类

1. 并列性重音

并列性重音,是指表示语言序列中并列关系的词或词组。只要是并列性语句,都会有并列性重音,而且至少会有两个,它们在该语言序列中的位置大体相似。那些重复出现的相同词语一般不做重音。并列性重音在体现语句目的的过程中,对稿件层次、段落或全篇的结构起着支柱或筋骨的作用。①

比如中国国家女子足球队队员张琳艳等在中央广播电视总台央广之声与《为你读诗》联袂推出的特别节目中朗诵的诗人了然的《我依旧说着爱》,其中的两句诗是这样的:“我是适合于哪片雨水下的禾苗,一生如一块麻石,有沉默的斑点和洗不净的苔藓。”在这里,“斑点”和“苔藓”就是并列性重音。

2. 对比性重音

对比性重音,是指为了达到对比目的,渲染对比气氛,突出对比观点,深化对比感情,能够形成对比效果的词或词组。不同于并列性重音,对比性重音表达时一定要区分主次,相反相成,不可将二者置于同等重要的位置。②

比如彭冠英在《为你读诗》中朗诵的灯灯创作的《风吹着过去》,其中的两句诗:

---

① 童兵,陈绚. 新闻传播学大辞典[M]. 北京:中国大百科全书出版社,2014.

② 童兵,陈绚. 新闻传播学大辞典[M]. 北京:中国大百科全书出版社,2014.

“有时,又有着无数的身影。一条鱼,或是一只鸟,它们正以不同的方式在天地之间,万物消融,万物,亦在生长。”在这里“鱼”和“鸟”、“消融”和“生长”是两组对比性重音,而主要强调的是“消融”和“生长”,因此要做到分清主次,相反相成。

3. 呼应性重音

呼应性重音,是指揭示上下文呼应关系的词或词组。揭示上下文呼应关系,可使文章层次清晰,结构完整。有一呼一应和一呼多应,又分为问答式呼应和分合式呼应。问答式呼应的重音在表示呼和应的主要词语上,分合式呼应的重音在领起词和并列词上,并列词的重音往往也很重要。

比如配音演员锦鲤在《为你读诗》中朗诵诗人王寅的《一点小伤》,反复运用分合式呼应,表达出了“哪怕会受伤,我也想前往自己选择的方向”的坚定信念。诗中写道:

受伤不在当时　在于其后　在于其后的所有时间
在于一遍遍地回答一个个问题
一遍遍地跟在一个个人后面上下楼梯
一遍遍地揭开一层层创布

其中,“当时”“其后”“所有时间”是领起句的重音,而“回答……问题”“上下楼梯”“揭开……创布”是分句的重音。

再比如,艾青的名篇《我爱这土地》其中的一段:“为什么我的眼里常含泪水,因为我对这土地爱得深沉……”就需要运用问答式呼应重音,“为什么”是呼,“爱得深沉”是应。

4. 递进性重音

递进性重音,是指表示语句递进关系的词或词组。递进性重音是向着一个方向推进的,后一个重音要比前一个重音揭示更新、更深的含义,展现更新更多的事物。按照事物发展过程行文时,新的概念、新的事物陆续出现,很自然地形成了递进性重音。在有情节的稿件里,这种情况更为明显。① 一般在递进复句、条件复句、假设复句、反问句等句子中运用递进性重音。

比如播音思大志在蜻蜓 FM 中演播的长篇小说《灵舟》播放量高达 19 亿人次,其中第一集中讲道:“当他看到她最后一眼的时候,他又感叹了一次:一双含烟的杏眸,雪一般的玉肤,修长而窈窕的身姿,特别是她身上那气质是那么的具有灵性,就好像一位不食人间烟火的仙女。”演播这句话时就运用了递进式重音,“又”“特别是”就是重

① 童兵,陈绚. 新闻传播学大辞典[M]. 北京:中国大百科全书出版社,2014.

音所在。

再比如蜻蜓 FM 播放量高达 50.2 亿人次的武侠小说《武逆》,在第六集讲道:“一天下来,无论是体质还是力道的掌控,那都是有着显著的提升。”在这里,关联词“无论是……还是”后面的词语“体质”“力道”是递进性重音。

5. 转折性重音

转折性重音,一般运用在语句中显示语意由一个方向转向另一方向的关键性的词或词组。转折性重音与递进性重音不同,递进性重音揭示同一的进展,转折性重音揭示不同方向的变化。转折性重音有时是关乎主旨的重点,有时只是再递进的反衬。不明此理,在有些语言行进中,就容易以“一定之规”应付,缺乏文气。①

转折性重音经常出现在转折复句中,其表现形式分为“轻转”和“重转”。所谓“轻转”是指下一层的意思只是递进关系的反衬,转折的程度并不是很大。比如,《我依旧说着爱》中的“但”后面的转折:

> 我油灯般的希望尽管微弱
> 但我还在热爱
> 像给门楣换新对联一样
> 期待下一站,会有一列快车
> 鸣笛,向我招手

所谓“重转”是转折关系的两个方面有很大的冲突,转折程度比较大。比如喜马拉雅 FM 的音理而在演播的《悬崖之上》中有这样一句话:“当卧底谢子容被发现后,他被执行枪决,但他为了生存背叛了党,将党内的消息泄露了出去,谢子容的叛变让行动受到了很大的影响……”这里转折关系的前后两个方面就有很大的冲突,也就是牺牲自己和出卖同志之间的冲突。

6. 肯定性重音

肯定性重音,一般运用在稿件中对事物表达肯定态度的词语,如“是”“有”等。它们一般肯定这些词后面的对象,如果这些对象在上文已经出现,本句只表达肯定态度,强调判断确定无疑,这些词便必然地成为肯定性重音。注意这里的“肯定”是做出明确判断的意思,包括两种情况:一是肯定“是什么”;二是肯定“是”还是“不是”。

比如演员张颂文在《为你读诗》里朗诵申赋渔的《一个一个人》(序)中的一段话:“月光很好,星星就显得有些稀落。我一颗一颗地看着。很亮很大的,我摇摇头,肯定不是我。闪烁不定,活泼快活的,也不是我。我朝远处看,找最偏的,最小的,最暗的。

① 童兵,陈绚.新闻传播学大辞典[M].北京:中国大百科全书出版社,2014.

我就想,如果人真的是一颗星星就好了。"其中的两个"不是",都需要用肯定性重音。

再比如舒婷《致橡树》中的"不,这些都还不够！我必须是你近旁的一株木棉,作为树的形象和你站在一起","不""不够""是"都使用了肯定性重音。

7. 强调性重音

强调性重音,即把句子中表达感情色彩的词或词组加以强调,以突出某种感情。感情色彩的浓淡不同,重音的表现方法也有所不同。强调性重音只要符合播讲目的、符合形象需要或符合论点需要,就要敢于强调,哪怕它是副词、数量词。

比如喜马拉雅 FM 中的童话故事演播《虫子侦探》第四集《奇怪的树精灵》中,小蜗牛在听到树精灵发出声音却看不到人影时说:"是谁?谁在跟我说话?"这里的"谁"就使用了强调性重音,也是表达的重点所在。

再比如演员白澍在《为你读诗》里朗诵德国诗人赫尔曼·黑塞的《雾中》的一段话:"在雾中散步真是奇妙！一木一石都很孤独,没有一棵树看到别棵树,棵棵都很孤独。当我的生活明朗之时,我在世上有很多友人;如今,由于大雾弥漫,再也看不到任何人。确实,不认识黑暗的人,绝不能称为明智之士,难以摆脱的黑暗悄悄地把他跟一切人隔离。在雾中散步真是奇妙！人生就是孑然独处。没一个人了解别人,人人都很孤独。"在诗中,"孤独"先后出现了 3 次,且是这首诗要表达的中心意思,因此使用了强调性重音。

8. 比喻性重音

比喻性重音是指把那些比喻性词语作为重音,使语言情趣顿生,令受众难以忘怀。比喻可以化抽象为具体,变深奥为浅显,给受众留下深刻的印象。比喻是用某些有类似点的事物来比拟想要说的某一事物,以使表达更加鲜明生动。

比如在 Bilibili(下文简称 B 站)演播的寓言故事《虎大王的双重标准》中的一段——

小刺猬高声说:"大王,老狐狸叫我'小刺球',您可要为我做主啊!""这老狐狸还挺聪明的嘛,"虎大王说,"寡人也觉得你越看越像个小刺球。小刺球好啊,人家知道你是小刺球,就不敢侵犯你了。"

在这里,对"小刺球"一词的表达使用了比喻性重音,化抽象为具体,更有画面感,更能令受众印象深刻。

再比如《偶然》中:"我是天空里的一片云,/偶尔投影在你的波心——/你不必讶异,/更无须欢喜——/在转瞬间消灭了踪影。"其中,徐志摩用"我是天空里的一片云"来比喻自己在天涯海角肆意飘忽却高洁不俗的品格。这里的"云"使用了比喻性重音,让深奥的意思变得通俗易懂。

9. 拟声性重音

拟声性重音，一般被应用在描摹场景、烘托气氛的语句中，着重形容声音状况的象声词。象声词并不一定是拟声性重音，处于重音位置，能体现语句目的的象声词才可作为重音处理。在不少情况下，句子本意和重点并不在描摹声音上。在表达时，要求有感受，但不必惟妙惟肖，更不可变成口技，拟声性重音重在传神。

比如B站经典故事演播作品蒲松龄的《聊斋志异》，其中的《耳中人》有一个片段："咚！咚！咚！忽然，她听到奇怪的敲门声，原来是邻居要来家里借东西，但这敲门声真的是越来越诡异了……"这里的"咚！咚！咚！"是烘托气氛的关键词，因此可以算作拟声性重音。

再比如四叶草在喜马拉雅FM中演播的言情小说《我因为你而更爱这个世界》，描写女主人公姚红仪第一次见到暗恋对象时的表现："她胸脯起伏着，眼神不由自主地咬住他的目光，心也在怦怦直跳……"在这里，由于"怦怦"直接反映了女主人公当时紧张、局促、激动的心情，所以"怦怦"在这里不只是象声词，也是拟声性重音。

10. 反义性重音

反义性重音，一般用在为揭露、批判荒谬论点和错误言行，为揭示言不由衷的虚假语气，为表示演播者不同意、不赞成的态度而强调突出的词或词组。反义性重音貌似表达正面肯定，实质上是表达否定。要确定反义性重音，必须抓住最有代表性、最能揭露其错误实质的词，有"正话反说"和"反话正说"两种情况，演播时要看表达的态度到底是赞成还是反对，不要把意思播反。强调反义性重音时要借助语气的配合，不能一带而过，也不能在字面上过分用力。

比如《青衣》的后半段有这样几句话："她要给天唱，给地唱，给她心中的观众唱……筱燕秋的告别演出轰轰烈烈地结束了。"筱燕秋当天因为演出迟到，所以她的学生春来顶替她上台演出，春来的演出赢得了台下观众的掌声、欢呼声一片。而筱燕秋却是一个人冲出影院，冲进风雪，来到了一个昏黄的路灯下面，一个观众都没有地唱了起来。因此，这里的"轰轰烈烈"表达的并非字面意思，而是相反的内涵，用"凄凄惨惨"来形容更为恰当，属于反义性重音里的"反话正说"。

再比如网络小说《人间真情》中："原来昨天小徐只带了一把伞啊。原来他看到老爷爷年纪大了，所以好心借给了老爷爷。他真傻。我悄悄地走进他的房间，我看到他正躺在床上，我顿时眼睛湿润了，我仿佛看到了一个高大的身影，一颗助人为乐的心，一颗纯净、善良的心，一颗助人为乐的心。"这里的"傻"，不是字面意义上的不聪明，而是褒义词，是善良、纯净的意思，属于反义性重音里的"正话反说"。

三、语气

(一)语气的定义

在一定的具体思想感情支配下具体语句的声音形式称作语气。语气包括两个方面,一是语气的感情色彩,主要指语句所包含的是非和爱憎。二是语气的分量,语气的分量又分为重度、中度和轻度。

(二)语气的分类

语气有不同的走势,即语势。新媒体文艺作品演播的语势包含着气息、声音、口腔状态等多层次、多侧面的立体变化和多重组合,需要演播者有很强的悟性和高超的技巧。这些方面的变化,不仅在演播时演播者能够体现出来,而且受众也可以从听感上监听或感觉到。首先,在气息方面,演播者的语势可有气息位置深浅的不同、气息量多少的差别以及送气速度快慢的区分;其次,在声音方面,语势又有高低、强弱、快慢等对比变化以及音色的细微变化;最后,在口腔状态方面,每一个字都有口腔开度大小、松紧程度以及舌位前后、高低的变化等。

构成语势的这三个方面的因素是互相渗透,融合在一起的,它们使语势呈现为立体的运动变化态势。在表达具体的思想感情时,这些变化因素在一句话的句首、句尾应有不同的态势,只有曲折多样的语势才能使演播的语言成为丰富的思想感情的载体,只有充分了解并运用好语势,才能够让新媒体文艺作品更打动受众。

语势的主要类型有:

1. 波峰类

声音的发展态势是由低向高再向低进行的,状如波峰。比如喜马拉雅 FM 中播放量 2.2 万人次的游戏配音作品《逆转裁判》第四集《逆转姐妹》(三),其中的一句:“这种事情不是你这种人所能理解的。”“你这种人”是波峰,声音与句子的其他部分相比偏高。

2. 波谷类

声音由高向低再向高发展,即句首、句尾较高,句腰较低,状如波谷。比如微信公众号《为你读诗》里由演员常远朗诵的作家洪烛的《空瓶子》:“只有我知道,自己的肚子里装了什么新玩意。”其中“肚子里”是波谷,声音与句子的其他部分相比偏低。

3. 上山类

声音由低向高发展,即句首最低,句尾最高,状如登山。有时是步步高,有时是盘旋而上。比如蜻蜓 FM 播放量 5.5 万人次的悬疑小说《你是谁》第一集中:“冷冰踩着厚厚的积雪,小心爬上一处平坦的岩石。”在演播这一句子时声音是逐渐变高的,“岩石”最高,属于上山类。

4. 下山类

特点是句首最高,之后顺势而下,状如下山。有时是直线而下,有时则呈蜿蜒曲折而下的态势。比如常远在《为你读诗》中朗诵的《空瓶子》的最后一句:“你看不见的东西并不等于不存在。”“你看不见的”声音最高,“不存在”最低,这种语气处理方式属于下山类。

5. 半起类

特点先是句首较低,而后呈上行趋势,行至中途,气提声止。由于语气没有行至最高点,所以称为半起。比如《月光曲》中的一句:“盲姑娘听得入了神,一曲弹完,她激动地说:‘弹得多纯熟哇!感情多深哪!您,您就是贝多芬先生吧?’”这里的“您,您就是”行至中途气提声顿,这句话的处理方式就属于半起类。

四、节奏

在包括高度、宽度、深度、时间等多维空间内的有规律或无规律的阶段性变化简称节奏。具体的阶段性变化例子有:音乐快慢激烈缓柔、美术韵律、建筑设计以及文学作品的铺垫、高潮、结尾等。节奏是抒情性作品的重要表现手段。

(一)节奏的定义

节奏是由全篇稿件生发出来的、表达着思想感情的波澜起伏所造成的抑扬顿挫、轻重缓急的声音形式的回环往复。

(二)节奏的类型

节奏的主要类型有:轻快型、舒缓型、紧张型、低沉型、高亢型和凝重型。

1. 轻快型

一般要求多连少停、多轻少重、多扬少抑,语调舒展柔和,语流轻快。

比如朱自清的《春》:

盼望着,盼望着,东风来了,春天的脚步近了。

一切都像刚睡醒的样子,欣欣然张开了眼。山朗润起来了,水涨起来了,太阳的脸红起来了。

小草偷偷地从土里钻出来，嫩嫩的，绿绿的。园子里，田野里，瞧去，一大片一大片满是的。坐着，躺着，打两个滚，踢几脚球，赛几趟跑，捉几回迷藏。风轻悄悄的，草软绵绵的。

桃树、杏树、梨树，你不让我，我不让你，都开满了花赶趟儿。红的像火，粉的像霞，白的像雪。花里带着甜味儿；闭了眼，树上仿佛已经满是桃儿、杏儿、梨儿。花下成千成百的蜜蜂嗡嗡地闹着，大小的蝴蝶飞来飞去。野花遍地是：杂样儿，有名字的，没名字的，散在草丛里，像眼睛，像星星，还眨呀眨的。

“吹面不寒杨柳风”，不错的，像母亲的手抚摸着你。风里带来些新翻的泥土的气息，混着青草味儿，还有各种花的香，都在微微润湿的空气里酝酿。鸟儿将巢安在繁花嫩叶当中，高兴起来了，呼朋引伴地卖弄清脆的喉咙，唱出宛转的曲子，与轻风流水应和着。牛背上牧童的短笛，这时候也成天在嘹亮地响着。

雨是最寻常的，一下就是三两天。可别恼。看，像牛毛，像花针，像细丝，密密地斜织着，人家屋顶上全笼着一层薄烟。树叶儿却绿得发亮，小草也青得逼你的眼。傍晚时候，上灯了，一点点黄晕的光，烘托出一片安静而和平的夜。在乡下，小路上，石桥边，有撑起伞慢慢走着的人，地里还有工作的农民，披着蓑戴着笠。他们的房屋，稀稀疏疏的，在雨里静默着。

天上风筝渐渐多了，地上孩子也多了。城里乡下，家家户户，老老小小，也赶趟儿似的，一个个都出来了。舒活舒活筋骨，抖擞抖擞精神，各做各的一份儿事去。“一年之计在于春”，刚起头儿，有的是工夫，有的是希望。

春天像刚落地的娃娃，从头到脚都是新的，它生长着。

春天像小姑娘，花枝招展的，笑着，走着。

春天像健壮的青年，有铁一般的胳膊和腰脚，领着我们上前去。①

2. 舒缓型

一般要求多连少停、声音清亮，声音较高但不着力，气长音清，语气舒展开阔。比如陈淼的《桂林山水》：

人们都说：“桂林山水甲天下。”我们乘着木船荡漾在漓江上，来观赏桂林的山水。

我看见过波澜壮阔的大海，观赏过水平如镜的西湖，却从没看见过漓江这样的水。漓江的水真静啊，静得让你感觉不到它在流动；漓江的水真

---

① 朱自清．背影［M］．南京：译林出版社，2012：223-225．

清啊,清得可以看见江底的沙石;漓江的水真绿啊,绿得仿佛那是一块无瑕的翡翠。船桨激起的微波扩散出一道道水纹,才让你感觉到船在前进,岸在后移。

我攀登过峰峦雄伟的泰山,游览过红叶似火的香山,却从没看见过桂林这一带的山。桂林的山真奇啊,一座座拔地而起,各不相连,像老人,像巨象,像骆驼,奇峰罗列,形态万千;桂林的山真秀啊,像翠绿的屏障,像新生的竹笋,色彩明丽,倒映水中;桂林的山真险啊,危峰兀立,怪石嶙峋,好像一不小心就会栽倒下来。

这样的山围绕着这样的水,这样的水倒映着这样的山,再加上空中云雾迷蒙,山间绿树红花,江上竹筏小舟,让你感到像是走进了连绵不断的画卷,真是"舟行碧波上,人在画中游"。①

3. 紧张型

一般要求多连少停、多重少轻、多扬少抑,节拍拖长,语气紧张。比如 B 站上麦家演播的谍战剧《风声》:

在夜色的掩护下,像一个阴谋一样悄然潜入幽静的裘庄,穿过前院,来到后院,最后钻进久无人迹的西楼,令这栋闹过血光之灾的空楼变得更加阴险可怖,像一把杀过人的刀落入一只杀过人的手里。

阴谋似乎是阴谋中的阴谋,包括阴谋者本人,也不知道阴谋的形状和内容。他们在来之前都已经上床睡觉,秘书白小年首先被张司令的电话从床上拉起来,然后白秘书又遵命将金生火、李宁玉、顾小梦和吴志国四人从睡梦中叫醒。五个人被紧急邀集在一起,上了车,然后像梦游似的来到这里。至于来干什么,谁也不知道,包括白秘书。带他们来的是特务处处长王田香,他将诸位安排妥当后,临别时多多少少向他们吐露了一点内情:天将降大任于诸位。

王田香说:"张司令要我转告大家,你们将有一项非常特殊的任务,以后的几天可能都睡不了一个安稳觉。所以,今天晚上一定要抓紧时间,好好睡一觉,司令将在明天的第一时间来看望大家。"

4. 低沉型

一般要求停顿多而长,语调多抑,节拍较长,声音偏暗,句尾沉重,语流沉缓。比如三毛的现代诗《如果有来生》:

① 人民教育出版社小学语文室. 语文:第 11 册[M]. 北京:人民教育出版社,2002:3-4.

如果有来生,要做一棵树,
站成永恒。没有悲欢的姿势,
一半在尘土里安详,
一半在风里飞扬;
一半洒落荫凉,
一半沐浴阳光。
非常沉默、非常骄傲。
从不依靠、从不寻找。

如果有来生,要化成一阵风,
一瞬间也能成为永恒。
没有善感的情怀,
没有多情的眼睛。
一半在雨里洒脱,
一半在春光里旅行;
寂寞了,孤自去远行,
把淡淡的思念统统带走,
从不思念、从不爱恋。

如果有来生,要做一只鸟,
飞越永恒,没有迷途的苦恼。
东方有火红的希望,
南方有温暖的巢床,
向西逐退残阳,向北唤醒芬芳。

如果有来生,希望每次相遇,都能化为永恒。

5. 高亢型

一般要求多连少停、多重少轻、扬而不抑,语气高昂,语流畅达,语速稍快,节拍较紧。比如《面对鲜红的党旗》片段:

您是一面旗帜,又是一个整体,
是您把镰刀铁锤高高举起,
因为您代表中国工农。
我们举起右手面对您宣誓,
为共产主义奋斗终生!

从此我们就是您的儿女。
年年“七一”我们总把历程回忆。
难忘那:
旧中国的“三座大山”,
神州大地满目疮痍,民不聊生。
苏联“十月革命”的炮声,
送来了马列主义。
中华民族的复兴之路,
从南昌城头的枪声到井冈山的烽火;
从遵义会议到毛泽东力挽狂澜;
从“五次反围剿”到抗战十四年赶走侵略者;
从“三大战役”到打败国民党蒋家王朝。
二十八年的浴血奋战:
二十八年的前仆后继,
千百万党的好儿女用鲜血和生命,
换来了一九四九年十月一日的这一天,
中华人民共和国成立了!
中国人民从此站起来了!
您开创了中国历史的新纪元。
难忘那,
人民翻身做主人,
祖国建设日新月异。
十四个“五年”规划昂首起步,
继往开来实现第一个百年奋斗目标,
社会主义现代化国家建设踏上新征程,
科学发展经济腾飞国力强,
和谐社会国富民强地位高。①

6.凝重型

一般要求多停少连、多重少轻、多抑少扬,语流平衡凝重,语言表达强而有力。比如贾平凹的《丑石》:

① 礼赞百年 诵读华章|《面对鲜红的党旗》[EB/OL].(2021-06-23)[2023-10-12]. https://mp.weixin.qq.com/s?_biz=MzU0NjA3Njg5NA==&mid=2247503701&idx=3&sn=8fca892f532b1954e682174f5fb80b2b&chksm=fb61aee4cc1627f2dac6470df105a43e88bb5c51697d0d747eddc73f5679400299da39129204&scene=27.

我常常遗憾我家门前的那块丑石呢:它黑黝黝地卧在那里,牛似的模样;谁也不知道是什么时候留在这里的,谁也不去理会它。只是麦收时节,门前摊了麦子,奶奶总是要说:这块丑石,多碍地面哟,多时把它搬走吧。

于是,伯父家盖房,想以它垒山墙,但苦于它极不规则,没棱角儿,也没平面儿;用錾破开吧,又懒得花那么大气力,因为河滩并不甚远,随便去掮一块回来,哪一块也比它强。房盖起来,压铺台阶,伯父也没有看上它。有一年,来了一个石匠,为我家洗一台石磨,奶奶又说:用这块丑石吧,省得从远处搬动。石匠看了看,摇着头,嫌它石质太细,也不采用。

它不像汉白玉那样的细腻,可以凿下刻字雕花,也不像大青石那样的光滑,可以供来浣纱捶布;它静静地卧在那里,院边的槐荫没有庇覆它,花儿也不再在它身边生长。荒草便繁衍出来,枝蔓上下,慢慢地,竟锈上了绿苔、黑斑。我们这些做孩子的,也讨厌起它来,曾合伙要搬走它,但力气又不足;虽时时咒骂它,嫌弃它,也无可奈何,只好任它留在那里去了。

稍稍能安慰我们的,是在那石上有一个不大不小的坑凹儿,雨天就盛满了水。常常雨过三天了,地上已经干燥,那石凹里水儿还有,鸡儿便去那里渴饮。每每到了十五的夜晚,我们盼着满月出来,就爬到其上,翘望天边;奶奶总是要骂的,害怕我们摔下来。果然那一次就摔了下来,磕破了我的膝盖呢。

人都骂它是丑石,它真是丑得不能再丑的丑石了。

终有一日,村子里来了一个天文学家。他在我家门前路过,突然发现了这块石头,眼光立即就拉直了。他再没有走去,就住了下来;以后又来了好些人,说这是一块陨石,从天上落下来已经有二三百年了,是一件了不起的东西。不久便来了车,小心翼翼地将它运走了。

这使我们都很惊奇!这又怪又丑的石头,原来是天上的呢!它补过天,在天上发过热,闪过光,我们的先祖或许仰望过它,它给了他们光明,向往,憧憬;而它落下来了,在污土里,荒草里,一躺就是几百年了?

奶奶说:"真看不出!它那么不一般,却怎么连墙也垒不成,台阶也垒不成呢?"

"它是太丑了。"天文学家说。

"真的,是太丑了。"

"可这正是它的美!"天文学家说,"它是以丑为美的。"

"以丑为美?"

"是的,丑到极处,便是美到极处。正因为它不是一般的顽石,当然不能去做墙,做台阶,不能去雕刻,捶布。它不是做这些小玩意儿的,所以常常就遭到一般世俗的讥讽。"

奶奶脸红了,我也脸红了。

我感到自己的可耻,也感到了丑石的伟大;我甚至怨恨它这么多年竟会默默地忍受着这一切,而我又立即深深地感到它那种不屈于误解、寂寞的生存的伟大。①

综上所述,声音的高低、轻重、疾徐等不同的对比组合关系,构成节奏的基本转换形式。比如,欲扬先抑,欲抑先扬;欲快先慢,欲慢先快;欲重先轻,欲轻先重等。在新媒体文艺作品演播的实际运用中,文稿的情况是多种多样的,需要把节奏的转换形式交织在一起综合运用,才能突显节奏的立体性和丰富性。

本章小结

1. 新媒体文艺作品演播所需的内部表达技巧分别是:情景再现、内在语、对象感;外部技巧分别是:停连、重音、语气、节奏。
2. 新媒体文艺作品演播要根据不同稿件的特点,具体问题具体分析,灵活运用相应的表达技巧,达到最好的演播效果。

思考题

你可以选择一部新媒体文艺作品,运用有声语言的内外部技巧进行演播吗?

① 朱自清,等.人一生要读的60篇散文[M].北京:华文出版社,2009:145-146.

第六章　心理技巧

内容提要

1. 新媒体文艺作品演播者要想发挥出自己的正常水平，克服紧张的具体方法有哪些？

2. 为了使演播者能够全方位、立体化地感受稿件内容，需要哪些调动感官的具体技巧？

3. 艺术创作的具体要素有哪些？

第一节　克服紧张的具体方法

紧张，从心理学角度来看，是一种正常的情绪，所以我们必须正视它。据说这个世界上最令人恐惧的事情，并不是死亡，而是当众讲话。丘吉尔曾说，人一生有三件特别难办的事情：第一件，爬上一堵正在倒向你的墙；第二件，吻一个决心离开你的姑娘；第三件，当众讲话。可见，当众讲话并不是一件容易的事情。虽然新媒体文艺作品演播不是“面对面”地当众讲话，但是这些作品的受众范围甚广，演播者的文艺作品一经播出，播放量可达上千、上万甚至上亿次。想到这里，很多演播者就会不由自主地开始紧张。

紧张的情绪会影响演播者的表达水平和文艺作品的演播效果，因此我们要想方设法地解决这个问题。缓解紧张情绪的办法有很多，我们要做情绪的主人，拒绝成为情绪的奴隶。从长远来看，演播者要建立自己的信心，而建立信心最主要的途径是参加社会实践活动并积累成功的经验。建立信心是需要决心和毅力的，在参加社会实践活动的过程中不免会遭遇失败和挫折，如果失败一次就放弃努力，那么之前所有的努力就会前功尽弃，自卑的心理便会产生。反之，演播者要有百折不挠的精神，尤其在新媒体文艺作品演播平台，受众可以自由地发表自己的观点和看法，甚至有的评论还存在攻击性，这就需要演播者具有强大的内心，对自己充满信心，否则紧张情绪就会干扰演播时的情绪,进而影响演播水平的正常发挥,最终影响文艺作品演播的质量。

克服心理紧张的方法,主要分为自我调整和心理干预两方面。长期的自我调整可以采用运动的方法,运动可以有效地让全身达到放松状态,同时运动能够激发大脑分泌内啡肽,起到抗焦虑、抗抑郁、克服紧张心理的作用。另外,做一些自己感兴趣的事情,可以提高愉悦感,也可以克服紧张。短期的心理干预主要采用认知行为疗法。紧张是一种情绪,当出现紧张情绪的时候可以询问自己的内心想法是什么,是因为什么才会出现紧张的情绪。这些引起紧张的心理原因可能有其不合理性,我们可针对不合理之处进行调整,最终达到缓解紧张的目的。

除此以外,还有行之有效的几种"接地气"的方法:

一、旁若无人，如入无人之境

2010 年,杨迪意外受到《中国达人秀》节目组的邀约。在《中国达人秀》的舞台上,杨迪尽情施展自己的搞笑功力,一举一动似乎都能戳中大家的笑点,观众戏称他为"表情帝"。当时的评委伊能静发出感慨:"《达人秀》上有很多让人流泪的选手,让人笑的,好像只有杨迪。"黄安老师给予他的评价"你做到了表演的最高境界——旁若无人,死不要脸",这绝非贬义,而是对一个人不紧张、不怯场,气场全开,全情投入表演的鼓励之词。这样的心理状态也适用于新媒体文艺作品演播,因为演播者在演播小说里的人物对话,或为影视剧人物配音时,难免会遇到与自身形象、性格、气质有强烈反差的人物语言,很多情况下甚至还要反串角色,如果演播者"说不出口"、顾虑重重,就很难赋予人物以"灵魂",自然也就无法打动受众的心。

二、五个人原理

《再见,在也不见》是由忻钰坤、陈世杰、西瓦罗·孔萨库联合执导,陈柏霖、蒋雯丽、秦沛、杨佑宁等联合主演的爱情电影。该片以人与人之间的地理、心灵和感情的距离为主题,讲述了三个发生在不同地域又互相关联的,关于亲情、友情、爱情的故事。

片中,大学老师谢虹在一次讲座上说:"微信上有 1000 个人,有几个你很熟? 100 个? 50 个? 10 个?"说到 5 个的时候很多人举了手。世界那么大,你真正关心的只有 5 个人。新媒体拓宽了我们社交的宽度,却减少了深度。虽然看起来有很多人围绕着我们,但真正关心我们、我们也真正关心的也许只有 5 个人。

这 5 个人是哪 5 个? 不同的人有不同的看法和答案。但大多数人的答案是父母、配偶和子女。也许有人会回答爷爷奶奶、姥姥姥爷、表哥表姐、好朋友好闺蜜,等等。我们不妨换一种思路来看这个问题,假设一个中年男子意外身亡,那么他的父母就失去了他们的儿子,他的孩子就失去了他唯一的父亲,他的妻子也失去了她孩子唯一的父亲,人生的三大悲痛全都发生在这个家庭里了:幼年丧父、中年丧偶,老年丧子。如果这个中年男子有兄弟姐妹,他的兄弟姐妹自然也会悲痛万分,但是他们的家庭并没有遭受毁灭性的打击。同理,对演播者而言,受众都是"路人甲",他们并不会把太多注意力集中在演播者身上,那么演播者自然也就无须因为一些认为你"无足轻重、无关紧要"的人而紧张了。

三、大合影原理

拍摄大合影时使用的是单点对焦,即将光圈稍微缩小一点然后对焦在其中一个人脸部就可以了。根据景深原理,镜头应聚焦在整个队列纵深的前 1/3 处。若共五排人,应将焦点对在第二排的中间人物上,这样可更有效地利用前景深和后景深,拍出前后均清晰的集体合影。

阿尔弗雷德·阿德勒在《生活的意义》中写道:当拿到和别人的合照时,第一眼看到自己是天性,而第一眼看到别人,是人与人之间的温暖。

笔者在一次演讲互动中曾问过这样一个问题:"我们在座的各位从小到大都拍过无数张合影,其中也包括人数众多的大合影,大家在拿到大合影的那一刻,第一眼会看谁呢?"没过多久,大家都先后说出了两个字:自己。看完了自己可能还会看看感兴趣的人,比如朋友等。但也许直到把这张大合影收藏到箱底的那一刻,大合影中有些人的面容我们都没有认真看过。因此,大合影的这个实例告诉我们,演播时无须紧张,因为根本没有几个人关注你。

四、不放过任何一次上台的机会

经过以上三重心理建设后,新媒体文艺作品的演播者可以放下部分心理负担,紧张的程度也会有所降低。接下来,让我们离"说到做到"更近一点,那就是:不放过任何一次上台的机会。

中央广播电视总台著名节目主持人任鲁豫在一次访谈节目中说:

> 我甚至有 6 年的时间,所有大型活动都没主持过,但是我到了 40 岁的时候,又有一次机会。有一次一个国事演出,主持人、嘉宾在直播里,是无法赶过来的,我们几个主持人去替他走台。我整整走了 72 场彩排,走到最后的就剩我一个人。甚至有一次彩排,有三四位演员都没有到。我就替这三四位演员走台。我自己问自己,扭过头来自己回答。但是那些位置都是我走完的。
>
> 我结束之后,我的同行就过来给了我一个很大的拥抱。他说谢谢你,真

的太辛苦你了。走的那天我心里也有点难过,全场都要沸腾了,可你要落寞地走了。但是后来我走的时候,我也不后悔,因为我知道了国事演出是什么样的一个规模,难度系数会到什么程度,我都记在心里了。当我真正有机会去主持春晚,甚至去主持国事演出,我一点都不怕。

……

我走上(春晚)舞台的时候,我告诉我,这个舞台就是我的。我一点都没有觉得我驾驭不了。全因为你走过了那些你认为的很难走过的道路,每一步都算数。①

只要不放过任何一次上台的机会,你终将克服紧张情绪,逐步在演播的台前得心应手。

第二节 调动感官的具体技巧

感官是感受外界事物刺激的器官,包括眼、耳、鼻、舌、身等。人对客观世界的正确反映,是各种感觉相互协调、相互验证的结果。大脑是一切感官的中枢。眼睛对应的是视觉,耳朵对应的是听觉,鼻子对应的是嗅觉,舌头对应的是味觉,身体各个部位(尤其是皮肤)对应的是触觉。五大感官为人们全方位地感知世界、体验生活提供了基础和保障。新媒体文艺作品演播者要善于调动自己所有的感官,这有利于其更生动地去表现事物。

一、调动视觉的技巧

物体的属性以形为主,而辨别形状主要靠视觉。每一个物体都可以有形、声、色、味等属性。在认识一个物体时,形的属性比其他属性更重要。

新媒体文艺作品要求演播者拥有较强的观察力。观察是有目的、有计划的知觉活动,是知觉的一种高级形式。观,指看、听等感知行为,察是分析思考的意思,观察不仅仅是指视觉活动,而是以视觉为主,有机结合了其他感觉为一体的综合体验。观察力是指人们对事物的观察能力,包含着积极的思维活动的能力。比如在观察过程中,人会对声音、气味、味道、温度等有一个基本的感觉和判断。

新媒体文艺作品演播者通过稿件的文字描述,回忆或想象在自己的生活中观察到的清晰且具体的画面,以及观察别人生活的画面,对于在表达时做到“目中有物”“有

---

① 任鲁豫回忆曾代走位72次 回溯曾经的经历,点滴积累、执着坚守,终于成就今天自信笃定的自己![EB/OL].(2023-10-15)[2024-10-12].https://v.douyin.com/iBgtqebN/.

的放矢”是非常有帮助的。

比如喜马拉雅 FM 中的旅游类散文《外面的世界》第 160 集《麦积山石窟》有这样一段景物描写:“眼前出现一座孤峰,因堆状如麦垛,人称麦积山。山不在高,有窟则名。麦积山的出名在于它的崖壁上密密麻麻地分布着两百余座佛教石窟,里面藏有 7000 多尊精美的泥塑和雕像。如果说敦煌是一座壁画博物馆,那么麦积山就是一座雕塑博物馆。麦积山石窟以泥塑见长,这是因为麦积山山体为红色砂砾岩,石质松软,不易于精雕细刻,石匠们只能在泥塑上下功夫。这些泥塑雕像大的高达 16 米,小的仅有十多厘米……”演播者在演播这部作品时,如果碰巧有去过麦积山石窟的经历,就可以努力调取自己大脑当中的画面,尽可能地回忆当时看到的景象。但大多数演播者也许并没有这样的经历,为了更好地将作品描述的画面展现在受众面前,演播者可以通过查阅麦积山石窟的相关文字资料,在脑海中想象出具体生动的画面;也可以通过搜集并观看麦积山石窟的影像资料,来补充画面的细节。综上所述,调动视觉的技巧可以更好地展现文艺作品中的画面,最大限度地还原稿件所想要传达的内容。

二、调动听觉的技巧

大自然蕴藏着许多美妙的声音,比如雨声、雷声、冰雹声、雪声等。仔细聆听,大自然中的声音就像一首交响曲:从天上掉下的雨滴,有快有慢,有大有小,有时滴答滴答,有时哗啦哗啦;伴随闪电而来的,往往是轰隆隆的雷声;冰雹声是一些小如绿豆、豌豆,大如栗子、枇杷的冰粒敲打在物体上发出的噼里啪啦的声音;降雪几乎没有声音,但用心感悟,有时仍能听到雪粒簌簌而落的声音,从积雪上走过,有咯吱咯吱的声响。当然,不同人对不同的声音会有不同的感受和表达,比如陆游在《雪夜》中曾有“雪声如飞沙,风声如翻涛”的描述,意思是下雪的声音仿佛飞舞的沙子,风声如翻江倒海的波涛一般。

我们生活的城市也有很多声音,也许有的人会觉得城市的声音很嘈杂,比如汽车鸣笛,装修时电钻的噪音,手机公放的吵闹音乐……其实,城市的声音是城市的灵魂,所有好的不好的都是这个城市的一部分。比如手机闹钟的铃声就是在告诉我们新的一天又开始了;电梯的运转声告诉我们要开始忙碌的工作和学习了;办公室里键盘敲敲打打的声音,公路上汽车呼啸而过的声音,商场里售货员推销商品的声音……这些声音无疑都是城市的印记。

因此,唯有“真听、真看、真感受”,用心去听周围的声音,去感受不同的声音,去看不同的画面,深入地观察和思考,才能找到身临其境的感觉,才更有利于文艺作品的生动呈现。

《大自然的声音》是人教版小学语文三年级上册(2018 年秋季修订版)第 21 课的

课文,这篇课文是说明性文章。它运用拟人的写法,以及大量形象鲜活、生动的语句,分别从风、水和动物三个方面描写了大自然美妙的声音。原文如下:

大自然有许多美妙的声音。

风,是大自然的音乐家,他会在森林里演奏他的手风琴。当他翻动树叶,树叶便像歌手一样,唱出各种不同的歌曲。不一样的树叶,有不一样的声音;不一样的季节,有不一样的音乐。当微风拂过,那声音轻轻柔柔的,好像呢喃细语,让人感受到大自然的温柔;当狂风吹起,整座森林都激动起来,合奏出一首雄伟的乐曲,那声音充满力量,令人感受到大自然的威力。

水,也是大自然的音乐家。下雨的时候,他喜欢玩打击乐器。小雨滴敲敲打打,一场热闹的音乐会便开始了。滴滴答答……叮叮咚咚……所有的树林,树林里的每片树叶;所有的房子,房子的屋顶和窗户,都发出不同的声音。当小雨滴汇聚起来,他们便一起唱着歌:小溪淙淙地流向河流;河流潺潺地流向大海;大海哗啦啦地汹涌澎湃。从一首轻快的山中小曲,唱到波澜壮阔的海洋大合唱。

动物是大自然的歌手。走在公园里,听听树上叽叽喳喳的鸟叫;坐在一棵树下,听听唧哩哩唧哩哩的虫鸣;在水塘边散步,听听蝈蝈的歌唱。你知道他们唱的是什么吗?他们的歌声好像告诉我们:“我在歌唱,我很快乐!”

这篇文章要求演播者通过调动听觉的技巧,让受众仿佛听到文章所描写的声音。如果条件允许,演播者可以亲自去郊外的树林里感受一下大自然的各种声音,因为亲身经历不仅可以收获听觉和视觉的刺激,还可以同时拥有嗅觉和触觉的记忆,演播者在表达阶段就会有更全面的内心视像和更坚实的心理支撑,有利于更快、更准确地调动和使用听觉的技巧。

三、调动嗅觉的技巧

嗅觉是一种重要的感觉。没有嗅觉的世界是遗憾的,甚至是痛苦的。比如在电视剧《活色生香》中,男主人公宁致远因为天生没有嗅觉,不知道香臭有何差别,生活少了很多的乐趣。加之他出生在炼香世家,没有嗅觉便意味着他无法继承祖业,这一点对他本人和整个家庭来说都是毁灭性的打击。

嗅觉和味觉会互相作用,二者是密不可分的。嗅觉是外激素通讯实现的前提,是一种远感,是通过长距离感受化学刺激的感觉。① 相比之下,味觉是一种近感。嗅觉

① 李景东. 现代广告学[M]. 广州:中山大学出版社,2015:93.

的记忆非常长久，比如某人在小时候曾经闻过一种气味，几年、十几年，甚至几十年后当他再次闻到这种气味时，他能够立马判断出自己曾经闻过这种气味，甚至能记起闻到这种气味时的某样物品和某个场景。

嗅觉不像其他感觉那么容易分类。在说明嗅觉时，人们通常会用产生气味的东西来命名，例如玫瑰花香、檀木香、脚臭、腐臭……几种不同的气味同时作用于嗅觉时，可以产生不同的效果，或者是产生新气味，或者是一种气味代替或遮蔽另一种气味，也可能产生气味中和。因此，演播者在平时生活中不必刻意收集气味，只需要在闻到一种气味时用心感受和体会，就可以在演播时通过尽可能多地调动嗅觉的技巧去丰富自己对文艺作品的理解。

比如当代诗人牛汉的《父亲、树林和鸟》，文中父亲就用“羽毛焐得热腾腾的”把鸟的气味概括出来，形容给作者听。此外，作者还闻到了“浓浓苦味的草木气”。《父亲、树林和鸟》原文如下：

父亲一生最喜欢树林和歌唱的鸟。

童年时，一个春天的黎明，父亲带着我从滹沱河岸上的一片树林边走过。突然，父亲站住了，朝幽深的雾蒙蒙的树林，上上下下地望了又望，用鼻子闻了又闻。

“林子里有不少鸟。”父亲喃喃地说。可我既没有看见一只鸟飞，也没有听到一声鸟叫。我茫然地望着凝神静气像树一般兀立的父亲。

父亲指着一棵树的树枝对我说：“看那里，没有风，叶子为什么在动？”

我仔细找，却没有找到晃动的叶子。

“还有鸟味。”父亲轻声说，他生怕惊动了鸟。我只闻到有浓浓苦味的草木气，没有闻到什么鸟的气味。

“鸟也有气味？”

“有。树林里过夜的鸟总是一群群的，羽毛焐得热腾腾的。黎明时，所有的鸟抖动着浑身的翎羽，要抖净露水和湿气。每一只鸟都张着嘴，舒畅地呼吸着，深深地呼吸着。它们要唱歌了。这时候只要你静静地用心地闻，你就会闻到那种鸟类特有的气味。”

父亲和我坐在树林边，突然听到“喳喳，喳喳”“布谷，布谷”……群鸟齐鸣。哇！太动听了！鸟真的唱了起来。

“这是树林和鸟最快活的时刻。”父亲说。

我知道这也是父亲最快活的时刻。

过了一会儿，父亲对我说：“鸟最快活的时刻，是飞离树枝飞向天空的那一瞬间，但这时也最容易被猎人打中。”

“为什么？”我惊愕地问。

父亲说："黎明时的鸟，翅膀潮湿，飞起来沉重。"

我的心里掠过一阵沉重。我也由衷地感到高兴，因为父亲不是猎人。①

再比如老舍的《骆驼祥子》里的一段文字："虽然已到妙峰山开庙进香的时节，夜里的寒气可还不是一件单衫所能挡得住的。祥子的身上没有任何累赘，除了一件灰色单军服上身，和一条蓝布军裤，都被汗沤得奇臭——自从还没到他身上的时候已经如此。"②

当演播者使用调动嗅觉的技巧来表达具体的气味时，受众就不只能得到视觉和听觉的享受，还有了嗅觉的加入，甚至还有可能唤起受众相关的记忆。演播者为受众带来的感觉更加立体、更加有层次了。

四、调动味觉的技巧

味觉是人体重要的生理感觉之一。味觉系统能感受和区分多种味道，目前认为这些味道是由酸、甜、苦、辣、咸、鲜 6 种基本味觉组成的。拥有味觉是人生的一大乐事。如果一个人没有了味觉，那么所有的美味在他那里都没有了意义。此外，不同的味道和人的不同感觉也是联系在一起的。

（一）甜味

舌头前部的味蕾主要负责感觉甜味，这个位置往往会先接触到食物。我们每个人刚开始感觉到的味道，通常是由母乳的甜味所构成的，也许正因为如此，甜味总是能给人带来一种幸福。演播者在说到"甜甜的"味道时，声音也是温暖甜蜜的。

比如广播剧《无味》中的一段话："但其实，不放任何调料的小米粥才是最好吃的，瓷碗里同样洁白的小米，从味道便可感知它的独特，小心翼翼地把木勺送到嘴里，一股不同于糖的甜味诱惑着她的味觉。淡中甜，这是只有在没有调料的粥里才可以尝到的稀有味道，每一口融化在味觉里，只剩下眷恋。"

（二）酸味

"望梅止渴"也许是人们首先能想到的对酸味感觉的最好诠释。相对于其他几种味道，酸味会对味蕾产生非常独特的刺激，刚入口时会有不适应感，随之而来的就是津液的大爆发。

---

① 语文出版社教材研究中心，十二省小语教材编写委员会. 语文：三年级上册[M]. 北京：语文出版社，2006：118-119.

② 老舍. 骆驼祥子[M]. 南京：江苏凤凰文艺出版社，2018：12-13.

比如散文《海南最“美”早餐》中对于酸味的描写:“我用筷子,夹起一根细细的粉条,只见用酸笋熬成的汤汁从粉条上纷纷洒落,让我更加有了食欲。闻一闻,是一种酸甜的清香,加上细腻的汤汁味道;尝一口,香甜扑向我的味觉,酸爽刺激我的味蕾,让我飘飘欲仙。”文中的酸味经演播者的演绎后,也会使受众产生一种独特的享受。

(三)辣味

很多美食爱好者加入“无辣不欢”的行列中来。然而,辣味实质上是一种痛感,是健康细胞受到破坏后所引起的神经反射,但这种破坏往往在身体所能承受的范围,所以,低强度的持续的神经刺痛的感觉又能产生一种“快感”,反而让人舒适和迷恋。

比如广播剧《美好的日子》中对剁椒鱼头辣味的描述:“我随着香味走去,哇!只见一大盆红鲜鲜的鱼头,看着就让人馋涎欲滴。我经不住诱惑,不分三七二十一地拿起筷子,夹了一大块鱼往嘴里送去,可刚想吞下去时,一股辣味刺激着我的味觉,‘呀,好辣!’我说道。‘那是当然!’爸爸不紧不慢地说道,‘这可是正宗的剁椒鱼头啊!’……果然我的眼睛里已经冒出了泪水,恨不得把一个游泳池里的水全喝光。不过我觉得越吃越过瘾,从辣味中感觉到鲜,真让人欲罢不能!”

(四)苦味

苦味往往是人们在童年时最讨厌的味道,比如苦菜、苦菊、苦瓜的味道。然而,苦味是不可避免的。随着时间的推移,人们尝到咸、甜、酸、辣后,会发现苦味似乎变得不那么讨厌,甚至还能逐渐感受到它独特的魅力。比如当今流行的三大饮品可可、咖啡和茶,它们魅力的来源都是苦味。吃苦可以使人戒掉浮躁,可以感受生活的本真。

比如散文《苦与甜》中对苦味的描写:“在人类所品尝过的诸多滋味中,‘苦’大概是最复杂、内涵最丰富,也最具有哲学意味的一种味道了。人的味觉器官对苦的排斥性恐怕是先天的,譬如给一个婴儿吃苦药,往往会遇到最顽强、最原始的抵抗。而在人们的日常语言中,凡是沾上苦的词儿,都是灰暗而低沉的。”在演播这类作品时,演播者亲自品尝、亲身经历过各种“苦”的感觉,有助于其在表达阶段调取对“苦”的相关记忆,从而使其所演播的作品更有打动人心的力量。

(五)咸味

俗话说得好:鱼香肉香,不如盐香。美味的菜肴大都离不开咸味。古代人衡量调味品的标准就是味道,而盐产生的咸味被认为是味道之中最重要的,它能刺激人的食欲,被称为百味之首。俗话说“吃遍天下盐最好”,强调了盐在食物调味中的核心作用。百味之首的盐是人体不可缺少的重要物质,盐能增加食欲,能决定菜的口味,有除异味、解油腻的作用。

比如广播剧《味道》中对咸鸭蛋的描写："咸鸭蛋具有鲜、细、嫩、松、沙、油的特点，蛋白'鲜细嫩'，口感细腻，味道咸鲜，蛋黄'红沙油'，入口鲜香，有蟹黄之鲜美。"

(六)鲜味

中国是最古老的鲜味国度，孔子"食不厌精，脍不厌细"的观点背后有着鲜为人知的鲜味内涵。

在国外，鲜味也处处可见。俄罗斯带着深海气息的至鲜鱼子酱，藏在法国幽暗山洞里的殿堂级奶酪……古今中外，鲜味饮食文化都有着强大的生命力。

比如广播剧《第一次吃铁板烧》中对鱼虾鲜味的描述："用西红柿与牛肉制成的'罗宋汤'，酸酸甜甜却又带着鲜香，十分美味；之后是烤鱼片和基围虾，浓重的鲜味，外酥里嫩的口感，却丝毫不油腻，仿佛吃到的是大海的味道，真是顶级的味觉享受！"

五、调动触觉的技巧

狭义的触觉指皮肤表面受到轻微刺激而引起的感觉，广义的触觉则包括压觉、触摸觉和振动觉。当刺激强度使皮肤表面变形，但未达到疼痛时产生的是压觉。当皮肤感觉与肌肉运动觉（主要是手的运动觉）结合时便产生触摸觉。以一定频率的振动接触皮肤所引起的是振动觉。触觉是人辨别客观世界定向特性的重要感觉通道，对人的生活和劳动有重要作用。

很多作品中都有对触觉的描写，比如"这时，她在二楼到三楼楼梯拐角处的扶手上突然摸到了一双冰冷的手，那温度绝对不是活人能达到的……"再比如老舍《骆驼祥子》里的一段："太阳还在西边的最低处，河水被晚霞照得有些微红，他痛快得要喊叫出来。摸了摸脸上那块平滑的疤，摸了摸袋中的钱，又看了一眼角楼上的阳光，他硬把病忘了，把一切都忘了，好似有点什么心愿，他决定走进城去。"①"马路上一个水点也没有，干巴巴地发着些白光。便道上尘土飞起多高，与天上的灰气联接起来，结成一片毒恶的灰沙阵，烫着行人的脸。处处干燥，处处烫手，处处憋闷，整个的老城像烧透的砖窑，使人喘不出气。"②

在以上例子中，"冰冷的手""平滑的疤""袋中的钱""烫……脸""干燥"等都是对触觉的描写。演播者要在平时的生活中深入体会并细腻感受，将之表达出来，令受众也产生相同或相近的感觉。

---

① 老舍. 骆驼祥子[M]. 南京：江苏凤凰文艺出版社，2018：27.

② 老舍. 骆驼祥子[M]. 南京：江苏凤凰文艺出版社，2018：27.

六、调动动觉的技巧

动觉,也叫运动感觉,是对身体各部位的位置和运动状况的感觉,也就是肌肉、肌腱和关节的感觉,尤其是肌肉感觉。它反映身体各部分的位置、运动以及肌肉的紧张程度,是人体内部感觉的一种重要类别。动觉在人的认识和活动中具有重要的作用。在排除视觉的条件下,人们通过手的触摸可以正确地感知物体的大小、形状和弹性。手在运动时肌肉紧张度的变化,让我们感知到物体的种种属性。肌肉运动的速度和强度等信号不断传入大脑,形成反馈信息,实现大脑对肌肉运动的神经调节,使随意运动成为可能。人如果没有精确的动觉反馈信息,就会出现运动失调。

比如播读稿件中对提重物的肌肉感觉的描写,就要运用调动动觉的技巧:“他提了一下水桶,没提动,不由得皱了一下眉头。于是两腿分开,用双手吃力地提了起来,颤颤巍巍地向前挪着,嘴紧绷着,眼睛盯着脚下的路,一步一步,花白的头发随着步伐轻轻飘动着,好像他提着的是全世界的重量。”

第三节　艺术创作的具体要素

利用语言表达的各种技巧将文艺作品的文字语言变为有声语言,并通过新媒体平台使之艺术地再现出来,这是一种艺术创作,其具体要素有以下几点:

一、良好的语音面貌

提到普通话语音面貌,很多人都会把它等同于语音标准。其实,语音面貌和语音标准既有联系又有区别。语音标准是客观的、恒定的,而语音面貌则带有听者的主观性判断,是因人而异的。如果说语音标准是对语音的各个部分——声母、韵母、声调、语流音变的轻声、儿化等的科学规范,偏重于理论意义,那么语音面貌则是说话者的口语表现效果,偏重于实践意义。新媒体文艺作品演播的语音面貌指的是演播者通过语言流动使人在听觉上自然感到的整体性直观印象。应当注意的是,语音面貌只能在成片组织起来的自然流动的有声语言中得以体现,强调的是“整体印象”。

因此,演播者要拥有良好的语音面貌,首先要做到音质优美。动听的声音无疑会给受众留下良好的第一印象,做到“先声夺人”。其次,普通话发音标准、吐字清晰、字音无误,也会给受众留下专业基本功扎实的印象。要做到以上两点,坚持练声和充分备稿是必不可少的。

二、精准地把握背景

新媒体文艺作品演播的背景包括作品的时代背景、人物背景、写作背景、心理背景、播出背景等,演播者要着重关注时代背景和写作背景。对背景的把握在新媒体文艺作品演播中很重要,它是理解和掌握文艺作品的基础,是了解作者创作意图和表现作品的重要条件;了解和把握背景有助于演播者确定作品基调和演播风格。

时代背景是在特定历史情况下,由历史人物推动政治社会发展而形成的特定的时代风貌,是对事件的发生、事态发展起重要作用的客观情况。文艺作品都有较为深刻的时代烙印,不同的文艺作品都是在不同的时代背景下产生的。要准确解读作品的内涵,演播者须充分了解作者创作作品时所处的时代背景。也只有这样,演播者才能更加准确地分析出作者所要传达的情感和意境。如果演播者脱离时代背景去分析和演播文艺作品,演播的最终呈现就会出现时序错乱的尴尬局面。

写作背景通常指作者写作时所处的年代、人文环境、所发生的历史事件、自己家庭的经历等。因此,详细地搜集作者的资料和写作作品时的心情有助于演播者站在作者的角度去看待世界、思考事件、审视人物,有助于演播者在演播时无限接近作品的本来面目,做到生动还原。

三、优秀的语言表达

有声语言的表达,最基本的要求是语音清晰、语言规范,更进一步的要求是抑扬顿挫、流畅自如,最高要求是丰富多彩、声情并茂。有声语言的表达包括语音表达和语义表达两个方面的内容。优秀的有声语言表达主要可以归为两类:一是代表自己发声,二是代表角色发声。

从文体的角度来区分,诗歌和散文的朗诵往往需要演播者做到“声如其人”,用自己清晰准确的语音、圆润动听的声音,增强作品的表现力和感染力。而寓言、童话、广播剧、小说、影视剧人物配音要求演播者先确定身份,比如旁白、角色人物等,然后在保证播读流畅自然的基础上找准人物的感觉。除此以外,演播者要广泛涉猎美学、观众心理学等相关学科知识。比如美学中提到的虚实结合、形神兼备、情理交融等观点,可以巧妙地运用到语言表达中。再比如从观众心理学角度来看,还需要充分考虑受众的需求和感受,包括了解受众的兴趣和喜好,以便在表达时选择合适的表达方式,使信息更易于被受众接受和理解。同时,还要关注受众的反应和反馈,及时发现并纠正可能存在的问题和不足,调整自己的表达方式,学会在表达结束后进行反思和总结,以便在以后的表达中不断改进和提高自己的语言表达技能,在今后达到更好的演播效果。

四、独特的语言气质

语言气质应该是独特、个性、鲜明的。演播者在磨炼基本功的练声阶段,就应努力把自己的声音特质和表达特色挖掘出来,这样才能有辨识度。声音辨识度首先取决于音色上的个性和特色;其次是这个声音在受众听觉感受上的熟悉和接受程度,甚至是喜爱程度。富有强烈个性色彩和记忆点的声音与表达,能消除受众的审美疲劳,带给受众审美愉悦。

除自己本身的声音外,尝试转换不同人物的语言气质和语言模式,可使演播者掌握不同的语言表达方式,丰富自身的语言表现力。而要做到这些,了解人物、创造人物、调动真感情,返璞归真而不是卖弄技巧是非常重要的。

在演播前的准备阶段,演播者可以从两个方面来调动真情实感,无限贴近人物的内心:一是联系个人的直接经验。没有什么方法比亲身经历过更能引发演播者的真实感受了,这样更能令语言表达得心应手、游刃有余。二是借助间接经验。一个人的经历是十分有限的,而需要演播的人物又是多种多样的,因此演播者可以观看相关的影视剧作品,让自己努力找到人物的感觉。在演播阶段,演播者的一切表达、一切表现力都是所演播的这个人物的,而不是演播者自己的。在那个时刻,演播者就是所演播的这个人物。演播者只有调动了真情实感,才能让自己不再囿于种种限制条件,不再像初学者那样错误地把注意力放在声音形式上,而是可以在有限的台词中实现无限的超越,使自己独特的语言气质发挥作用,让演播出神入化。

本章小结

1. 新媒体文艺作品演播者要想发挥出自己的正常水平,克服紧张的具体方法有:旁若无人,如入无人之境;五个人原理;大合影原理以及不放过任何一次上台的机会。
2. 为了使演播者能够全方位、立体化地感受稿件内容,调动感官的技巧包括视觉、听觉、嗅觉、味觉、触觉和动觉六个方面。
3. 艺术创作的具体要素有:良好的语音面貌、精准地把握背景、优秀的语言表达、独特的语言气质。

思考题

你认为如何才能培养和形成自己独特的语言气质?

下编 文体篇

第七章　寓言、童话演播

内容提要

1. 寓言、童话有哪些演播技巧？
2. 寓言、童话的主要分类是什么？

寓言是一种寄托着深刻含义的简短的故事，能让受众从中获得教益。寓言短小、生动、有趣，情节单纯，语言简练，富有教育意义，又常常以人类之外的生物为角色，因而成为一种适合儿童阅读也更受儿童喜爱的文学体裁。童话是在现实生活的基础上，通过丰富的想象、幻想和夸张的手法来表现事物或现象的本质，它把许多平凡的、常见的人物或动物的活动，编织成绚丽多彩的图景，对儿童进行思想教育。如果说童话是人们对外在世界的幻想的话，那么寓言就是生活所要传达给人们的智慧。

童话和寓言有很多相似之处：它们的故事都是想象的、虚构的，都可以采用各种有生命或没有生命的事物来充当故事的角色，多采用夸张、比喻、拟人、象征等表现手法，大都富有教育意义。二者的不同之处主要体现在四个方面：第一，篇幅大小。寓言的篇幅一般较为短小，故事情节比较简单，通俗易懂，叙述简洁凝练，和生活实际的联系较为紧密；而童话的篇幅较长，最长的可达数万字，短的一般也有一两千字，情节较复杂、曲折且多变化，对现实生活的折射是间接的。第二，语言特点。与寓言相比，童话所描写的生活、所运用的语言更易令儿童接受，它们多会照顾到儿童的知识范围和心理特点；而寓言更倾向于向受众传递新知识和新哲理。第三，主要目的。寓言重在表达思想和说理，诸要素都以说理为核心而铺设，大多数寓言往往在结尾直截了当地说出寓意，着力表现内含的讽喻意义；而童话则重在刻画形象，营造童年的“家园感”，其教育意义往往寓于整个故事之中，不直接说明，多靠受众自己感悟、体会和总结。第四，写作法则。童话的撰写往往会遵循事物发展的客观规律，以现实生活为基础，虽是虚构，但更接近现实生活，更容易让儿童信服；而寓言则不那么严格，比如《狐狸和鹤》中的仙鹤，仙鹤明明不喜欢喝肉汤，却因为没有喝到肉汤而生气，这一情节就改变了仙鹤主要以水生植物的根茎为食的习性，违背了自然规律，而更重其所能实现的教育意义。

演播寓言故事和童话，要做到既不哗众取宠、过度渲染，又要避免平淡无味、没有特色。

第一节 寓言演播

在演播寓言故事时，很多演播者只从表面上进行处理，比如用夸张的语气、幼稚的表达等，要想真正挖掘出寓言所蕴含的智慧和道理，演播者在表达上不仅要遵循“适度原则”，还要掌握一些增强寓言表达感染力和吸引力的具体技巧。

一、处理好各层次的逻辑关系

寓言的特点是构思巧妙，层次感强。因此，在准备稿件时，演播者要划分好层次，然后考虑如何演播才能显示层次之间的关系。在不偏离整体基调的情况下，演播者需要使用不同的语气和不同的停顿时长来表现寓言的层次。

比如喜马拉雅 FM 的《中国寓言故事》第 1 集《涂粪疗伤》中，主人公财主为了验证马粪是可以疗伤的，居然吩咐下人用皮鞭把自己打伤，众人十分不解，财主疼得迷迷糊糊地解答说：“这个事你们就不懂了吧！这就是我今天学到的大学问，涂上热马粪，不但伤好得快，而且好了以后啊还不留伤痕……”在这里，财主说的话中就存在一个递进的逻辑关系，因此，演播者要用一种自信甚至有点自豪的语气去炫耀“自己”今天学到的“大学问”。

再比如喜马拉雅 FM 的《中国寓言故事》第 7 集《哑鹅先死》：“这一天，主人家来了一位尊贵的客人，主人很高兴，马上吩咐下人宰鹅备酒。不一会儿厨子进来问道：‘那两只鹅，杀哪只呢？’主人想也没想就说：‘杀那只不叫的，连个声儿也不发，小偷来了还不是白偷？’就这样，哑鹅被先宰掉了。”这个故事中包含了一个因果的逻辑关系，正是因为哑鹅没什么用，所以主人就不留它了。因此，在表达最后一句时要用一种意味深长且带有一点儿叹息的语气。

二、处理好细腻的思想感情

寓言的素材主要来自现实生活，因此很多寓言的情节与真实生活的经验是相通的。有时，寓言用动物或植物等非人类生物体来表达和反映世界；同时，寓言也反映人们生活中的种种美好愿望和理想。因此，演播者一定要细致揣摩寓言中的角色和情节，与现实生活相联系以领悟寓言中的道理，像对待真实生活一样以认真的态度去对待虚构但富有意义的寓言。

比如喜马拉雅 FM 的《中国寓言故事》第 64 集《东施效颦》:“西施上集去,路遇一位背着东西的老婆婆,就赶紧接过婆婆的行囊背在自己身上,一直背到了闹市。她太累了,浑身困倦,连心口都隐隐作痛,禁不住用手捂住胸口,皱起了双眉,邻里夸赞西施真是娇柔。东施听见了心想,这还不好办吗,她也捂紧了胸口紧皱眉头,人们远远一看就慌慌张张地跑开了,说是碰上了妖精。”这个情节让演播者认识到:虽然说模仿是一种最好的欣赏,但如果只模仿了表面,而没有掌握实质,不得要领,不仅学不到真谛,还会适得其反。于是,演播者将西施、东施与现实生活中有人盲目模仿却不成功的事例进行联系,用绘声绘色的演播让受众也能领悟到寓言中的道理。

三、处理好多变的声音形式

声音形式的变化主要是指语气色彩和分量的变化。寓言故事里一般都有角色、有情节,还有铺垫、有高潮,内容丰富多彩,生动有趣。这就要求我们在演播时匹配相应的富于变化的声音形式,把寓言故事的角色化、冲突化表现出来。声音形式的变化,主要体现在声音高低、轻重、松紧、虚实、冷暖、强弱、远近的变化上。演播者要努力通过自己声音的对比变化让寓言故事演播得更有魅力,更具吸引力,让受众如临其境。

比如演播者对《中国寓言故事》第 65 集《未面知丑》中不同角色的演绎。这则故事的内容如下:齐王有个女儿,过了出嫁年纪还没有出嫁。齐王听说载土忠厚老实,就想把女儿嫁给他,于是派人前去说媒,并许诺许多嫁妆。以杀牛为生并不富裕的载土居然谢绝了齐王的好意,载土的好友载生听说了这件事就过来劝载土:“哎!你小子,不知自己吃几碗干饭了,国王的女儿给你做妻子那是下嫁,你怎么放着便宜不捡呢?”载土不慌不忙地对载生说:“呃……我觉得啊,这个女子相貌一定很丑。”载生说:“你没有见过人家,怎么敢这么断定呢?”载土回答说:“自古都说,王侯的女儿不愁嫁,可是齐王的女儿为什么要嫁给我一个杀牛的小民呢?再说,刚一提亲就要陪嫁好多好多的东西,我总觉得这件事有些怪。”载生不好再说什么了,只好离去。最后载土发现,原来齐王的女儿果然是头大眼睛小,长得奇丑无比。这则寓言故事深层次的道理是:载土做决定时没有脱离客观实际,而是用推理的方法来进行判断,这是合乎基本规律的,也是非常聪明的一种做法。寓言中有两个主要角色载土和载生,载土有头脑也很睿智,所以在塑造载土的角色时,演播者语言表达的特点是从容自若的;而他的好友载生由于缺乏判断推理能力,对载土拒绝这样“天大的好事”是心生疑惑的,更自以为是地认为载土的判断毫无根据,觉得载土错失了良机。演播者对载生的演播要根据人物的性格和心理进行个性化的塑造。比如载生对有违常理的事情缺乏最基本的判断能力,容易相信他人。此外,载生还有着相信天上会掉馅儿饼的侥幸心理,没有防人之心。由此可以推断出他的性格是有些傻憨憨的。因此演播者要用两种有着明显差别的声音演绎出载土、载生两个角色心理和性格的差别。

再比如演播者对《中国寓言故事》第 87 集《因钱亡命》中不同角色的演绎。这则故事的内容如下：有一年秋天，有四五个贩运物品的商人赚了不少钱要回家去。在离家不远的地方有一条大河，河上没有桥，只能坐船过去。但河水因前一天下过暴雨而突涨，风大浪急，尽管水手拼尽全力划船，怎奈船行至河心时被一个巨浪掀翻了。几个商人奋力向岸边游去，游着游着有个人落在了后边，这个人平时水性极好，大家都奇怪他落后的原因，原来他"腰间缠着一千枚铜钱"。于是大家冲他喊："保命要紧！快把铜钱扔了！"那人纠结了一阵子，没有听别人的劝告，最后因筋疲力尽而沉到河里。这则寓言说明了人和金钱的关系：如果太爱钱而不顾及自己的生命，那真的是得不偿失。寓言中的主要角色就是那个水性极好却不愿舍弃钱财的商人，他把金钱看得太重，哪怕金钱已经危及他的性命。所以在塑造这个角色时，演播者语言表达的特点是犹犹豫豫、"要钱不要命"的。这个角色存有侥幸心理，想着这些钱要是带回去，可以盖一座新瓦房，还能买辆新马车，再雇个人赶车，他就可以不劳而获，坐享其成了。而他的同伴们有着正确的金钱观，知道不丢掉金钱的严重后果和所要承担的巨大风险，于是冲他大声喊时完全是好心的，由于担心他会被淹死，所以语气是焦急的。因此，演播者要用较快的语速、较高的音调来表达其同伴的话，演绎出他们善意、担心、急切的心情。这样有层次、有感情的声音形式变化更有利于使受众身临其境。

四、处理好夸张的语言表达

角色语言在很多寓言故事中都是非常重要的。演播者在表达时要特别注意不要受到角色刻板印象的影响，被一些原有的声音形式所限制，比如演播者往往会不自觉地模仿某个动画角色的发音。

比如喜马拉雅 FM 播放量高达 1311.9 万的《寓言故事》中的《聪明的小绵羊》一集。提起羊和狼的形象，很多 90 后的受众会立马想到动画片《喜羊羊和灰太狼》里面的喜羊羊和灰太狼。但在《聪明的小绵羊》中，演播者在表达时并没有受到角色刻板印象的影响，而是结合《聪明的小绵羊》里角色的个性特征和语言习惯：小羊机灵、贪玩又乖巧，还喜欢在句尾拖长音调，给人一种软萌软萌的感觉；大灰狼也并不凶神恶煞，而是傻乎乎的，脑子不灵光，容易相信别人还自我感觉良好。演播者精心地处理角色的语言表达更能赋予角色以生命，也能让整个演绎更有特色。

再比如一提到小鸡，人们就不禁想起动画片《萌鸡小队》里小鸡们的经典声音。《萌鸡小队》里一共有 5 只小鸡，1 个鸡妈妈和 4 个鸡宝宝，它们性别不同，性格也各有特点。而喜马拉雅 FM《寓言故事》之《小鸡学飞》里的那只小鸡跟这 5 只小鸡都不一样，它非常漂亮，浑身上下透着一股机灵劲儿，深受爸爸妈妈的喜爱。它的生活习性是：每天除了吃就是玩儿，除了玩儿就是呼呼地睡大觉，什么也不干。它恃宠而骄，不听劝告，连飞都懒得学；它胆小又怕疼，轻易就放弃一件必须要做的事情。因此，演播者对它的声音设计是：声音偏细，音量不大，爱撒娇，说话磕巴。这样的处理十分符合它的性格特点。

实战演练

老鼠嫁女

有一只美丽的小老鼠，到了出嫁的年龄，她的父母说："我们要替你找到世界上最强大的丈夫。"

鼠妈妈朝着天上望了望，看见了太阳。她激动地说："我认为世界上最强大的就是太阳。我们把女儿嫁给他吧。"鼠妈妈温柔地叫道："太阳，太阳，娶我的女儿做妻子吧。世上再也找不到比她更美丽的姑娘啦。"太阳听了很高兴，马上同意跟鼠姑娘结婚。聪明的鼠爸爸多留了个心眼儿，他问："太阳，请你告诉我，世上没有谁比你更强大，是吗？"太阳红着脸说："不，风比我强大，它一吹云就会把我挡住，我就放不出光芒来了。"

"那我们就不能把女儿嫁给你了。"老鼠父母说完，急忙去找风。他们在山后找到了风。鼠妈妈说："风啊，娶我们的女儿做妻子吧。她是世上最美丽的姑娘。"风听了很高兴，可是精明的鼠爸爸还是不太放心，他问："风，世上还有谁比你更强大吗？"风摇晃着脑袋说："有的，路旁的石头比我更强大。我从早到晚地吹，可是就是吹不动它。"

鼠爸爸听说后，立即拉着鼠妈妈去找路旁的大石头去了。他们很快就找到了那块大石头。鼠妈妈热情地说："顽强的石头，请你娶我的女儿吧，她可是个好姑娘。"石头同意了这门亲事。鼠爸爸又问："难道世上没有谁比你更强大吗？""哪里，哪里，"石头谦虚地说，"附近村里的那头水牛比我强大得多，他每天用脚磨我，我拿他一点儿办法也没有。"

当老鼠父母找到水牛时，水牛告诉他们："鞭子比我更加强大，我总是听从他的指挥。"老鼠父母又找到鞭子，鞭子说，牛棚的角落里住着一个小动物，他比自己更强大。

老鼠父母在牛棚的角落里发现了一只年轻英俊的小老鼠。鼠爸爸说："原来你是最强大的呀，快跟我们的女儿结婚吧。这世上再也没有比她更美丽的姑娘了。"不用说，小老鼠当然乐意。当天，他们便欢天喜地地举行了婚礼。美丽的新娘得意地说："祝贺我吧，世上没有谁比我的丈夫更强大！"

看来呀，老鼠姑娘对自己的丈夫非常满意。其实啊，只有适合自己的才是最好、最强大的。

（音频参考：https://xima.tv/1_ZuahwN? _sonic=0）

小壁虎借尾巴

一天，小壁虎在墙角捉蚊子，一条蛇咬住了它的尾巴，小壁虎慌忙逃跑，一使劲儿，尾巴挣断了。

没有尾巴多难看呀，小壁虎难过极了。

小壁虎伤心地爬到屋檐下，他看见燕子在空中摆着尾巴飞翔，眼睛一亮，“我可以借条尾巴呀。”于是，小壁虎对燕子说：“燕子阿姨，你的尾巴借我行吗？”燕子说：“不行呀，我飞的时候啊，要用尾巴控制方向呢。”

小壁虎告别了燕子，决定继续去借尾巴。小壁虎沿着墙壁向下爬的时候，看见一只小老鼠摆动着尾巴向上爬。小壁虎说：“老鼠哥哥，您的尾巴借给我行吗？”小老鼠说：“这可不行，我爬行的时候需要尾巴帮忙。”

小壁虎说了声再见，然后继续向远方爬去。小壁虎刚爬到小河边儿，看到河面上冒出一串水花。他走近一看，原来是小鱼在河里摇尾巴呢。小壁虎说：“小鱼姐姐，你的尾巴借我行吗？”小鱼说：“真对不起，我要用尾巴拨水呢。”小壁虎一点儿都不灰心，他又向前爬去。

小壁虎沿着树干向上爬，他听到“哒哒哒哒”的声音，抬头一看，原来是啄木鸟在捉虫子呢。小壁虎说：“啄木鸟先生，您的尾巴借给我行吗？”啄木鸟说：“不行啊，你瞧，我要用我的尾巴支撑身体呢。”小壁虎点点头，继续向前爬去。

小壁虎爬呀爬，爬到草地上。草地上马儿在奔跑，尾巴扬起来，真神气。小壁虎冲着一匹正在吃草的马儿说：“马大哥，您的尾巴借给我行吗？”马说：“不行啊，我跑的时候要用尾巴保持平衡，我停下来的时候要用尾巴驱赶蚊子和苍蝇。”

小壁虎借不到尾巴，又累又难过，他想回家了。

小壁虎默默地往家里爬去，一边爬一边想：“大家的尾巴都有那么多用，我借不到尾巴了，该怎么办呢？”一回到家，小壁虎就钻进妈妈的怀里，把借尾巴的事儿告诉了妈妈。

妈妈笑着说：“傻孩子，你转身看看。”小壁虎转身一看，高兴地大叫起来：“哦，我长出一条新尾巴了，我的尾巴是最棒的！”

（音频参考：https://xima.tv/1_7Fa6O2? _sonic=08）

纽扣兄弟

从前，在纽扣村里住着两个非常要好的兄弟，他们有难同当，有福同享，过着十分幸福的生活。

有一天,兄弟俩在森林里遇见了一只非常可爱的梅花鹿,这是一只既美丽又温顺的小鹿,他们都想将这只小鹿作为自己的宠物。于是两兄弟为了争夺这只梅花鹿而吵了起来,他们你说一句,我说一句,越吵越激烈。

最后,纽扣哥哥说:"有本事我们打一架,看谁厉害,谁赢谁就得到宠物。"

纽扣弟弟也不甘示弱地对哥哥说:"打就打,谁怕谁。"刚说完,兄弟俩就噼里啪啦地打了起来。他们一会儿出拳,一会儿出腿,厮打在了一起。

在这千钧一发之际,纽扣村的村长来了。他看着狼狈不堪的兄弟俩,赶紧制止他们:"快住手! 发生了什么事儿?"见到村长,兄弟俩七嘴八舌地说:"他抢我宠物!""他才抢我宠物呢!"村长看着一旁被拴着的小鹿说:"这是一只梅花鹿,是森林里的野生动物,怎么会是你们的宠物呢?"

纽扣弟弟说:"我喜欢这只梅花鹿,我想把它带回家,好好照顾它。"

村长笑了起来,他说:"我给你们俩讲个故事吧。"

于是,村长给兄弟俩讲起了海尔兄弟的故事——

"曾经珍稀花园是地球中心最美的花园,如今这里的植物片片凋零,影响了整个地球的生态,导致一些珍稀动物濒临灭绝。海尔兄弟受智慧老人所托,与动物学家之子斯比特还有小狗巴图一起,踏上了拯救珍稀动物的探险之旅。于是,他们和朋友们一起通过探险行动,改善受到破坏的生态环境,拯救了地球上即将灭绝的珍稀保护动物。"

村长接着说:"梅花鹿是国家珍稀保护动物,私自圈养梅花鹿是违法的。"

纽扣兄弟不说话了。

过了一会儿,纽扣弟弟说:"可是我们很喜欢这只梅花鹿,我们也是想把它带回家,好好保护它的。"

村长说:"给动物们一个健康舒适的生活环境,茂密的森林,没有污染的水源和空气,就是对它们最好的保护。它们不需要人类用圈养的方式来保护它们呀。"

纽扣哥哥说:"我明白了,爱护环境,保护它们的家园,就是对它们最好的保护。破坏它们的家,再把它们带回我们的家,对它们是伤害,不是保护。"

村长听了,和蔼地说道:"对呀,这就是我想告诉你们的道理。"纽扣兄弟由衷地说:"以后我们也要做海尔兄弟那样的好兄弟,为保护环境献出自己的一份力量。"于是,他们把梅花鹿放回了森林。

(音频参考:https://xima.tv/1_Y3vPia? _sonic=0)

贪吃的狗

在一个农场里,有一只看门狗。这天,看门狗睡觉时,忽然一阵叫声吵醒了他。

“哎呀,谁呀,这么吵,打扰我做美梦?”看门狗伸着懒腰往声音的方向望去,发现原来是新来的母鸡,正在鸡窝里叫个不停。

“喂,新来的,你在那儿干吗呢?”

“我当然是在下蛋了。”

“你说的是你生下的这个圆溜溜的东西吗?”

“是啊,这叫鸡蛋。我们鸡都是从蛋里孵出来的。”

看门狗看着又大又圆的鸡蛋,心想:“哎呀,这鸡蛋白白胖胖的,看起来就好吃。要是我能……”

“喂,你怎么流口水了,大哥?”

那个看门狗一边吞吞吐吐地敷衍着母鸡,一边想着怎么才能尝尝鸡蛋的味道。

“嗯,那个,母鸡同志,我作为农场的管理员,有些事情有必要跟你交代交代啊。我们这儿呢,是原生态绿色有机大农场,非常注重员工的身体素质。你看看你这么瘦,跟营养不良似的。哎,你这样出去不是丢我们农场的脸吗?人家还以为我们伙食不好呢。啊,所以说啊,从今天开始,你一定要加强锻炼。这样吧,你现在就去河边儿跑一圈儿,锻炼锻炼。”

“啊?现在吗哥哥?”

“当然了,锻炼要趁早嘛!哦,对了,你跑完步再去把屋后面的稻草搬过来。好了,听我的口令,向后转!跑步走!”

看着远去的母鸡,看门狗得意极了。他转过头看着鸡窝里那圆圆的鸡蛋,嘴都要咧到耳朵根儿去了。

“嘿嘿嘿,可算是把这只笨鸡弄走了。嘿嘿嘿,大鸡蛋归我喽。”

看门狗拿起鸡蛋,三下五除二地就把鸡蛋吃下了肚。“哎呀,这鸡蛋简直是人间美味呀!”从这天起,看门狗每天都用同样的方法吃到了鸡蛋,“大大的鸡蛋圆又圆,每天一颗真解馋哪!”

过了几天,农场主发现母鸡一个蛋都没下,有点儿好奇。“哎,奇怪,这母鸡怎么一个蛋也不下呢?”于是他决定躲在角落里观察一下。不一会儿,看门狗又来偷吃鸡蛋了。可正当他张开大嘴准备享用美味时,一个木棒却从天而降。

“好啊,原来是你干的好事!”这一棒子打得看门狗是眼冒金星,他夹着尾巴抱头就跑。

“你这个偷东西的家伙,别再让我看到你!”就这样,看门狗被农场主赶出了家门,变成了一条流浪狗,每天都过着吃不饱穿不暖的生活。

一天,他来到了一片沙滩上,远远地看到了一个圆溜溜的东西,那东西白白胖胖的,难道是……“哈哈!真是天无绝狗之路啊,没想到让我在这里找到了鸡蛋。”

看门狗一下子来了精神,三步并作两步,冲着那个圆东西飞奔过去,张开大嘴,连嚼都没嚼就一口吞了下去。

“嗯,好久没吃得这么饱了。不过这鸡蛋怎么味道怪怪的?”

正当看门狗满意地揉着肚子时,它的肚子却突然疼了起来。

“哎呀,哎呀呀,哎呀呀呀,我的肚子怎么这么疼啊,哎呀呀呀,好不容易吃到个鸡蛋,没想到竟然是个坏蛋。哎哟,哎哟,哎哟,哎哟……”

“你才是个坏蛋。”一个声音从看门狗的肚子里传来。

“哎,谁呀,是谁在说话?哎哟,哎哟,我看你呀,不仅是个坏蛋,还是个笨蛋。”

“我就是你刚才吞进去的那个东西啊。”

看门狗一听,吓了一跳,连忙说:“什么?鸡蛋还说话啊?哎哟哟,哎哎哟,要不说你是个笨蛋呢!”

“听好了,我是海螺,海螺才不是什么鸡蛋。快点儿放我出去,要不我就不客气了!”

说着,海螺就在看门狗的肚子里滚来滚去,看门狗疼得直打滚,连连求饶。

“哎哟哟,我知道错了,海螺姑娘,我放你出来,你别滚了。哎哟哟,疼死我了。”

说完,看门狗张开嘴,乖乖地把海螺吐了出来。从此以后,他再也不敢把白白胖胖的东西都当成鸡蛋吃了。

“哎哟,哎哟,我居然把所有圆溜溜的东西都当成了鸡蛋,我真是太笨了。”

看来所有的东西都不能只看外表啊。

(音频参考:https://xima.tv/1_c7OnjF?_sonic=0)

龟兔赛跑

一、骄傲的兔子

在一座森林里住着许多小动物,而乌龟和兔子是邻居。乌龟由于走路慢,兔子经常嘲笑它。一天早上,乌龟外出找东西吃,正好碰到了同样刚出门的兔子。

“哎哟喂,我说乌龟,你爬这么慢,就是到了傍晚也才刚出家门口吧。”

“你,你你你,你怎么又嘲笑我?我告诉你,兔子,我已经是我们乌龟中最帅气、最强壮,跑得最快的乌龟了。”乌龟停下脚步,抬起头反驳着兔子。

“什么?最快?你看你那小短腿,怎么可能跑得快?要说跑,不是我吹牛,这可是我们兔子最擅长的,你跟我们没法儿比。”说完,兔子还伸出自己的大长腿,冲着乌龟左晃晃,右晃晃,显摆起来。

乌龟被气得满脸通红。“兔子,你太过分了。我的腿虽短,但是我每天都会坚持跑步,你怎么就知道我跑得没你快?”对于兔子一贯的冷嘲热讽,乌龟早就不服气了。

“怎么?你不服气?那咱们比比怎么样?看谁跑得最快?”

“比就比，谁怕你啊。”对于兔子的提议，乌龟马上答应了下来。他才不想向一个嘲笑自己的人低头认输。

“哈哈，森林里谁不知道我们兔子是长跑健将，就凭你还想赢我？哼，绝对不可能！”兔子根本没把乌龟放在心上。

“我答应可以比赛，但是我们还需要一个裁判，这样才公平。”

“裁判哦，这当然没问题。你看狐狸爷爷和山羊爷爷怎么样？他们可是森林里最公正公平的人了。”兔子昂着头，骄傲极了，仿佛自己已经赢得了比赛。

“可以，他们是最公正的，就找他们做裁判吧。”

“好，那就这么定了。我现在就去找狐狸爷爷和山羊爷爷，明天早上咱们就在这个森林的入口处比一场，我要让你输得心服口服。”说完，兔子一溜烟儿就跑远了。

除了邀请狐狸爷爷和山羊爷爷做裁判外，兔子还把这个消息告诉了森林里的其他小动物，让他们都来见证自己赛跑是怎么赢乌龟的。

第二天天一亮，森林的入口处就汇聚了许多小动物，他们都在议论着乌龟要和兔子赛跑的事情。“乌龟可真勇敢，敢和兔子赛跑。”“可不是嘛，这种比赛一点悬念都没有，最后赢的肯定是兔子。”“是啊，是啊，我也这么认为。”

狐狸裁判来了，比赛要开始啦。“大家静一静，”看兔子和乌龟都到达了比赛地点，狐狸裁判站出来继续说道，“亲爱的朋友们，今天呢，森林里要举行一场特殊的比赛，龟兔赛跑。现在呢，有请两位参赛选手，兔子和乌龟。”

兔子和乌龟站到了赛道的起点，狐狸裁判继续介绍着比赛规则：“下面呢，我来介绍比赛规则。比赛呢，从这边红色起跑线出发，一直跑到那边山顶的大树下为止。谁先到达终点，谁就是本次比赛的冠军。两位选手，你们都记住比赛规则了吗？”

“记住了，狐狸爷爷。”

二、谁是最后的冠军

听完比赛规则后，乌龟就开始认认真真地做准备活动，兔子却双手叉腰，很随意地吹着口哨，“哼，和我比，你输定了。”

“请两位选手各就各位，预备，跑！”随着狐狸裁判的“跑”字喊出，兔子像离弦的箭一样冲了出去。此时的山顶也早就围满了小动物，大家都想看看到底谁会赢得这场比赛。

另一个裁判山羊爷爷也早就在山顶等待两位选手了。比赛刚过去一会儿，兔子就冲到了半山腰。他回头看了看乌龟，乌龟还在一步一步慢吞吞地往前爬，挪了半天，离起跑线的距离也没多远。

“臭乌龟，竟敢和我赛跑，真是天大的笑话。这次比赛我赢定了。”兔子转身要继续跑。突然，他看到不远处草丛里有一个石头搭成的平台。“嗯，反正乌龟爬得慢，我可以先在这儿打个盹儿，等看他快追上我的时候，我再一口气跑到终点。嘿嘿嘿，就算我在这儿睡一觉,也能轻轻松松赢了乌龟。”说完,兔子就打了个哈欠,爬到那个平台上,呼呼大睡起来。

而被他落在身后的乌龟仍然一边爬一边鼓励自己:“我要加油,不能认输,我一定要赢得这场比赛,让那只兔子知道我的厉害。”乌龟动作虽然慢,可是一点儿也不敢偷懒,他一步一步向前努力地爬着。过了好一会儿,他终于爬到了半山腰。“咦,兔子怎么躺在这儿睡着了?嗯,那行,我可不能像他这样,我得再努力一些。爬,我爬,我爬爬爬。”

乌龟没有停下自己的脚步,更努力地往前爬去。他爬呀爬呀,终于把睡大觉的兔子远远地甩在了后面,很快就要到达终点了。小动物们看到最先接近终点的竟然是乌龟,非常吃惊。“天啊,太不可思议了,乌龟竟然超过了兔子。”“是啊,是啊,真是奇迹。”

此时正在呼呼大睡的兔子也醒了过来。“咦,我这是在哪儿?哦,对了,我好像正在和乌龟比赛呢。”兔子爬起来,揉了揉眼睛,回头看向起点,想看看乌龟跑到哪儿了。“咦,奇怪,那只乌龟呢?”兔子扭头又看向山顶,发现乌龟马上就要接近终点了。“啊!糟糕,我肯定是睡了很长时间,睡过头了。”

兔子撒腿就朝终点跑去,但是已经太迟了。在大家的欢呼声中,乌龟率先到达了终点。“我宣布这次比赛最终的获胜者是乌龟。”说完山羊爷爷,就给乌龟挂上了代表胜利的花环。

很快,兔子也跑到了终点,看到站在讲台上的乌龟,他后悔极了。“真倒霉。要是我没在半路上偷懒睡觉,现在的冠军肯定就是我了。都怪我太骄傲自大了,以为在半路上睡一觉也能轻轻松松赢了乌龟。以后,我再也不这样了,我要做一只努力勤奋的兔子。”

(音频参考:https://xima.tv/1_RhUTVR?_sonic=0;https://xima.tv/1_3MuC5u?_sonic=0)

蚂蚁报恩

一天,有只蚂蚁来到河边,他想喝口水休息休息,可一不小心掉到了河里。蚂蚁不会游泳,他呛了几口水,高喊:“救命,救命!”

池塘边的大树上住着一只鸽子,他听到呼救声,伸出头一看,见蚂蚁掉到水里。他想救蚂蚁,可他也不会游泳。鸽子急中生智,把一片树叶丢给蚂蚁,蚂蚁连忙抓住树叶,爬到岸上。

蚂蚁对鸽子说:“鸽子先生,谢谢你救了我,我一定要报答你。”

几天后,蚂蚁又来到那条河边。蚂蚁正想和鸽子打招呼,忽然看到有个猎人正在张弓搭箭,准备向鸽子射击。

“不好,鸽子有危险了!”叫喊已经来不及了,蚂蚁恰巧在猎人的脚边,他立即张开嘴,在猎人的腿上狠狠地咬了一口。

猎人的箭射偏了,鸽子获救了。

鸽子非常感谢蚂蚁。蚂蚁高兴地说:“不用谢,我很高兴,我终于有机会报答你的救命之恩啦。”

（音频参考:https://xima.tv/1_KPCtDx? _sonic=0)

第二节　童话演播

从表现方法来看,童话故事大致可分为常人体童话、拟人体童话和超人体童话,但这三类童话并不是截然分开的,它们有时互有联系。

常人体童话中的人物都是普通人,描述的是普通人的生活,这些人看起来与常人完全一样,其性格、行为、遭遇却特别离奇夸张,往往具有某种讽刺性和象征性。比如大家所熟知的《皇帝的新装》。

拟人体童话是指主要采用拟人手法创作出的童话,这类童话的主人公大多是人类以外的各种赋予其人格化的有生命或无生命的事物。比如猫、狗、鸟、虫、鱼、风、水、树、草等,这些人类以外的事物往往在做人类才能做的事情。比如小猫钓鱼、风儿歌唱。拟人化的手法使它们有思想、有感情,有着和人一样的性格、行为。大家所熟知的《爱丽丝梦游仙境》里的稻草人、小狮子、铁皮人都是拟人体童话里的角色。

超人体童话是指描写超自然的人物及其活动,借助超越常人和自然力的神仙、妖魔或宝物展开离奇荒诞的情节,主人公常为神仙妖魔之类,它们大都有变幻莫测的魔法和种种不平凡的技艺,多见于民间童话和古典童话之中。比如,我们所熟知的《神笔马良》,主人公马良只要拿起神笔作画,不管画什么都可以马上变成真的,这种事情在现实社会中是无法实现的,但其作品中所表现的思想感情又是人类所共有的。在一些现代童话作家的创作中,常常采用这种表现方法。

接下来,我们来分析童话的演播技巧。

一、巧用象声词

童话故事的演播受众主要是儿童,因此演播者在把握作品的基调之外,要巧用象声词,这样有助于吸引儿童的注意力。象声词,又叫拟声词、摹声词、状声词,是模仿自然声音构成的词。准确巧妙地使用象声词,可大大增强童话故事演播的生动性、形象性。比如喜马拉雅 FM《安徒生童话》第 1 集《丑小鸭》,这个故事采用对比、拟人等艺术手法,讲述了一只美丽的白天鹅在出生时长相丑陋,长大后变美的故事。这个童话故事几乎每一个小朋友都耳熟能详。丑小鸭还在蛋里时就很难被鸭妈妈孵出来,但鸭妈妈并没有放弃,经过了很长时间的努力,这颗比别的蛋更大一些的蛋终于破壳了。演播到此处时可以发出“噼啪、噼啪”的声音,并且语气要有一种在艰难中透露着欣喜的感觉,以表现丑小鸭的与众不同。由于它从小就因自己外貌丑陋而自卑,鸭妈妈非常心疼它,总是在一旁安慰它、鼓励它,说它看起来还挺好看的。在这里,演播者将鸭妈妈发出的“嘎嘎嘎嘎”的叫声唱了出来,这种处理不仅表现出鸭妈妈的乐观心态,也体现了鸭妈妈对丑小鸭的关怀和爱,能让以小朋友为主要受众的童话世界充满美好的感觉。

再比如喜马拉雅 FM《安徒生童话》第 4 集《豌豆上的公主》,讲述了一个王子想娶一个真正的公主为妻,却屡屡受挫的故事。有一天他待在家里,外面刮起了可怕的暴风雪,讲到这里时演播者会模仿刮风“呜~呜~”的声音,此处除了要模仿出风刮得很大、很猛烈的样子外,同时还要将“呜”字的尾音往下坠,以刻画王子闷闷不乐的心情。天空中电闪雷鸣,演播者在演播这里的象声词“噼!啪!轰隆隆”时,要表达出两层意思:一层意思是天气恶劣,令人惊恐万分;另一层意思是真正的公主终于要出现在王子的世界里了,要有一种命中注定的重要人物隆重登场的感觉。因此,此时不要只是用语气简单地渲染恐怖的气氛,也要有一种惊喜在等待着主人公的意味。巧用象声词能更好地给人以心理暗示,提升童话故事的演播效果。

二、增加语气助词

语气助词是助词的一种,是用在句中表示停顿,用在句末强调语气的虚词,比如“哦、呀、咦、啊、啦、唉、呢、吧”等。常见的语气助词主要有以下几类:疑问语气助词、祈使语气助词、感叹语气助词、肯定语气助词和停顿语气助词。在演播童话故事时,演播者的语言表达不能像文字稿件那样“干净”,而是需要加入语气助词以起到烘托气氛以及精准地体现角色情绪的作用。比如喜马拉雅 FM《安徒生童话》第 4 集《豌豆上的公主》中,经受了风雪后的公主看上去不堪入目,雨水顺着她的头发流到了她的衣服上,流进了鞋子里,继而又从脚后跟流了出来,即便如此,她还是声称自己是一位真正的公主。王后看到了这副样子的公主,说道:“我们很快就会搞清楚的。”在这里,如果在王后的话语前加上一个语气助词“哦”,并且是用疑问、怀疑的语气表达出来,就能很好地勾勒出王后瞧不起和不相信这位公主的心态,有利于受众理解王后此时内心的真实想法。语气助词在童话演播时可以起到画龙点睛的作用。

再比如喜马拉雅 FM《安徒生童话》第 13 集《海的女儿》,主人公小美人鱼见到王子后就深深地爱上了他,她还想再次见到王子,于是就去请教自己的老祖母一些问题。当小美人鱼问到人类的寿命时,老祖母回答道:“哦,一点儿也不错,他们会死的。”这里老祖母所用的语气助词“哦”与《豌豆上的公主》中王后的“哦”截然不同,因为老祖母年纪大了,所以她在发出这个“哦”字时,声音的成分少,气息的成分多,并且是拖长的表达,同时也表现出老祖母对小美人鱼猜测的肯定以及对人类寿命比美人鱼短的遗憾之情。由于小美人鱼始终忘不掉王子,所以她绞尽脑汁不停地想办法,思考怎样才能有一双可以走路的脚。终于她想到了海巫婆,欣喜地说:“嗯!对!我可以去拜访那位海巫婆……”这里的语气助词“嗯”,是对自己想法的肯定,也像是黑暗中的一束光,所以在演播时语气是激动的、兴奋的,干脆利落且声音偏实。语气助词的加入能为演播效果增色不少。

三、语速偏慢且节奏多变化

语速是人们在使用具有传播或沟通意义的词汇表达或传播信息时,单位时间内所容纳的词语数量。和面向成人的正常语速相比,童话的演播语速偏慢,这样才能保证儿童的思维运转速度跟得上演播者的表达;此外,儿童的心理接受能力也要求演播者要用较慢的语速、简短的语句讲述童话故事的内容,不能用长句子,以免儿童消化不了。节奏的定义前文已说明,这里不再赘述。一成不变的节奏会让儿童提不起兴趣,令人“听不进去”的童话演播实现不了它应有的价值,是没有任何意义的。

喜马拉雅 FM 播放量超过 1 亿人次的《格林童话》第 30 集《灰姑娘》,演播者在演播这部童话作品时,整体上使用了温柔、亲切的语气,语速和缓,让受众深深地感受到故事中可怜的主人公苦尽甘来的美好。此外,在继母的两个女儿欺负灰姑娘、仙女在灰姑娘孤独无助时出现并帮助灰姑娘以及灰姑娘害怕魔法消失而匆忙逃走时,演播节奏有十分明显的变化,牢牢地牵动着受众的内心,让故事中的精彩部分展现在受众面前。再比如大家所熟知的《白雪公主和七个小矮人》《海的女儿》童话故事,大家至今还会为白雪公主吃毒苹果而感到紧张,为小美人鱼化为泡沫而感到难过,这些牵动人心的关键情节正是演播节奏要有变化之处。

四、语言起伏强烈且加入气音

童话故事有着跌宕起伏的情节、个性鲜活的角色,为了更好地演绎它们,演播者的语言起伏要相对较大,以增加童话故事演播的吸引力和感染力。比如喜马拉雅 FM《格林童话》第 54 集《强盗女婿》,讲述了这样一个故事:一个磨坊主想要为美丽的女儿选一个好女婿。有一个财主上门求婚,磨坊主非常满意就同意了,但是美丽的女儿不但不爱他,还有些怕他。有一天女婿想邀请这位姑娘去他家,姑娘拒绝不了只能同意了,但是当她走进女婿的家时,一只小鸟突然对她说:“快回去吧!你这未婚妻,你走进了强盗的屋里!”姑娘吓坏了,她又来到了地下室,一个老奶奶说她的未婚夫是个强盗,他会把姑娘煮着吃的,让姑娘赶紧离开。后来,躲起来的姑娘亲眼看到女婿把一个小姑娘杀死了。老奶奶为了救姑娘,趁强盗女婿酒足饭饱呼呼大睡就拽着姑娘逃出了他的家。姑娘回家后告诉了父亲这件事,并且在婚礼上揭穿了强盗的真面目,强盗受到了应有的惩罚。这个童话故事情节十分曲折,包括姑娘被求婚、被邀请去强盗的家、遇到劝阻、躲藏、目睹强盗杀人、逃跑、告知父亲真相、婚礼上揭露犯罪事实以及将强盗绳之以法等九大关键情节,有的部分大快人心,有的部分让人着急,还有的部分令人揪心。因此在演播时,演播者要用起伏强烈的语言来表现跌宕的情节,这样才能引起受众强烈的情绪变化,体会到童话故事的精妙绝伦。

除了强烈的语言起伏外,演播者根据具体情境还可以加入一些气音来增加童话故事旁白语言的趣味性。比如《卖火柴的小女孩》:“可怜的小女孩,她又冷又饿,但是她不敢回到家里,因为她没有卖掉一根火柴……”当演播到这里时,演播者可以发出因为寒冷而吸气的声音,让受众切实感受到小女孩冻到打战的状态。再比如“火烧得旺旺的,暖烘烘的,多么舒服啊”,演播到这句时,语速可放轻、放慢,展现一种放松的状态。在“多么舒服啊”这句后可以加一个满足的叹气,描摹一种在火炉前伸了一个懒腰的舒适状态。在“肚子里填满了苹果和梅子的烤鹅正冒着香气”这句话后可以加一个闻香味的吸气声,仿佛这只烤鹅就在演播者眼前,仿佛受众能切实闻到、吃到。

以上技巧都能增强语言的趣味性,令受众沉浸在故事的情境中。

实战演练

灰姑娘

从前,有一对夫妻,生了一个女儿,不久母亲就去世了。父亲又娶了一个后妈,可是后妈只喜欢自己带来的两个女儿,不喜欢灰姑娘。每天都让她去干活儿,晚上就让她睡在杂物间,因此她总是弄得一身灰,人们就叫她灰姑娘。

有一天,王子让全国的女生去参加舞会选妻。灰姑娘想去,可是后妈不答应,只带两个女儿去,让灰姑娘帮姐姐们化妆。灰姑娘伤心极了,小精灵被灰姑娘感动了,给她变了一件裙子和水晶鞋,还提醒她12点钟之前一定要回来,否则魔法就会失效。灰姑娘去了,王子被她迷住了,只和她跳舞。可是,12点到了,灰姑娘连忙逃走,一不小心,水晶鞋掉了。

王子拿着水晶鞋问到了灰姑娘家,姐姐们都穿不进去,只有灰姑娘才穿得进去。于是后来,王子和灰姑娘举行了盛大的婚礼,生活得非常幸福。

(音频参考:https://xima.tv/1_VpvRr2?_sonic=0)

丑小鸭

在小溪尽头的草丛下面,鸭妈妈耐心地孵着蛋。她等啊等,终于把小鸭们孵了出来,但是还有一个最大的蛋没有孵出来。于是她又耐心地等了好长时间,最后“啪”的一声,蛋壳里蹦出一只又大又丑的小鸭子。那天下午,鸭妈妈带着小鸭们学游泳,结果那只丑丑的小鸭游得最棒。第二天早上,鸭妈妈带领小鸭们去农场,那里住着最年长、最有地位的鸭子,还有其他的动物。

当小鸭们走进农场时,年长的鸭子慈爱地说:“哦,多漂亮的小鸭子啊!除了那只丑小鸭。”小鸭们齐刷刷地转过身盯着丑小鸭,大家都哈哈大笑,连最年长、最有地位的鸭子也笑了。

鸭妈妈和孩子们在农场开始了新的生活,大家都很快乐,唯独丑小鸭例外。农场里的动物们总是喜欢嘲笑她,这让她很难过。

有一天,丑小鸭决定离开农场,她一口气跑到一片沼泽地里,可那里的野鸭看到她也笑个不停。

于是她又跑了。丑小鸭跑过田野和草地,来到一座破旧的小屋前,有位老妇人收留了她,可是她不会生蛋。老妇人的母鸡和猫又把她赶走了,她只好孤零零地回到沼泽地里。

很快,冬天来了,寒风夹着雪花吹过沼泽。天气越来越冷,丑小鸭被结冰的湖水冻住了。幸亏一位农夫救了她,把她带回温暖的家。当丑小鸭苏醒过来,农夫的孩子们都想跟她玩。她害怕极了,扑腾着翅膀想逃跑。慌乱中,丑小鸭不小心撞翻了牛奶。生气的女主人拍着手,吓得她呀,又飞到一袋面粉里。

女主人惊叫起来,孩子们笑着都想要抓住她。最后,伤心害怕的丑小鸭离开了,她回到了冰冷的沼泽地,独自等待春天的到来。

春天终于来了,丑小鸭张开翅膀,高高地飞上蓝天,飞到一个大花园里。花园里的池塘里游着三只美丽的白鸟,他们昂着高贵的长颈,那是丑小鸭曾经见过的天鹅。

丑小鸭太孤单了,她想上前打招呼:“他们会把我赶走的,因为我实在太丑了。可是我不在乎。”她自言自语道。于是,丑小鸭在池塘边落了下来,她低下头,等着天鹅们把自己赶走。可是,当丑小鸭在平静的水面上看见自己的倒影时,她禁不住使劲倒吸了一口气——

她不再是那个灰色的丑小鸭了,而是一只美丽的白天鹅!“来呀,来,和我们一起吧。”其他的天鹅围着丑小鸭,都羡慕她的羽毛和高贵的弯颈项。

“孩子,你是最美的天鹅!”最年长的天鹅告诉丑小鸭。丑小鸭高兴地展开了羽翅,她终于被大家接受了。现在她是那么幸福啊。

(音频参考:https://xima.tv/1_eAHIWN? _sonic=0)

海的女儿

从前,在蔚蓝的大海深处,有一座金碧辉煌的宫殿,那里住着海王和他的母亲。海王有6个漂亮的美人鱼女儿,她们都长着一条美丽的鱼尾。在她们之中,小人鱼公主是最小、最美丽的一个。

小人鱼是一个古怪的孩子,不大爱讲话,总是静静地思考。她最大的快乐是听一些关于人类世界的故事。她的老祖母不得不把自己知道的关于船只和城市,人类和动物的故事都讲给她听。"等你满15岁的时候,"老祖母对小人鱼说,"我就准许你游到海面上去,看看外面的情景。"

一转眼,小人鱼到了十五岁,她把头伸出海面的时候,天已经黑了,海面上停着一艘大船,船上亮着各色各样的灯笼,热闹极了。原来这艘船上有一个年轻的王子,而今天是他的生日。

当王子走出来时,美丽的烟花立刻在夜空中绽放了。这位年轻的王子是多么英俊啊。小人鱼没有办法把目光从王子身上移开。突然浪潮汹涌,可怕的大风暴将船打翻了,小王子掉进了大海。小人鱼记起人类是不能生活在水里的,奋力向王子游去……

黎明时分,风暴已经过去了,小人鱼拖着已经昏迷的王子游向陆地,并把他放到了沙滩上。这时许多年轻的女子走过来,小人鱼赶紧藏了起来。一个年轻女子发现躺在岸边的王子,于是走到王子身边。小人鱼看到王子渐渐苏醒过来,可是王子并没有发现躲在岩石后面的小人鱼,也不知道救自己的人就是她。

后来小人鱼在遇见王子的那片海上度过了好几天,但是她再也没有见到那个王子。

她渐渐地开始爱起人类来,她想知道关于人类的一切。有一天,她忍不住问老祖母:"人类会永远活下去吗?他们会不会像我们那样死去呢?""一点儿也不错,"老祖母说,"而且他们的生命比我们还要短暂呢!我们可以活到300岁,但是因为我们没有一个不灭的灵魂,所以当生命结束时,我们会变成水面上的泡沫。相反,人类有一个不灭的灵魂,所以即使他们的身体化为灰尘,灵魂仍然会活着。""那我们怎样才能得到一个不灭的灵魂呢?"小人鱼问,老祖母说:"只有当一个人全心全意地爱你,愿意娶你为妻的时候,他才会分给你一个灵魂,而同时他自己的灵魂也能保持不灭。""为了获得一个不灭的灵魂,我愿意放弃我所有的一切!"

小人鱼对人类的灵魂充满了向往,她决定去找海巫婆。"我知道你是来求什么的,"海巫婆说,"我可以煎一副药给你,喝下它,你的尾巴就会变成人类的腿,就可以和王子在一起了。但是,假如王子没有娶你为妻的话,你将在他结婚后的第一个早上变成泡沫。由于你的药物很贵重,所以我要你美妙的声音作为酬劳。"小人鱼同意了。她拿着药浮出海面,向着王子的宫殿附近的海滩游过去。

当她喝下那副药的时候,感到好像有一柄锋利的刀子劈开了她纤细的身体。她疼得晕了过去。

当太阳照到海面上的时候,小人鱼苏醒过来。这时,她发现自己的鱼尾巴不见了,取而代之的是一双只有少女才拥有的美丽的纤纤玉腿,而那位年轻英俊的王子正在自己的身旁。王子问小人鱼:“你是谁,是怎么到这儿来的?”小人鱼只能用深蓝色的眼睛温柔又悲哀地望着他,因为她现在已经不会说话了。王子挽着人鱼的手,把她领进了宫殿。

小人鱼穿上华丽的衣服,成了王宫里最美丽的人。然而她却既不能唱歌,也不能讲话。王宫里举行舞会时,小人鱼用脚尖站着,在地板上轻灵地跳着舞——从来没有人这样跳过。她的每一个动作都衬托出她的美,大家都看得入了迷,特别是那位王子,他把她叫作他的“孤儿”。王子一天比一天更爱她,可是他从来没有娶她的意思。

后来,人们传说王子快要结婚了,新娘就是邻国的一位公主。当王子看到公主时,激动地说:“就是你! 救活我的就是你! 你就是我的新娘!”王子并不知道救活他的人是一直陪在他身旁的小人鱼。看到这一切,小人鱼觉得自己的心在碎裂,但是她没办法把真相告诉王子。举行婚礼的这一天终于来了,王子和他的新娘在一艘豪华的游轮上举行了盛大的婚礼。

夜深了,王子和美丽的新娘手挽着手到华丽的新房里休息去了。小人鱼独自倚在栏杆上,等待着晨曦的出现。她知道,晨曦的第一缕阳光就会叫她灭亡。这时,她看到姐姐们在波涛中出现了。“我们把自己的头发交给了海巫婆,海巫婆给了我们一把刀子。在太阳没有出来以前,你得把它插进那个王子的心里去。当他的热血流到你的脚上时,你的双脚就会重新变成鱼尾,你就可以回到海里了。快动手吧!”她们发出一阵深沉的叹息后,便沉入海浪里了。

小人鱼走进王子的新房,看到新娘枕在王子的胳膊上睡着了。刀子在小人鱼的手里不停地颤抖。最后,小人鱼把刀子远远地向浪花里扔去,然后回头看了王子最后一眼,就纵身跳进了大海。太阳升起来了,小人鱼觉得她的身体正在融化成泡沫。“我应该到哪儿去呢?”小人鱼问,她的声音显得虚无缥缈。“到天空的女儿那儿去吧!”空中一个声音回答道,“人鱼是没有不灭的灵魂的,除非她获得一个凡人的爱情。天空的女儿也没有永恒的灵魂,但是她可以通过自己的善行来为自己创造一个不灭的灵魂。”

小人鱼向太阳举起了手臂,她第一次感到要流出眼泪了。

(音频参考:https://xima.tv/1_C1drQI? _sonic=0)

渔夫和金鱼的故事

从前,有个老头和他的老太婆住在蓝色的大海边。他们住在一所破旧的泥棚里,整整有三十又三年。老头撒网打鱼,老太婆纺纱织线。

有一次,老头向大海撒下渔网,拖上来的只是些水藻。接着他又撒了一网,拖上来的是一些海草。第三次他撒下渔网,却网到一条鱼,不是一条平常的鱼,是条金鱼。

金鱼竟苦苦哀求起来,他跟人一样开口讲:“放了我吧,老爷爷,把我放回海里去吧,我给你贵重的报酬!为了赎身,你要什么我都依。”

老头儿吃了一惊,心里有点儿害怕。他打鱼打了三十三年,从来没有听说过鱼会讲话。他把鱼放回大海,还对它说了几句亲切的话:“金鱼,上帝保佑,我不要你的报酬,你游到蓝蓝的大海去吧,在那里自由自在地游吧。”

老头回到老太婆跟前,告诉她这桩天大的奇事。“今天我网到一条鱼,不是平常的鱼,是条金鱼,这条金鱼会跟我们人一样讲话。它求我把它放回蓝蓝的大海,愿用最值钱的东西来赎它自己。为了自由,我要什么它都依。我不敢要它的报酬,就这样把它放回蓝蓝的海里了。”

老太婆指着老头就骂:“你这傻瓜,真是个老糊涂!不敢拿金鱼的报酬,哪怕要只木盆也好,我们那只已经破得不成样了!”

于是,老头儿走向蓝色的大海,看到大海微微起着波澜。老头就对金鱼叫唤。金鱼向他游过来,问道:“你要什么呀,老爷爷?”老头向它行个礼回答:“行行好吧,鱼娘娘,我的老太婆把我大骂一顿,不让我这老头安宁。她要一只新的木盆,我们那只已经破得不能再用了。”金鱼回答说:“别难受,去吧,上帝保佑你,你们马上会有一只新木盆。”

老头回到老太婆那儿,老太婆果然有了一只新木盆。老太婆一见老头却骂得更厉害:“你这傻瓜,真是个老糊涂,真是个老笨蛋!你只要了只木盆,木盆能值几个钱呢?滚回去,老笨蛋!再到金鱼那儿去,对它行个礼,向它要座木房子。”

于是老头儿又走向蓝色的大海,蔚蓝色的大海翻动起来。老头就对金鱼叫唤,金鱼向他游过来,问道:“你要什么呀,老爷爷。”老头儿向它行个礼,回答:“行行好吧,鱼娘娘,老太婆把我骂得更厉害,她不让我老头安宁。唠叨不休的老婆娘要座木房。”金鱼回答说:“别难受,去吧,上帝保佑你,你们会有一座木房。”

老头儿走向自己的泥棚,泥棚已变得无影无踪。他面前是座有敞亮房间的木房,有砖砌的白色烟囱,还有橡木板的大门。老太婆坐在窗口下,指着丈夫破口大骂:“你这傻瓜,实实足足的老糊涂,你只要座木房?!快滚,去向金鱼行个礼说,我不愿再做低贱的庄稼婆,我要做世袭的贵妇人。”

老头走向蓝色的大海,蔚蓝的大海骚动起来。老头又对金鱼叫唤,金鱼向他游过来,问道:“你要什么呀,老爷爷?”老头向它行个礼回答:“行行好吧,鱼娘娘,老太婆的脾气发得更大,她不让我老头安宁。她已经不愿意做庄稼婆,她要做个世袭的贵妇人。”金鱼回答说:“别难受,去吧,上帝保佑你。”

老头回到老太婆那儿,他看到了什么呀,一座高大的楼房,他的老太婆站在台阶上,穿着名贵的黑貂皮坎肩,头上戴着锦绣的头饰,脖子上围满珍珠,两手戴着嵌宝石的金戒指,脚上穿了双红皮靴子,勤劳的奴仆们在她面前站着,她鞭打他们,揪他们的额发。老头对他的老太婆说:“您好,高贵的夫人,想来您这回的心总该满足了吧?”

老太婆对他大声呵斥,派他到马棚里去干活儿。过了一星期,又过一星期,老太婆胡闹得更厉害。她又打发老头到金鱼那儿去:“给我滚,去对金鱼行个礼,说我不愿再做贵妇人,我要做自由自在的女皇。”老头儿吓了一跳,恳求说:“怎么啦,婆娘,你吃了疯药,你连走路说话也不像样,你会惹得全国人笑话。”老太婆愈加冒火,她刮了丈夫一记耳光,“乡巴佬,你敢跟我顶嘴,跟我这世袭贵妇人争吵?快滚到海边去,老实跟你说,你不去也得押你去。”

老头走向海边,蔚蓝的大海变得阴沉昏暗。他又对金鱼叫唤,金鱼向他游过来,问道:“你要什么呀,老爷爷。”老头儿向它行个礼回答:“行行好吧,鱼娘娘,我的老太婆又在大吵大嚷,她不愿再做贵妇人,她要做自由自在的女皇。”金鱼回答说:“别难受,去吧,上帝保佑你。好吧,老太婆就会做上女皇。”

老头回到老太婆那里,怎么?他面前竟是皇家的宫殿,他的老太婆当了女皇,正坐在桌边用膳。大臣贵族伺候她,给她斟上外国运来的美酒。她吃着花式的糕点,周围站着威风凛凛的卫士,肩上都扛着锋利的斧头。老头儿一看,吓了一跳,连忙对老太婆行礼叩头,说道:“您好,威严的女皇。好啦,这回您的心总该满足了吧。”老太婆瞧都不瞧他一眼,吩咐把他赶跑。大臣贵族一起奔过来,抓住老头的脖子往外推。到了门口,卫士们赶过来,差点儿用利斧把老头砍倒。人们都嘲笑他:“老糊涂,真是活该!这是给你点儿教训,往后你得安守本分。”

过了一星期,又过一星期,老太婆胡闹得更加不像话。她派了朝臣去找她的丈夫,找到了老头,把他押来。老太婆对老头说:“滚回去,去对金鱼行个礼。我不愿再做自由自在的女皇。我要做海上的女霸王,让我生活在海洋上,叫金鱼来伺候我,叫我随便使唤。”

老头不敢顶嘴,也不敢开口违背。于是他跑到蔚蓝色的海边,看到海上起了昏暗的风暴,怒涛汹涌澎湃,不住奔腾,喧嚷怒吼。老头对金鱼叫唤,金鱼向他游过来,问道:“你要什么呀,老爷爷?”老头向它行个礼,回答:“行行好吧,鱼娘娘,我把这该死的老太婆怎么办呢?她已经不愿意再做女皇了,她要做,要做海上的女霸王!这样她好生活在汪洋大海,叫你亲自去伺候她,听她随便使唤。”

金鱼一句话也不说,只是尾巴在水里一滑,游到深深的大海里去了。老头在海边久久地等待回答,可是没有等到。他只得回去见老太婆。一看,他面前依旧是那间破泥棚,他的老太婆坐在门槛上,她前面还是那只破木盆。

(音频参考:https://xima.tv/1_AW4k9Y?_sonic=0)

皇帝的新装

从前,有位皇帝非常喜欢穿好看的新衣服。他把所有的钱都花在做衣服、买衣服上,他一点儿也不关心老百姓。他几乎每一个钟点都要换一套衣服,所以只要有人来找他,回答总是"皇上在更衣室换衣服"。

皇帝在这个大城市里生活得很愉快。

有一天,来了两个骗子,声称自己是优秀的纺织工人,能织出最美丽的布,而且用这种布做成的衣服不称职或愚蠢的人都不能看见它。

皇帝听说以后,心想:"这一定是最精美的衣服了。穿上这种布做成的衣服,我就能发现在我的王国里,有哪些人不称职,哪些人是聪明人还是傻子。"

皇帝付了那两个骗子一大笔钱,叫他们马上开始工作。两个骗子装起了两架织机,假装织布,但是他们的梭子上什么也没有。

他们要求皇帝给最好的丝和金线,把这些东西全都放进自己的口袋,然后装模作样地在空空的织机上纺织到深夜。

有一天,皇帝想知道那两个织工把布织得怎么样了,他派了一个忠心的老部长去,因为这是一个聪明人。善良的老部长来到了两个骗子的房间里,他把眼睛睁得大大的。"天哪,我竟然什么也看不到,难道我是一个傻子吗?"

两个骗子看到部长不说话,就上前问他:"您看这布的花纹和颜色怎么样啊?"部长硬着头皮说:"是的,花纹和颜色都很美丽。"骗子们说:"听到你的话,我们很高兴。"

部长回去报告皇帝,说布置得非常好,太好了。皇帝赏那两个织工一万两银子。骗子们把钱又装进了口袋,但是每天仍然装模作样地在空空的织机上织着,一直织到深夜。

过了几天,皇帝又派了一个大官去看。这个大官与老部长一样,除了空空的织机以外,他什么也没看到。但是他也不愿意承认自己是一个大傻瓜,更不能让人家知道,于是也连连赞叹:"这布太美了,美极了。"说完,他又去向皇帝报告。

以后,不管是谁,只要是看到了空织机的人,都说看到了世界上最美的布。

现在,皇帝也想亲自去看看还在织布机上织着的美丽的布。他挑选了一群大臣,包括以前去过的两位大臣,去拜访那两个狡猾的骗子。

骗子正在空空的织机上很辛苦地工作着。

那两个去过的大臣说:"皇帝陛下,您看,这是一种多么漂亮的花式啊,富丽堂皇,十分美丽可爱。"皇帝想:"什么? 我可是什么也看不见! 这真是荒唐,难道我是个傻子吗? 难道我不配做皇帝吗?"

皇帝望着空空的织布机,面带微笑,满意地点头:"啊,它真是美极了,我表示十二分的满意！”跟随皇帝的官员尽管什么也没看见，但是他们也和皇帝一样争先恐后地赞美：“啊！这种布真是漂亮极了！皇上，用这种布给您做一套衣服，去参加游行大典，那是再好不过的了。”皇帝听了这些话，十分高兴，马上封这两个骗子为御聘织师，并给两个人每人一枚骑士勋章。

在要举行游行大典的头一天晚上，两个骗子整夜坐着，点了16支蜡烛，让人们看出他们是多么焦急地想把皇帝的新装做好。他们假装从织机上把衣料取下来，用一把大剪刀在空中剪裁着，用没有穿线的针缝着。到快天亮的时候，他们终于说：“皇帝的新衣缝好了。”

皇帝亲自带了亲信到两个骗子的房间，只见两个骗子向空中举起一只手，好像拿着什么东西似的，然后对皇帝说：“皇上，这是裤子，这是外衣，这是斗篷。它同蜘蛛网一样地轻，穿着它的人会觉得身上没有东西似的，这也正是这衣服的妙处。请皇上把衣服脱下来，我们要在这大镜子底下替您换上这套新衣。”

皇帝在两个骗子的摆弄下，脱光了衣服，穿上了所谓的新衣，还在镜子面前转来转去，扭扭腰肢，十分得意。

周围的随从们异口同声地说：“皇帝陛下穿着这身新衣服多好看哪！它是多么的合身哪！这是最美妙、最富丽的服装！”

司仪大臣在外面喊：“快把华盖准备好，皇上马上就要准备去游行啦！”

就这样，皇帝光着身子去游行了。

开始，街上的人都称赞说，皇帝的新衣服多美丽、多漂亮，真合身。因为谁也不愿意做一个不称职或者愚蠢的人。

突然，有一个孩子惊叫起来：“你们看，皇帝身上什么也没有穿哪！”

这句话马上在人群中传开了。

“是啊，这个孩子说得对，皇帝真的没有穿衣服。”

皇帝听到这些话，身子有点发抖，因为他似乎觉得老百姓的话是对的，但是他想：“游行大典一定要继续下去！”于是，他还是摆出一副骄傲的样子，在他的大臣们的前呼后拥下，继续光着身子在大街上行进。

（音频参考：https://xima.tv/1_35iG0V?_sonic=0）

木偶奇遇记（节选）

上一集啊，咱们讲到了那位樱桃师傅被那根会说话的木头给吓到了。这个时候呀，有人敲门。“进来。”这位可怜的老木匠，他连重新站起来的力气都没有了。

只见这木匠铺里进来一个小老头儿，他老是老，可是老得很精神。他的名字呀，叫杰佩托，可街坊邻居的孩子老想要逗他，就叫他的外号老玉米糊。他有这个外号呢，是因为他那头黄色的假发就像玉米糊一样。杰佩托他脾气挺大的，谁要叫他老玉米糊，那就得倒霉。他凶起来像只野兽,谁也没办法对付他。

“你好,安东尼奥师傅,”杰佩托首先说道,“您坐在地上干吗呢?”

“我吗?我在教蚂蚁做算术呢。”

“呵呵!呃,祝您成功!”

“是什么把您给带到我这儿来了?杰佩托,老朋友。”

“嘿嘿,嗯,我的腿把我带来了呗。您知道,安东尼奥师傅,我是来求您给我帮个忙的。”

“随时乐意为您效劳。”老木匠说着从地上爬了起来。

“今天早晨,我这脑子里突然想出来一个主意。”

“说来听听看。”

“我想亲手给自己做一个漂亮的木偶,不是一个普通的木偶,是一个呱呱叫的木偶,会跳舞,会耍剑,还会翻跟头。嘿嘿,我要带着这么个木偶周游世界,整块儿面包吃吃,混杯酒喝喝,你看怎么样啊?”

“好极了,老玉米糊。”这插嘴的还是那个很细很细的声音,不知道从哪儿叫起来。这杰佩托一听人家叫他老玉米糊,脸当时就气红了,红得像个红辣椒。

他向老木匠转过脸来,气呼呼地说道:“我说,您干吗得罪我?”

“谁得罪你了?”

“您叫我老玉米糊。”

“我没叫您老玉米糊。”

“难道是我叫了吗?就是您叫了!”

“我没叫。”

“您叫了!”

“我没叫。”

“您叫了!”

他们越来越激动,结果从动口到动手,两个人打了起来,又抓又咬,像两只猴子似的。

等到一架打完,杰佩托那头黄色的假发到了安东尼奥师傅的手上,而老木匠安东尼奥那头花白的假发却在杰佩托的嘴里。

“哦,你把我的假发还给我。”安东尼奥师傅说道。

杰佩托也说道:“那你也把我的假发还给我。要不,咱们讲和吧。”

这两个小老头儿呀,就各自收回了自己的假发,然后呢,相互地紧紧握住手,赌咒发誓说以后要一辈子做好朋友。

老木匠樱桃师傅表示和解,说道:“那么,杰佩托老朋友,您要我给您效什么劳呢?”

“我想要段儿木头做我的那个木偶,您肯给吗?”

安东尼奥师傅听到了这个话,真是喜出望外。他马上过去,拿起工作台上那段把他吓了个半死的木头。可是他刚要把木头交给朋友,这木头猛地一扭,从他手里使劲儿滑了出来,在可怜的杰佩托那很细的小腿骨上狠狠地敲了一下。

“哎呀,安东尼奥先生,您送东西给人家是这么客气的吗?我的脚几乎让您给打瘸了。”

“我发誓,我没有打您的脚。”

“难道是我自己打自己的脚吗?全怪这个木头!是他打的。”

“我知道是木头,可是将木头扔在我脚上的是您。”

“我没扔给您。”

“您说谎。”

“哦,杰佩托,您别得罪我,要不然我就叫您老玉米糊。”

“你个蠢驴,老玉米糊。蠢猪,老玉米糊。蠢猴,老玉米糊。”

杰佩托听到这第三声老玉米糊,眼睛都漆黑了,他向老木匠猛扑了过去。于是呀,他们又打了一场大架。

等到这一架打完,安东尼奥师傅的鼻子多了两道抓伤。另一位呢?他的背心少了两颗纽扣。两个人这样算清楚账以后,又紧紧地拉手,赌咒发誓说,以后要一辈子做好朋友。

接着呀,这杰佩托就拿起他那段呱呱叫的木头,谢过了安东尼奥师傅,一瘸一拐地回家去了。

(音频参考:https://xima.tv/1_9vpyTT?_sonic=0)

本章小结

1. 寓言故事、童话的演播,既不能哗众取宠、过度渲染,又要避免平淡无味、没有特色。唯有如此,才能保持寓言、童话演播独有的魅力。
2. 寓言故事的演播技巧包括处理好各层次的逻辑关系、处理好细腻的思想感情、处理好多变的声音形式和处理好夸张的语言表达四个方面。
3. 童话的演播技巧有巧用象声词、增加语气助词、语速偏慢且节奏多变化、语言起伏强烈且加入气音等。
4. 从表现方法来看,童话故事大致分为常人体童话、拟人体童话、超人体童话,但这三类童话并不是截然分开的,有时互有联系。

思考题

寓言演播和童话演播在技巧方面有哪些相似之处?

第八章　诗歌朗诵

内容提要

1. 古诗词的特点是什么？
2. 现代诗的特点是什么？

诗歌，是一种抒情言志的文学体裁。它是用高度凝练的语言，生动形象地表达作者的丰富情感，集中反映社会生活，并具有一定节奏和韵律的文学体裁。《毛诗·大序》记载："诗者，志之所之也，在心为志，发言为诗。"南宋严羽《沧浪诗话》云："诗者，吟咏性情也。"

我国古代不合乐的称为诗，合乐的称为歌，现代一般统称为诗歌。诗歌按照一定的音节、韵律的要求，表现社会生活和人的精神世界。诗歌的起源可以追溯到上古时期。《诗经》是我国第一部诗歌总集，相传为孔子所整理。

诗歌往往饱含着作者的思想感情与丰富的想象，语言凝练，形象性强；具有鲜明的节奏、和谐的音韵，富于音乐美；语句一般分行排列，注重结构形式的美。我国现代诗人、文学评论家何其芳在《关于写诗和读诗》中曾说："诗是一种最集中地反映社会生活的文学样式，它饱含着丰富的想象和感情，常常以直接抒情的方式来表现，而且在精炼与和谐的程度上，特别是在节奏的鲜明程度上，它的语言有别于散文的语言。"这概括了诗歌的几个基本特点：第一，高度集中、概括地反映生活；第二，抒情言志，饱含丰富的思想感情以及丰富的想象、联想和幻想；第三，语言具有精练、形象、音调和谐、节奏鲜明等特点。

第一节　古诗词

一、古诗词概述

古诗，即中国古代的诗歌，在时间上指1840年鸦片战争以前中国的诗歌作品。从广义上说，古诗包括古代人所作的诗、词、散曲等；从狭义上说，古诗仅指古代人所作的古体诗、近体诗。从诗句的字数看，古体诗有四言诗、五言诗和七言诗等。近体诗，又称今体诗、格律诗，是一种讲究平仄、对仗和押韵的诗歌体裁，因有别于古体诗才有近体诗之名。词是诗的一种别体，萌芽于南朝，是隋唐时兴起的一种新的文学样式。到了宋代，经过长期不断的发展，进入词的全盛时期。散曲是一种韵文形式，出现于南宋和金代，盛行于元代，是受民间歌曲的影响而形成的，句法较词更为灵活。

二、古诗词的特点

（一）句子整齐

古典诗歌，除了词和曲以外，多数是句子长短一致的，如《诗经》基本上是四言，《楚辞》大体上是六言加上“兮”字，古体诗和近体诗大多数是五言或七言。

（二）平仄和对仗

平、仄是汉语声调的两大类。在近体诗和词、曲中，用字的平仄有相当严格的规定，在一些位置上，必须用平声字，在另一些位置上，必须用仄声字。比如唐代诗人王之涣的《登鹳雀楼》“白日依山尽，黄河入海流。欲穷千里目，更上一层楼。”就是用“仄仄平平仄，平平仄仄平，平平平仄仄，仄仄仄平平”的格律。

对仗指的是一联诗中，在上下句相同位置上的字要属于同一类或相对立，如李绅《悯农》中的“春种一粒粟，秋收万颗子”，王维《画》中的“远看山有色，近听水无声”，其中“春”和“秋”、“粟”和“子”、“远”和“近”等属于对仗。

（三）辞藻和句法

每一个汉字基本上都是一个兼具形音义的独立单位，而且很多汉字是一字多义的，字与字之间黏合的关系多种多样，故而诗歌中的辞藻异常复杂多样。例如，在“天”字后面再加一字，可以构成很多词语：天空、天气、天平、天生、天宫等。

在句法方面，由于汉语的特点以及汉字的独立性，在古诗中，常常出现把两个汉字拆开，或者把某些汉字从后面移到前面的情形，这叫倒装。比如王之涣的《登鹳雀楼》，其中描写壮丽山河的经典诗句“白日依山尽，黄河入海流”，就采用了倒装的形式。原指的“黄河流入海”，平铺直叙呆板无奇，改为“黄河入海流”，一下子便有了意境开阔之感。

（四）节奏和韵律

从句式上看，四言诗的节律为二、二，五言诗为二、二、一或二、一、二，七言诗为二、

二、二、一或二、二、一、二，但有时因表意需要也有特殊情况，所以以诗句的意义来确定停顿的位置是最高原则。古诗还要求押韵，使音调和谐优美，比如崔颢的《黄鹤楼》押油求韵："昔人已乘黄鹤去，此地空余黄鹤楼。黄鹤一去不复返，白云千载空悠悠。晴川历历汉阳树，芳草萋萋鹦鹉洲。日暮乡关何处是，烟波江上使人愁。"其中，"楼""悠""洲""愁"是韵脚。

以上所说的节奏和韵律，是就有声语言表达的声音而言的。然而，古诗的音乐美并不完全是字音停顿和押韵的效果，还取决于情和声的和谐，就像歌曲要根据表达感情的需要选择歌词和变换节奏一样。写诗也要根据表达情感的需要安排和组织字词。只有达到情声和谐、声情并茂，才能完全实现诗歌的音乐美。

实战演练

江　南

汉乐府

江南可采莲，莲叶何田田，鱼戏莲叶间。
鱼戏莲叶东，鱼戏莲叶西，鱼戏莲叶南，鱼戏莲叶北。

敕勒歌

北朝民歌

敕勒川，阴山下。天似穹庐，笼盖四野。
天苍苍，野茫茫，风吹草低见牛羊。

咏　鹅

〔唐〕骆宾王

鹅，鹅，鹅，曲项向天歌。
白毛浮绿水，红掌拨清波。

咏　柳

〔唐〕贺知章

碧玉妆成一树高，万条垂下绿丝绦。
不知细叶谁裁出，二月春风似剪刀。

凉州词

〔唐〕王之涣

黄河远上白云间，一片孤城万仞山。
羌笛何须怨杨柳，春风不度玉门关。

登鹳雀楼

〔唐〕王之涣

白日依山尽，黄河入海流。
欲穷千里目，更上一层楼。

春　晓

〔唐〕孟浩然

春眠不觉晓，处处闻啼鸟。
夜来风雨声，花落知多少。

凉州词

〔唐〕王　翰

葡萄美酒夜光杯，欲饮琵琶马上催。
醉卧沙场君莫笑，古来征战几人回？

出　塞

〔唐〕王昌龄

秦时明月汉时关，万里长征人未还。
但使龙城飞将在，不教胡马度阴山。

芙蓉楼送辛渐

〔唐〕王昌龄

寒雨连江夜入吴，平明送客楚山孤。
洛阳亲友如相问，一片冰心在玉壶。

鹿　柴

〔唐〕王　维

空山不见人，但闻人语响。
返景入深林，复照青苔上。

送元二使安西

〔唐〕王　维

渭城朝雨浥轻尘，客舍青青柳色新。
劝君更尽一杯酒，西出阳关无故人。

九月九日忆山东兄弟

〔唐〕王　维

独在异乡为异客，每逢佳节倍思亲。
遥知兄弟登高处，遍插茱萸少一人。

静夜思

〔唐〕李　白

床前明月光，疑是地上霜。
举头望明月，低头思故乡。

古朗月行

〔唐〕李　白

小时不识月，呼作白玉盘。
又疑瑶台镜，飞在青云端。
仙人垂两足，桂树何团团。
白兔捣药成，问言与谁餐？
蟾蜍蚀圆影，大明夜已残。
羿昔落九乌，天人清且安。
阴精此沦惑，去去不足观。
忧来其如何？凄怆摧心肝。

望庐山瀑布

〔唐〕李　白

日照香炉生紫烟，遥看瀑布挂前川。
飞流直下三千尺，疑是银河落九天。

赠汪伦

〔唐〕李　白

李白乘舟将欲行，忽闻岸上踏歌声。
桃花潭水深千尺，不及汪伦送我情。

黄鹤楼送孟浩然之广陵

〔唐〕李　白

故人西辞黄鹤楼，烟花三月下扬州。
孤帆远影碧空尽，唯见长江天际流。

早发白帝城

〔唐〕李　白

朝辞白帝彩云间，千里江陵一日还。
两岸猿声啼不住，轻舟已过万重山。

望天门山

〔唐〕李　白

天门中断楚江开，碧水东流至此回。
两岸青山相对出，孤帆一片日边来。

别董大

〔唐〕高　适

千里黄云白日曛，北风吹雁雪纷纷。
莫愁前路无知己，天下谁人不识君？

绝　句

〔唐〕杜　甫

两个黄鹂鸣翠柳，一行白鹭上青天。
窗含西岭千秋雪，门泊东吴万里船。

春夜喜雨

〔唐〕杜　甫

好雨知时节，当春乃发生。
随风潜入夜，润物细无声。
野径云俱黑，江船火独明。
晓看红湿处，花重锦官城。

绝　句

〔唐〕杜　甫

迟日江山丽，春风花草香。
泥融飞燕子，沙暖睡鸳鸯。

江畔独步寻花

〔唐〕杜　甫

黄四娘家花满蹊，千朵万朵压枝低。
留连戏蝶时时舞，自在娇莺恰恰啼。

游子吟

〔唐〕孟　郊

慈母手中线，游子身上衣。
临行密密缝，意恐迟迟归。
谁言寸草心，报得三春晖。

江　雪

〔唐〕柳宗元

千山鸟飞绝，万径人踪灭。
孤舟蓑笠翁，独钓寒江雪。

寻隐者不遇

〔唐〕贾　岛

松下问童子，言师采药去。
只在此山中，云深不知处。

枫桥夜泊

〔唐〕张　继

月落乌啼霜满天，江枫渔火对愁眠。
姑苏城外寒山寺，夜半钟声到客船。

水调歌头·明月几时有

〔宋〕苏轼

明月几时有，把酒问青天。不知天上宫阙，今夕是何年。我欲乘风归去，又恐琼楼玉宇，高处不胜寒。起舞弄清影，何似在人间？

转朱阁，低绮户，照无眠。不应有恨，何事长向别时圆？人有悲欢离合，月有阴晴圆缺，此事古难全。但愿人长久，千里共婵娟。

念奴娇·赤壁怀古

〔宋〕苏轼

大江东去，浪淘尽，千古风流人物。故垒西边，人道是，三国周郎赤壁。乱石穿空，惊涛拍岸，卷起千堆雪。江山如画，一时多少豪杰。

遥想公瑾当年，小乔初嫁了，雄姿英发。羽扇纶巾，谈笑间，樯橹灰飞烟灭。故国神游，多情应笑我，早生华发。人生如梦，一樽还酹江月。

声声慢

〔宋〕李清照

寻寻觅觅，冷冷清清，凄凄惨惨戚戚。乍暖还寒时候，最难将息。三杯两盏淡酒，怎敌他、晚来风急？雁过也，正伤心，却是旧时相识。

满地黄花堆积，憔悴损，如今有谁堪摘？守着窗儿，独自怎生得黑？梧桐更兼细雨，到黄昏、点点滴滴。这次第，怎一个愁字了得！

满江红

〔宋〕岳飞

怒发冲冠，凭栏处、潇潇雨歇。抬望眼，仰天长啸，壮怀激烈。三十功名尘与土，八千里路云和月。莫等闲，白了少年头，空悲切。

靖康耻，犹未雪，臣子恨，何时灭？驾长车，踏破贺兰山缺。壮志饥餐胡虏肉，笑谈渴饮匈奴血。待从头、收拾旧山河，朝天阙。

天净沙·秋思

〔元〕马致远

枯藤老树昏鸦，小桥流水人家，古道西风瘦马。夕阳西下，断肠人在天涯。

落梅风·蔷薇露

〔元〕马致远

蔷薇露，荷叶雨，菊花霜冷香庭户。梅梢月斜人影孤，恨薄情四时辜负。

水仙子·夜雨

〔元〕徐再思

一声梧叶一声秋，一点芭蕉一点愁，三更归梦三更后。落灯花棋未收，叹新丰孤馆人留。枕上十年事，江南二老忧，都到心头。

沉醉东风·重九

〔元〕卢 挚

题红叶清流御沟,赏黄花人醉歌楼。天长雁影稀,月落山容瘦,冷清清暮秋时候。衰柳寒蝉一片愁,谁肯教白衣送酒?

第二节 现代诗

一、现代诗概述

现代诗也叫“白话诗”“自由诗”,其兴起最早可追溯到清末。与旧体诗相比,二者虽都为感于物而作,都是心灵的映现,但现代诗一般不拘格式和韵律。现代诗形式自由,意涵丰富,意象经营重于修辞运用,突破了古诗“温柔敦厚,哀而不怨”的特点,更加强调自由开放和直率陈述,进行“可感与不可感之间”的沟通。

我国现代诗的主流是自由体新诗。自由体新诗是“五四”新文化运动的产物,形式上采用白话,打破了旧体诗的格律束缚,内容上主要是反映新生活,表现新思想。

按照作品内容的表达方式,现代诗可分为叙事诗和抒情诗两类。

(一)叙事诗

诗中有比较完整的故事情节和人物形象,通常以诗人满怀激情的歌唱方式来表现。如李季的《王贵与李香香》和英国诗人乔治·戈登·拜伦的《唐璜》。

(二)抒情诗

主要通过直接抒发诗人的思想感情来反映社会生活,不要求描述完整的故事情节和人物形象。抒情诗包括情歌、颂歌、哀歌、挽歌和讽刺诗等,如舒婷的《致橡树》《祖国啊,我亲爱的祖国》、徐志摩的《再别康桥》、希腊奥德修斯·埃里蒂斯的《英雄挽歌》、北岛的《回答》、顾城的《一代人》等。

叙事和抒情并不是截然分割的。叙事诗也有一定的抒情性,不过其抒情要与叙事紧密结合。抒情诗也常有对某些生活片段的叙述,但不能铺展,应服从抒情的需要。

二、现代诗的特点

(一)形式自由,分行排列

现代诗是一种形式自由的艺术,可以押韵,也可以不押韵;可以采用各种方式排列,而且通常是以分行排列构成诗歌的主体,每行的字数可以相同,也可以不同。现代诗主要有三种诗行排列方式:(1)参差体,诗句的长短和节奏都不相同,在文字排列形式上显得参差不齐,诗歌各节的行数不等,如北岛的《回答》。(2)阶梯体,诗歌每节前后的诗句长短呈楼梯状,如贺敬之的《雷锋之歌》《十年颂歌》等。(3)回环体,相同的诗句和词语反复出现,回环往复,如戴望舒的《雨巷》等。诗句的分行排列以及句子长度的参差不齐是诗歌文体的外在特点和标志,诗歌的形式自由不仅增强了诗歌的审美表现力,而且也是它迷人的魅力所在。

(二)立意新颖,内涵开放

现代诗的立意比较新颖,强调立意的独特性和新奇性,努力达到"人人心中有,人人笔下无"的境界。现代诗擅长从司空见惯的事物和现象中找出与众不同之处并通过多义的词语表达出来。如舒婷的《致橡树》、余光中的《乡愁》等。

(三)节奏和谐,跳跃自如

现代诗的语言超越一般的语法规律,它具有跳跃的特点。诗歌的节奏,分为内节奏和外节奏,内节奏是感情的高低起伏,外节奏是指诗句中词和词之间的音节配合。现代诗用这种内外节奏和谐、跳跃自如的诗句,来表现人们复杂多变的情绪,产生一种韵味无穷的美感。如席慕蓉的《一棵开花的树》、郑愁予的《错误》等。

(四)凝练集中,注重修辞

诗歌要做到言简意赅,主题集中,用有限的文字表现出无限的意涵和思想感情。修辞是诗歌的一种重要技巧,比如拟人、比喻、排比、设问、反复、顶真、对偶、夸张、象征等。每一种修辞手法都有其独到之处,可以更生动、形象地表现诗歌内容,使诗歌更富有韵味;为诗歌注入更新鲜的血液,使诗歌更富有想象力和亲和力,如徐志摩的《再别康桥》和《雪花的快乐》等。

(五)想象丰富,意境优美

诗歌通常讲究简约之美,因而会有词语和意义的省略,只有发挥想象才能创造出鲜明的形象。诗歌的生命力是想象赋予的,诗歌作者若没有想象力,那么他写出来的诗歌是干涩的。想象能使一件细小的事物显示出惊人的魅力。此外,短句的使用、问句的运用,均为我们创造想象留下值得填补的空间。有了想象的翅膀,情感的力量、诗歌的意境也会应运而生。只有领略到诗歌的意境,体会到弦外之音、言外之意,读者才能从作品所描绘的有限生活画面里,感受到形象之外的无限意味,获得美的享受。如郭沫若的《天上的街市》等。

实战演练

我们整天在田野行走①

［希腊］埃利蒂斯　李野光译

我们整天在田野行走
同我们的女人,太阳和狗
我们玩呀,唱呀,饮水呀
泉水清清来自古代的源头

午后我们静坐了片刻
彼此向对方的眼神深深注视
一只蝴蝶从我们的心中飞出
它那样雪白
胜过我们梦尖上那小小的嫩枝
我们知道它永远不会消失
它根本不记得养过什么虫子

晚上我们燃起一堆火
然后围着它唱歌
火啊,可爱的火,请不要怜惜木柴
火啊,可爱的火,请不要怜惜灰冷
火啊,可爱的火,请燃烧我们
为我们讲述生命

我们讲述生命,我们拉着它的双手

① 读者杂志社.读者的诗[M].北京:新星出版社,2016:353-354.

我们瞧着它的眼睛,它也报以凝眸
如果这使我们沉醉的是磁石,那我们认识
如果这使我们痛苦的是恶行,我们已感受
我们讲述生命,我们前行
同时告别它的正在移栖的鸟群
我们属于美好的一代人

(音频参考:https://m.ximalaya.com/sound/406979360)

致橡树①

舒 婷

我如果爱你——
绝不像攀援的凌霄花,
借你的高枝炫耀自己;
我如果爱你——
绝不学痴情的鸟儿,
为绿荫重复单调的歌曲;
也不止像泉源,
常年送来清凉的慰藉;
也不止像险峰,
增加你的高度,衬托你的威仪。
甚至日光,
甚至春雨。
不,这些都还不够!
我必须是你近旁的一株木棉,
作为树的形象和你站在一起。
根,紧握在地下;
叶,相触在云里。
每一阵风过,
我们都互相致意,
但没有人
听懂我们的言语。
你有你的铜枝铁干,
像刀,像剑,也像戟;
我有我红硕的花朵,
像沉重的叹息,
又像英勇的火炬。
我们分担寒潮、风雷、霹雳;
我们共享雾霭、流岚、虹霓,
仿佛永远分离,
却又终身相依。
这才是伟大的爱情,
坚贞就在这里:
爱——
不仅爱你伟岸的身躯,
也爱你坚持的位置,足下的土地。

① 舒婷. 双桅船[M].上海:上海文艺出版社,1982:16-17.

祖国啊 我亲爱的祖国①

舒 婷

我是你河边上破旧的老水车，
数百年来纺着疲惫的歌；
我是你额上熏黑的矿灯，
照你在历史的隧洞里蜗行摸索；
我是干瘪的稻穗；是失修的路基；
是淤滩上的驳船
把纤绳深深
勒进你的肩膊；
——祖国啊！

我是贫困，
我是悲哀。
我是你祖祖辈辈
痛苦的希望啊，
是"飞天"袖间
千百年未落到地面的花朵，
——祖国啊！

我是你簇新的理想，
刚从神话的蛛网里挣脱；
我是你雪被下古莲的胚芽；
我是你挂着眼泪的笑窝；
我是新刷出的雪白的起跑线；
是绯红的黎明
正在喷薄；
——祖国啊！

我是你的十亿分之一，
是你九百六十万平方的总和；
你以伤痕累累的乳房
喂养了
迷惘的我、深思的我、沸腾的我；
那就从我的血肉之躯上
去取得
你的富饶、你的荣光、你的自由；
——祖国啊
我亲爱的祖国！

回 答②

北 岛

卑鄙是卑鄙者的通行证，
高尚是高尚者的墓志铭。
看吧，在那镀金的天空中，
飘满了死者弯曲的倒影。

冰川纪过去了，
为什么到处都是冰凌？
好望角发现了，
为什么死海里千帆相竞？

① 舒婷. 双桅船[M]. 上海：上海文艺出版社，1982：84-86.
② 北岛. 北岛诗歌集[M]. 海口：南海出版公司，2002：7-8.

我来到这个世界上，
只带着纸、绳索和身影，
为了在审判之前，
宣读那被判决了的声音：

告诉你吧，世界，
我——不——相——信！
纵使你脚下有一千名挑战者，
那就把我算作第一千零一名。

我不相信天是蓝的；
我不相信雷的回声；
我不相信梦是假的；
我不相信死无报应。

如果海洋注定要决堤，
就让所有的苦水都注入我心中；
如果陆地注定要上升，
就让人类重新选择生存的峰顶。

新的转机和闪闪的星斗，
正在缀满没有遮拦的天空，
那是五千年的象形文字，
那是未来人们凝视的眼睛。

雨　巷[①]

戴望舒

撑着油纸伞，独自
彷徨在悠长、悠长
又寂寥的雨巷，
我希望逢着
一个丁香一样地
结着愁怨的姑娘。

她是有
丁香一样的颜色，
丁香一样的芬芳，
丁香一样的忧愁，
在雨中哀怨，
哀怨又彷徨。

她彷徨在这寂寥的雨巷，
撑着油纸伞
像我一样，
像我一样地
默默彳亍着，
冷漠，凄清，又惆怅。

她静默地走近
走近，又投出
太息一般的眼光，
她飘过
像梦一般的，
像梦一般的凄婉迷茫。

像梦中飘过
一枝丁香的，
我身旁飘过这女郎；
她静默地远了，远了，

① 人民教育出版社中学语文室.中等师范学校语文教科书（试用本）：阅读和写作：第五册[M].北京：人民教育出版社，2000：67-68.

到了颓圮的篱墙，
走尽这雨巷。

在雨的哀曲里，
消了她的颜色，
散了她的芬芳，
消散了，甚至她的
太息般的眼光，
丁香般的惆怅。

撑着油纸伞，独自
彷徨在悠长，悠长
又寂寥的雨巷，
我希望飘过
一个丁香一样地
结着愁怨的姑娘。

乡　愁[1]

余光中

小时候
乡愁是一枚小小的邮票
我在这头
母亲在那头

长大后
乡愁是一张窄窄的船票
我在这头
新娘在那头

后来啊
乡愁是一方矮矮的坟墓
我在外头
母亲在里头

而现在
乡愁是一湾浅浅的海峡
我在这头
大陆在那头

错　误[2]

郑愁予

我打江南走过
那等在季节里的容颜如莲花的开落

东风不来，三月的柳絮不飞
你的心如小小的寂寞的城
恰若青石的街道向晚
跫音不响，三月的春帷不揭
你的心是小小的窗扉紧掩

我达达的马蹄是美丽的错误，
我不是归人，是个过客……

---

① 余光中．白玉苦瓜[M]．北京：中译出版社，2022：50-51.
② 孙立权．中外名诗选读[M]．长春：吉林文史出版社，2012：111.

雪花的快乐[1]

徐志摩

假若我是一朵雪花，
翩翩的在半空里潇洒，
　　我一定认清我的方向——
　　飞飏，飞飏，飞飏——
这地面上有我的方向。

不去那冷寞的幽谷，
不去那凄清的山麓，
　　也不上荒街去惆怅——
　　飞飏，飞飏，飞飏——
你看，我有我的方向！

在半空里娟娟的飞舞，
认明了那清幽的住处，
　　等着她来花园里探望——
　　飞飏，飞飏，飞飏——
啊，她身上有朱砂梅的清香！

那时我凭藉我的身轻，
盈盈的，沾住了她的衣襟，
　　贴近她柔波似的心胸——
　　消溶，消溶，消溶——
溶入了她柔波似的心胸！

本章小结

1. 古诗的特点主要体现在句子的整齐、平仄和对仗、辞藻和句法、节奏和韵律四个方面。
2. 按照作品内容的表达方式，现代诗分为叙事诗和抒情诗两类。
3. 现代诗的特点主要体现在形式自由，分行排列；立意新颖，内涵开放；节奏和谐，跳跃自如；凝练集中，注重修辞；想象丰富、意境优美五个方面。

思考题

现代诗的特点对现代诗的朗诵有哪些影响？

① 徐志摩. 再别康桥[M]. 长春：吉林出版集团股份有限公司，2017：279-280.

第九章 散文演播

内容提要

1. 抒情散文有哪些演播技巧?
2. 叙事散文有哪些演播技巧?
3. 议论散文有哪些演播技巧?

六朝以来,为区别韵文与骈文,把凡不押韵、不重排偶的散体文章(包括经传史书),统称"散文",后来泛指除诗歌以外的所有文学体裁。"散文"一词出现在北宋976—984年间,是一种抒发作者真情实感、写作方式灵活的记叙类文学体裁。从广义上说,在中国古代文学中,散文与韵文、骈文相对,不追求押韵和句式的工整;从狭义上说,在中国现代文学中,散文是指与诗歌、小说、戏剧并行的一种文学体裁。

凡是构思精巧、有意境或意思含蓄的散文,往往都有"文眼"。"文眼"能起到揭示全篇主旨和画龙点睛的作用,也能体现散文的主要目的。"文眼"可以是一个字、一句话或一个小细节,但并非每篇散文都有"文眼"。此外,散文常常托物言志,作者常常对所写的人、事、物进行精心的描绘和细致的刻画,达到"形散而神不散"的效果。演播者只有观"形"见"神",通过丰富的联想和想象,由表及里,由浅入深,才能体会散文所要表达的深刻道理。

语言优美是散文的显著特点之一。好的散文语言自由而灵活,凝练而优美,通俗易懂且蕴含着丰富的哲理。此外,不同散文家的语言有着不同的风格,比如鲁迅的散文语言精辟而犀利,冰心的散文语言温暖而美好,茅盾的散文语言细腻而深厚,郭沫若的散文语言热情而奔放,巴金的散文语言雅致而质朴,朱自清的散文语言清新而精巧等。当然,这些散文大家的语言,也常常会因内容而异。用心去感受每一篇散文具体的语言风格,有助于演播者对散文的内涵和作者的心境体会得更加深刻,更有利于自己的演播。

第一节　抒情散文

一、抒情散文概述

抒情散文，是指以描绘景物抒发作者对现实生活的感受、感情和意愿的散文。它的突出特点是强烈的抒情性，侧重于表达作者的思想感情和抒发作者的内心感受。有的抒情散文以描写景物为主，在生动细腻地描绘景物的同时抒发思想感情，触景生情，寄情于景，借景抒情，赋予了散文以深刻的社会内容，比如茅盾的《白杨礼赞》、余光中的《听听那冷雨》和冰心的《樱花赞》等。而有的抒情散文则感情真挚，直抒胸臆，蕴含着浓烈的诗情画意和强烈的艺术感染力，比如朱自清的《背影》《荷塘月色》等。

二、抒情散文的演播技巧

(一)吃透背景，感情真挚

作品是背景的产物，是社会的折射，是时代的反映。抒情散文的创作，往往会受到社会环境和作者个人经历的影响。因此，吃透作品创作的相关背景——时代背景、写作背景、人物背景、心理背景、播出背景等，是精准把握抒情散文的基础。此外，设身处地、感同身受地体会作者彼时彼刻的思想感情，努力做到真情流露，再现作者的真情实感，演播者才能爆发出足以撼动人心的力量。比如朱自清的《荷塘月色》一文中，作者带着淡淡的愁绪走出家门，趁着月色出来散心，顺着幽静的小路一路走来，自然而然地来到了日日经过的荷塘边。充盈全文的情感是一种“淡淡的喜悦”和“淡淡的哀愁”，分别反映了作者对美的憧憬与对黑暗现实的失望。文章含蓄而又委婉地抒发了作者不满现实，渴望自由，想超脱现实而又不能的复杂的思想感情，寄托了作者对荷塘月色的喜爱之情，为后人留下了旧中国正直知识分子在苦难中徘徊前进的足迹。当演播者吃透了作者创作《荷塘月色》的具体背景后，就更有利于唤起自己内心真挚的感情，动心动情地演绎作品。

(二)理清思路，丰富想象

有的抒情散文思路灵活、跳脱，演播者在演播时一定要彻底理清作品内部的结构和关系，从全局的高度把握作者的写作思路，不要陷入细枝末节，“只见树木，不见森林”。从宏观角度理解作品，体察作者寄寓其中的意、倾注其中的情。比如余光中的《听听那冷雨》，从惊蛰雨景写起，借冷雨抒情，引入对历史与现实的喟叹：

“雨里风里，走入霏霏令人更想入非非。想这样子的台北凄凄切切完全是黑白片的味道，想整个中国整部中国的历史无非是一张黑白片子。”再到第三次去美国的经历，借冷雨抒情，将自己身处台湾，不能回大陆团聚的思乡之情娓娓倾诉，不必讳言，无须粉饰，卒章显志，含蓄而又深沉。此外，这一抒情散文作品的诗意语言也能够让演播者在备稿时展开一幅幅想象的画面，如“听听，那冷雨。看看，那冷雨。嗅嗅闻闻，那冷雨。舔舔吧，那冷雨。”“雨气空蒙而迷幻，细细嗅嗅，清清爽爽新新，有一点点薄荷的香味，浓的时候，竟发出草和树沐发后特有的淡淡土腥气，也许那竟是蚯蚓和蜗牛的腥气吧”。演播者在整体把握、精细想象的基础上驾驭作品就会心中有底，更加游刃有余。

（三）区分表达，变换节奏

抒情散文的演播者要做到让受众与作品的情感发生强烈共鸣，就要努力拉近与受众的距离，用自己的“心”去体会“作者的心”，去抓住“受众的心”。散文朗诵的初学者往往会有较重的念稿痕迹，不能精准展现叙述性、描写性、抒情性语言的区别：叙述性语言声音明朗轻柔，语气舒展，讲述感强，有自然朴实的说话感觉；描写性语言细腻且有画面感；抒情性语言自然不做作，感受贴切，感情真挚。表达节奏要有变化，不能全篇匀速推进，播得太“平”。演播者可以根据具体的句子和段落的意思来判断语速需要加快还是放慢，把自己当成一个“导演”，用心地设计自己的演播作品，一定要相信：演播者的良苦用心，受众能感受得到。

比如朱自清的《匆匆》，文章结构精巧，层次清楚，转承自然，首尾呼应。文章以一串排比开头，接着四个问句形成一种急切之势，表达出作者迷茫、困惑和苦恼的心理状态。而第二段“我不知道他们给了我多少日子；但我的手确乎是渐渐空虚了”，以平静甚至可以说是颓然的语调将第一段的节奏降了下来，转入一种自我心理的陈述。第三段则延续第二段的抒写，通过几个生活片段的叙述，继续细致地刻画笔者所感受到的时光易逝。第四段则又回到第一段的节奏上，以六个问句反映出作者心中的焦虑，向人生发出一种追问。文章结尾一句“你聪明的，告诉我，我们的日子为什么一去不复返呢?”同样是问句，却显得忧伤、淡漠，像一阵微风吹进受众的心间，令人回味良久。演播者要通过语言表达技巧体现出这“急—缓—急—缓”的节奏变化，成为作者和受众情感共鸣的桥梁。

实战演练

听听那冷雨①

余光中

惊蛰一过,春寒加剧。先是料料峭峭,继而雨季开始,时而淋淋漓漓,时而淅淅沥沥,天潮潮地湿湿,即连在梦里,也似乎把伞撑着。而就凭一把伞,躲过一阵潇潇的冷雨,也躲不过整个雨季。连思想也都是潮润润的。每天回家,曲折穿过金门街到厦门街迷宫式的长巷短巷,雨里风里,走入霏霏令人更想入非非。想这样子的台北凄凄切切完全是黑白片的味道,想整个中国整部中国的历史无非是一张黑白片子,片头到片尾,一直是这样下着雨的。这种感觉,不知道是不是从安东尼奥尼那里来的。不过那一块土地是久违了,二十五年,四分之一的世纪,即使有雨,也隔着千山万山,千伞万伞。二十五年,一切都断了,只有气候,只有气象报告还牵连在一起,大寒流从那块土地上弥天卷来,这种酷冷吾与古大陆分担。不能扑进她怀里,被她的裾边扫一扫也算是安慰孺慕之情吧。

这样想时,严寒里竟有一点温暖的感觉了。这样想时,他希望这些狭长的巷子永远延伸下去,他的思路也可以延伸下去,不是金门街到厦门街,而是金门到厦门。他是厦门人,至少是广义的厦门人,二十年来,不住在厦门,住在厦门街,算是嘲弄吧,也算是安慰。不过说到广义,他同样也是广义的江南人,常州人,南京人,川娃儿,五陵少年。杏花春雨江南,那是他的少年时代了。再过半个月就是清明。安东尼奥尼的镜头摇过去,摇过去又摇过来。残山剩水犹如是,皇天后土犹如是,纭纭黔首、纷纷黎民从北到南犹如是。那里面是中国吗?那里面当然还是中国,永远是中国。只是杏花春雨已不再,牧童遥指已不再,剑门细雨渭城轻尘也都已不再。然则他日思夜梦的那片土地,究竟在哪里呢?

在报纸的头条标题里吗?还是香港的谣言里?还是傅聪的黑键白键马思聪的跳弓拨弦?还是安东尼奥尼的镜底勒马洲的望中?还是呢,故宫博物院的壁头和玻璃柜内,京戏的锣鼓声中太白和东坡的韵里?

杏花。春雨。江南。六个方块字,或许那片土就在那里面。而无论赤县也好神州也好中国也好,变来变去,只要仓颉的灵感不灭美丽的中文不老,那形象、那磁石一般的向心力当必然长在。因为一个方块字是一个天地。太初有字,于是汉族的心灵他祖先的回忆和希望便有了寄托。譬如凭空写一个"雨"字,点点滴滴,滂滂沱沱,淅沥淅

① 余光中.剪一段月光放心上:余光中经典散文[M].西安:陕西师范大学出版总社有限公司,2020:21-28.

沥淅沥,一切云情雨意,就宛然其中了。视觉上的这种美感,岂是什么 rain 也好 pluie 也好所能满足?翻开一部《辞源》或《辞海》,金木水火土,各成世界,而一入“雨”部,古神州的天颜千变万化,便悉在望中,美丽的霜雪云霞,骇人的雷电霹雹,展露的无非是神的好脾气与坏脾气,气象台百读不厌、门外汉百思不解的百科全书。

听听,那冷雨。看看,那冷雨。嗅嗅闻闻,那冷雨。舔舔吧,那冷雨。雨在他的伞上这城市百万人的伞上雨衣上屋上天线上,雨下在基隆港在防波堤在海峡的船上,清明这季雨。雨是女性,应该最富于感性。雨气空蒙而迷幻,细细嗅嗅,清清爽爽新新,有一点点薄荷的香味,浓的时候,竟发出草和树沐发后特有的淡淡土腥气,也许那竟是蚯蚓和蜗牛的腥气吧,毕竟是惊蛰了啊。也许地上的、地下的生命,也许古中国层层叠叠的记忆皆蠢蠢而蠕,也许是植物的潜意识和梦吧,那腥气。

第三次去美国,在高高的丹佛他山居了两年。美国的西部,多山多沙漠,千里干旱,天,蓝似盎格鲁-撒克逊人的眼睛,地,红如印地安人的肌肤,云,却是罕见的白鸟。落基山簇簇耀目的雪峰上,很少飘云牵雾。一来高,二来干,三来森林线以上,杉柏也止步,中国诗词里“荡胸生层云”或是“商略黄昏雨”的意趣,是落基山上难睹的景象。落基山岭之胜,在石,在雪。那些奇岩怪石,相叠互倚,砌一场惊心动魄的雕塑展览,给太阳和千里的风看。那雪,白得虚虚幻幻,冷得清清醒醒,那股皑皑不绝一仰难尽的气势,压得人呼吸困难,心寒眸酸。不过要领略“白云回望合,青霭入看无”的境界,仍须来中国。台湾湿度很高,最饶云气氤氲雨意迷离的情调。两度夜宿溪头,树香沁鼻,宵寒袭肘,枕着润碧湿翠苍苍交叠的山影和万籁都歇的岑寂,仙人一样睡去。山中一夜饱雨,次晨醒来,在旭日未升的原始幽静中,冲着隔夜的寒气,踏着满地的断柯折枝和仍在流泻的细股雨水,一径探入森林的秘密,曲曲弯弯,步上山去。溪头的山,树密雾浓,蓊郁的水汽从谷底冉冉升起,时稠时稀,蒸腾多姿,幻化无定,只能从雾破云开的空处,窥见乍现即隐的一峰半壑,要纵览全貌,几乎是不可能的。至少入山两次,只能在白茫茫里和溪头诸峰玩捉迷藏的游戏。回到台北,世人问起,除了笑而不答心自闲,故作神秘之外,实际的印象,也无非山在虚无之间罢了。云缭烟绕,山隐水迢的中国风景,由来予人宋画的韵味。那天下也许是赵家的天下,那山水却是米家的山水。而究竟,是米氏父子下笔像中国的山水,还是中国的山水上纸像宋画,恐怕是谁也说不清楚了吧?

雨不但可嗅,可观,更可以听。听听那冷雨。听雨,只要不是石破天惊的台风暴雨,在听觉上总是一种美感。大陆上的秋天,无论是疏雨滴梧桐,或是骤雨打荷叶,听去总有一点凄凉、凄清、凄楚,于今在岛上回味,则在凄楚之外,再笼上一层凄迷了。饶你多少豪情侠气,怕也经不起三番五次的风吹雨打。一打少年听雨,红烛昏沉。两打中年听雨,客舟中,江阔云低。三打白头听雨,在僧庐下,这便是亡宋之痛,一颗敏感心灵的一生:楼上,江上,庙里,用冷冷的雨珠子串成。十年前,他曾在一场摧心折骨的鬼雨中迷失了自己。雨,该是一滴湿漓漓的灵魂,窗外在喊谁。

雨打在树上和瓦上，韵律都清脆可听。尤其是铿铿敲在屋瓦上，那古老的音乐，属于中国。王禹偁在黄冈，破如椽的大竹为屋瓦。据说住在竹楼上面，急雨声如瀑布，密雪声比碎玉，而无论鼓琴、咏诗、下棋、投壶，共鸣的效果都特别好。这样岂不像住在竹筒里面，任何细脆的声响，怕都会加倍夸大，反而令人耳朵过敏吧。

雨天的屋瓦，浮漾湿湿的流光，灰而温柔，迎光则微明，背光则幽暗，对于视觉，是一种低沉的安慰。至于雨敲在鳞鳞千瓣的瓦上，由远而近，轻轻重重轻轻，夹着一股股的细流沿瓦槽与屋檐潺潺泻下，各种敲击音与滑音密织成网，谁的千指百指在按摩耳轮。"下雨了"，温柔的灰美人来了，她冰冰的纤手在屋顶拂弄着无数的黑键啊灰键，把晌午一下子奏成了黄昏。

在古老的大陆上，千屋万户是如此。二十多年前，初来这岛上，日式的瓦屋亦是如此。先是天暗了下来，城市像罩在一块巨幅的毛玻璃里，阴影在户内延长复加深。然后凉凉的水意弥漫在空间，风自每一个角落里旋起，感觉得到，每一个屋顶上呼吸沉重都覆着灰云。雨来了，最轻的敲打乐敲打这城市。苍茫的屋顶，远远近近，一张张敲过去，古老的琴，那细细密密的节奏，单调里自有一种柔婉与亲切，滴滴点点滴滴，似幻似真，若孩时在摇篮里，一曲耳熟的童谣摇摇欲睡，母亲吟哦鼻音与喉音。或是在江南的泽国水乡，一大筐绿油油的桑叶被啮于千百头蚕，细细琐琐层层，口器与口器咀咀嚼嚼。雨来了，雨来的时候瓦这么说，一片瓦说千亿片瓦说，说轻轻地奏吧沉沉地弹，徐徐地叩吧挞挞地打，间间歇歇敲一个雨季，即兴演奏从惊蛰到清明，在零落的坟上冷冷奏挽歌，一片瓦吟千亿片瓦吟。

在旧式的古屋里听雨，听四月，霏霏不绝的黄梅雨，朝夕不断，旬月绵延，湿黏黏的苔藓从石阶下一直侵到他舌底，心底。到七月，听台风台雨在古屋顶一夜盲奏，千寻海底的热浪沸沸被狂风挟来，掀翻整个太平洋只为向他的矮屋檐重重压下，整个海在他的蜗壳上哗哗泻过。不然便是雷雨夜，白烟一般的纱帐里听羯鼓一通又一通，滔天的暴雨滂滂沛沛扑来，强劲的电琵琶忐忐忑忑忐忑忑，弹动屋瓦的惊悸腾腾欲掀起。不然便是斜斜的西北雨斜斜，刷在窗玻璃上，鞭在墙上，打在阔大的芭蕉叶上，一阵寒潮泻过，秋意便弥漫日式的庭院了。

在日式的古屋里听雨，从春雨绵绵听到秋雨潇潇，从少年听到中年，听听那冷雨。雨是一种单调而耐听的音乐，是室内乐，是室外乐，户内听听，户外听听，冷冷，那音乐。雨是一种回忆的音乐，听听那冷雨，回忆江南的雨下得满地是江湖，下在桥上和船上，也下在四川在秧田和蛙塘，下肥了嘉陵江，下湿布谷咕咕的啼声。雨是潮潮润润的音乐，下在渴望的唇上，舔舔那冷雨。

因为雨是最最原始的敲打乐从记忆的彼端敲起。瓦是最最低沉的乐器灰蒙蒙的温柔覆盖着听雨的人，瓦是音乐的雨伞撑起。但不久公寓的时代来临，台北你怎么一下子长高了，瓦的音乐竟成了绝响。千片万片的瓦翩翩，美丽的灰蝴蝶纷纷飞走，飞入历史的记忆。现在雨下下来下在水泥的屋顶和墙上,没有音韵的雨季。树也砍光了,那月桂,那枫树,柳树和擎天的巨椰,雨来的时候不再有丛叶嘈嘈切切,闪动湿湿的绿光迎接。鸟声减了啾啾,蛙声沉了咯咯,秋天的虫吟也减了唧唧。七十年代的台北不需要这些,一个乐队接一个乐队便遣散尽了。要听鸡叫,只有去《诗经》的韵里找。现在只剩下一张黑白片,黑白的默片。

正如马车的时代去后,三轮车的时代也去了。曾经在雨夜,三轮车的油布篷挂起,送她回家的途中,篷里的世界小得多可爱,而且躲在警察的辖区以外。雨衣的口袋越大越好,盛得下他的一只手里握一只纤纤的手。台湾的雨季这么长,该有人发明一种宽宽的双人雨衣,一人分穿一只袖子,此外的部分就不必分得太苛。而无论工业如何发达,一时似乎还废不了雨伞。只要雨不倾盆,风不横吹,撑一把伞在雨中仍不失古典的韵味。任雨点敲在黑布伞或是透明的塑胶伞上,将骨柄一旋,雨珠向四方喷溅,伞缘便旋成了一圈飞檐。跟女友共一把雨伞,该是一种美丽的合作吧。最好是初恋,有点兴奋,更有点不好意思,若即若离之间,雨不妨下大一点。真正初恋,恐怕是兴奋得不需要伞的,手牵手在雨中狂奔而去,把年轻的长发和肌肤交给漫天的淋淋漓漓,然后向对方的唇上、颊上尝凉凉甜甜的雨水。不过那要非常年轻且激情,同时,也只能发生在法国的新潮片里吧。

大多数的雨伞不会为约会张开。上班下班,上学放学,菜市来回的途中。现实的伞,灰色的星期三。握着雨伞。他听那冷雨打在伞上。索性更冷一些就好了,他想。索性把湿湿的灰雨冻成干干爽爽的白雨,六角形的结晶体在无风的空中回回旋旋地降下来。等须眉和肩头白尽时,伸手一拂就落了。二十五年,没有受故乡白雨的祝福,或许发上下一点白霜是一种变相的自我补偿吧。一位英雄,经得起多少次雨季?他的额头是水成岩削成还是火成岩?他的心底究竟有多厚的苔藓?厦门街的雨巷走了二十年与记忆等长,一座无瓦的公寓在巷底等他,一盏灯在楼上的雨窗子里,等他回去,向晚餐后的沉思冥想去整理青苔深深的记忆。前尘隔海。古屋不再。听听那冷雨。

1974 年春分之夜

(音频参考 https://m.ximalaya.com/sound/186979200)

匆　匆①

朱自清

燕子去了,有再来的时候;杨柳枯了,有再青的时候;桃花谢了,有再开的时候。但是,聪明的,你告诉我,我们的日子为什么一去不复返呢?——是有人偷了他们罢:那是谁?又藏在何处呢?是他们自己逃走了罢:现在又到了哪里呢?

① 朱自清.背影[M].南京:江苏凤凰文艺出版社,2021:69-70.

我不知道他们给了我多少日子；但我的手确乎是渐渐空虚了。在默默里算着，八千多日子已经从我手中溜去；像针尖上一滴水滴在大海里，我的日子滴在时间的流里，没有声音，也没有影子。我不禁头涔涔而泪潸潸了。

去的尽管去了，来的尽管来着；去来的中间，又怎样地匆匆呢？早上我起来的时候，小屋里射进两三方斜斜的太阳。太阳他有脚啊，轻轻悄悄地挪移了；我也茫茫然跟着旋转。于是——洗手的时候，日子从水盆里过去；吃饭的时候，日子从饭碗里过去；默默时，便从凝然的双眼前过去。我觉察他去的匆匆了，伸出手遮挽时，他又从遮挽着的手边过去，天黑时，我躺在床上，他便伶伶俐俐地从我身上跨过，从我脚边飞去了。等我睁开眼和太阳再见，这算又溜走了一日。我掩着面叹息。但是新来的日子的影儿又开始在叹息里闪过了。

在逃去如飞的日子里，在千门万户的世界里的我能做些什么呢？只有徘徊罢了，只有匆匆罢了；在八千多日的匆匆里，除徘徊外，又剩些什么呢？过去的日子如轻烟，被微风吹散了，如薄雾，被初阳蒸融了；我留着些什么痕迹呢？我何曾留着像游丝样的痕迹呢？我赤裸裸来到这世界，转眼间也将赤裸裸地回去罢？但不能平的，为什么偏要白白走这一遭啊？

你聪明的，告诉我，我们的日子为什么一去不复返呢？

1922 年 3 月 28 日

（音频参考：https://m.ximalaya.com/sound/56562506）

第二节　叙事散文

一、叙事散文概述

叙事散文，又称记叙散文，是以叙事为主的散文；叙事情节不求完整，但很集中，作者的思想感情渗透在叙事的字里行间。叙事散文侧重于叙述人物和事件的发展变化过程来反映事物的本质，具有时间、地点、人物、事件等因素；往往从一个角度选取题材，表达作者的思想感情。根据内容侧重点的不同，叙事散文又可进一步细分为记事散文和写人散文。记事散文以事件发展为线索，偏重对事件的叙述。它可以是一个有头有尾的故事，如余秋雨的《遇见》、许地山的《落花生》，也可以是几个片段的剪辑，如鲁迅的《从百草园到三味书屋》、冰心的《小橘灯》。在叙事中倾注作者真挚的感情，这是散文叙事与小说叙事最显著的区别。记人散文是以人物为线索和核心内容，它往往偏重于描写人物的性格特征、表现人物的独特气质，如鲁迅的《藤野先生》、老舍的《我的母亲》、冰心的《我的老师》等。人物形象是否真实存在是它与小说最显著的区别。

二、叙事散文的演播技巧

(一)语势平缓,音色柔和

叙事散文一般都是写人或者是记事,往往不侧重讲什么大道理,也较少借用某些事来讽刺和嘲讽。因此,演播者要掌握适度原则,不要用过于夸张的语气,注意掌握好火候,以免给人一种“过犹不及”的感觉。叙事散文演播时语势一般不会有太大的起伏,即使是在作品的高潮部分,也不会像诗歌、广播剧、童话、寓言和小说那样异峰突起,爆发突然。叙事散文在演播时往往用中等的语速、柔和的音色,重音技巧也往往倾向于用加长而不是用加重、上扬的方法来处理。比如冰心的《小橘灯》,讲述的是十几年前,作者遇到了一个善良、开朗、乐观的小姑娘送她小橘灯,这件事一直鼓舞着作者,让作者觉得人生都充满光明的故事。全篇不事雕琢,语言通俗易懂,自然流畅是《小橘灯》的主要特点,因此,舒缓柔和的表达更能表现作者以乐观的态度对未来美好生活的向往和憧憬之情。

(二)气息下沉,表达清澈

叙事散文在演播时要做到气息下沉以使得声音实而不拙、柔而不虚。有的演播者往往为了刻意追求声音的“磁性”,让自己的嗓音听起来足够“深沉”,就错误地采用“压喉”的方式,片面追求粗大、厚重甚至沙哑的声音,这无疑会让表达陷入僵硬而缺少变化的误区,大大影响了演播效果;还有的演播者则走向了另一种误区,声轻气短,拖腔拉调,气息无比虚弱,讲话也不干脆、不痛快,让人听起来有种上不来气的“缺氧”感觉。此外,在人物对话方面,叙事散文演播不必像广播剧、童话、寓言、小说和影视剧人物配音那样追求形似、极力模仿,而是只需神似,有所区分即可,这样的表达会更加灵动、清澈、明朗、通透。比如许地山的《落花生》,文章围绕“种花生—收花生—吃花生—议花生”展开讲述,真实地记录了作者小时候的一次家庭活动和所受到的教育。它描述了一家人收获花生的情景,通过谈论花生的好处,借物喻人,揭示了花生不图虚名、默默奉献的品格。说明“人要做有用的人,不要做只讲体面,而对别人没有好处的人”,表达了作者不为名利,只求有益于社会的人生理想和价值观。表达时没有需要情绪激昂之处,只是以回忆的口吻,淡然、清澈的语气,就能体现出它的美。

(三)自然朴实,讲述感强

演播者要令自己演播的散文作品更有吸引力和感染力,让受众全身心地投入演播者所讲述的故事中去,与故事中的人物产生深深的“共情”,喜人物之所喜,悲人物之所悲,就要以更加贴近生活的自然状态去表达,要朴实不要华丽。在处理人物对话时,语气、语调和语速就像与一个身边的人在对话;旁白的讲述感要更强一些,更接近一种讲故事的状态,不刻意追求吐字的饱满圆润和发音的标准,不要有念稿的痕迹,这样才更容易让受众产生一种“穿越”的感觉,仿佛他们走进了叙事散文所构建的故事世界中。比如老舍的《我的母亲》,文章平实朴素,饱含真情实感,通过对母亲一生经历的回忆,突出表现了母亲勤劳善良、乐于助人、独立坚强等性格和对自己伟大无私的母爱,同时也给受众带来深深的思考:母亲给子女的爱和子女能给母亲的爱,根本没法比。因此,华丽的、过分渲染的、矫揉造作的表达不可能有震撼人心的艺术感染力,也是难以表达这类质朴感人的回忆散文的。

实战演练

落花生①

许地山

我们家的后园有半亩空地。母亲说:“让它荒着怪可惜的,你们那么爱吃花生,就开辟出来种花生吧。”我们姐弟几个都很高兴,买种,翻地,播种,浇水,施肥,没过几个月,居然收获了。

母亲说:“今晚我们过一个收获节,请你们的父亲也来尝尝我们的新花生,好不好?”母亲把花生做成了好几样食品,还吩咐就在后园的茅亭里过这个节。

那晚的天色不大好,可是父亲也来了,实在很难得。

父亲说:“你们爱吃花生么?”

我们争着答应:“爱!”

“谁能把花生的好处说出来?”

姐姐说:“花生的味道很美。”

哥哥说:“花生可以榨油。”

我说:“花生的价钱便宜,谁都可以买来吃,都喜欢吃。这就是它的好处。”

父亲说:“花生的好处很多,有一样最可贵。它的果实埋在地里,不像桃子、石榴、苹果那样,把鲜红嫩绿的果实高高地挂在枝上,使人一见就生爱慕之心。你们看它矮矮地长在地上,等到成熟了,也不能立刻分辨出来它有没有果实,必须挖起来才知道。”

我们都说是,母亲也点点头。

父亲接下去说:“所以你们要像花生,它虽然不好看,可是很有用。”

---

① 温儒敏.语文:五年级:上册[M].北京:人民教育出版社,2019:4-5.

我说："那么，人要做有用的人，不要做只讲体面，而对别人没有好处的人。"

父亲说："对。这是我对你们的希望。"

我们谈到深夜才散。花生做的食品都吃完了，父亲的话却深深地印在我的心上。

（音频参考：https://m.ximalaya.com/sound/165087824）

小橘灯①

冰 心

这是十几年以前的事了。

在一个春节前一天的下午，我到重庆郊外去看一位朋友。她住在那个乡村的乡公所楼上。走上一段阴暗的仄仄的楼梯，进到一间有一张方桌和几张竹凳、墙上装着一架电话的屋子，再进去就是我的朋友的房间，和外间只隔一幅布帘。她不在家，窗前桌上留着一张条子，说是她临时有事出去，叫我等着她。

我在她桌前坐下，随手拿起一张报纸来看，忽然听见外屋板门吱的一声开了。过了一会，又听见有人在挪动那竹凳子。我掀开帘子，看见一个小姑娘，只有八九岁光景，瘦瘦的苍白的脸，冻得发紫的嘴唇，头发很短，穿一身很破旧的衣裤，光脚穿一双草鞋，正在登上竹凳想去摘墙上的听话器，看见我似乎吃了一惊，把手缩了回来。我问她："你要打电话吗？"她一面爬下竹凳，一面点头说："我要××医院，找胡大夫，我妈妈刚才吐了许多血！"我问："你知道××医院的电话号码吗？"她摇了摇头说："我正想问电话局……"我赶紧从机旁的电话本子里找到医院的号码，就又问她："找到了大夫，我请他到谁家去呢？"她说："你只要说王春林家里病了，他就会来的。"

我把电话打通了，她感激地谢了我，回头就走。我拉住她问："你的家远吗？"她指着窗外说："就在山窝那棵大黄果树下面，一下子就走到的。"说着就噔、噔、噔地下楼去了。

我又回到里屋去，把报纸前前后后都看完了，又拿起一本《唐诗三百首》来，看了一半，天色越发阴暗了，我的朋友还不回来。我无聊地站了起来，望着窗外浓雾里迷茫的山景，看到那棵黄果树下面的小屋，忽然想去探望那个小姑娘和她生病的妈妈。我下楼在门口买了几个大红橘子，塞在手提袋里，顺着歪斜不平的石板路，走到那小屋的门口。

我轻轻地叩着板门，发出清脆的"咚咚"声，刚才那个小姑娘出来开了门，抬头看了我，先愣了一下，后来就微笑了，招手叫我进去。这屋子很小很黑，靠墙的板铺上，她的妈妈闭着眼平躺着，大约是睡着了，被头上有斑斑的血痕，她的脸向里侧着，只看见她脸上的乱发，和脑后的一个大髻。门边一个小炭炉，上面放着一个小砂锅，微微地冒

① 冰心.繁星春水[M].北京：中国画报出版社，2020：162-165.

着热气。这小姑娘把炉前的小凳子让我坐了,她自己就蹲在我旁边,不住地打量我。我轻轻地问:“大夫来过了吗?”她说:“来过了,给妈妈打了一针……她现在很好。”

她又像安慰我似的说:“你放心,大夫明早还要来的。”我问:“她吃过东西吗?这锅里是什么?”她笑说:“红薯稀饭,我们的年夜饭。”我想起了我带来的橘子,就拿出来放在床边的小矮桌上。她没有作声,只伸手拿过一个最大的橘子来,用小刀削去上面的一段皮,又用两只手把底下的一大半轻轻地揉捏着。

我低声问:“你家还有什么人?”她说:“现在没有什么人,我爸爸到外面去了……”她没有说下去,只慢慢地从橘皮里掏出一瓤一瓤的橘瓣来,放在她妈妈的枕头边。

炉火的微光,渐渐地暗了下去,外面变黑了。我站起来要走,她拉住我,一面极其敏捷地拿过穿着麻线的大针,把那小橘碗四周相对地穿起来,像一个小筐似的,用一根小竹棍挑着,又从窗台上拿了一段短短的洋蜡头,放在里面点起来,递给我说:“天黑了,路滑,这盏小橘灯照你上山吧!”

我赞赏地接过,谢了她,她送我出到门外,我不知道说什么好,她又像安慰我似的说:“不久,我爸爸一定会回来的。那时我妈妈就会好了,一定!”她用小手在面前画一个圆圈,最后按到我的手上:“我们大家也都好了!”显然地,这“大家”也包括我在内。泪水在我眼中打转……

我提着这灵巧的小橘灯,慢慢地在黑暗潮湿的山路上走着。这朦胧的橘红的光,实在照不了多远,但这小姑娘的镇定、勇敢、乐观的精神鼓舞了我,我似乎觉得眼前有无限光明!

我的朋友已经回来了,看见我提着小橘灯,便问我从哪里来。我说:“从……从王春林家来。”她惊异地说:“王春林,那个木匠,你怎么认得他?去年山下医学院里,有几个学生,被当作共产抓走了,以后王春林也失踪了,据说他常替那些学生送信……”

当夜,我就离开那山村,再也没有听见那小姑娘和她母亲的消息。

但是从那时起,每逢春节,我就想起那盏小橘灯。十二年过去了,那小姑娘的爸爸一定早回来了。她妈妈也一定好了吧?因为我们“大家”都“好”了。

写于1957年1月3日

(音频参考:https://xima.tv/1_m252IX?_sonic=0)

我的母亲①

老　舍

母亲的娘家在北平德胜门外,土城儿外边,通大钟寺的大路上的一个小村里。村

① 广东基础教育课程资源研究开发中心语文教材编写组.普通高中课程标准实验教科书:语文:必修2[M].广州:广东教育出版社,2004:7-11.

里一共有四五家人家，都姓马。大家都种点不十分肥美的地，但是与我同辈的兄弟们，也有当兵的，作木匠的，作泥水匠的，和当巡察的。他们虽然是农家，却养不起牛马，人手不够的时候，妇女便也须下地做活。

对于姥姥家，我只知道上述的一点。外公外婆是什么样子，我就不知道了，因为他们早已去世。至于更远的族系与家史，就更不晓得了；穷人只能顾眼前的衣食，没有功夫谈论什么过去的光荣；“家谱”这字眼，我在幼年就根本没有听说过。

母亲生在农家，所以勤俭诚实，身体也好。这一点事实却极重要，因为假若我没有这样的一位母亲，我以为我恐怕也就要大大的打个折扣了。

母亲出嫁大概是很早，因为我的大姐现在已是六十多岁的老太婆，而我的大外甥女还长我一岁啊。我有三个哥哥，四个姐姐，但能长大成人的，只有大姐、二姐、三姐、三哥与我。我是“老”儿子。生我的时候，母亲已有四十一岁，大姐二姐已都出了阁。

由大姐与二姐所嫁入的家庭来推断，在我生下之前，我的家里，大概还马马虎虎的过得去。那时候订婚讲究门当户对，而大姐丈是作小官的，二姐丈也开过一间酒馆，他们都是相当体面的人。

可是，我，我给家庭带来了不幸：我生下来，母亲晕过去半夜，才睁眼看见她的老儿子——感谢大姐，把我揣在怀中，致未冻死。

一岁半，我把父亲“克”死了。

兄不到十岁，三姐十二三岁，我才一岁半，全仗母亲独力抚养了。父亲的寡姐跟我们一块儿住，她吸鸦片，她喜摸纸牌，她的脾气极坏。为我们的衣食，母亲要给人家洗衣服，缝补或裁缝衣裳。在我的记忆中，她的手终年是鲜红微肿的。白天，她洗衣服，洗一两大绿瓦盆。她做事永远丝毫也不敷衍，就是屠户们送来的黑如铁的布袜，她也给洗得雪白。晚间，她与三姐抱着一盏油灯，还要缝补衣服，一直到半夜。她终年没有休息，可是在忙碌中她还把院子屋中收拾得清清爽爽。桌椅都是旧的，柜门的铜活久已残缺不全，可是她的手老使破桌面上没有尘土，残破的铜活发着光。院中，父亲遗留下的几盆石榴与夹竹桃，永远会得到应有的浇灌与爱护，年年夏天开许多花。

哥哥似乎没有同我玩耍过。有时候，他去读书；有时候，他去学徒；有时候，他也去卖花生或樱桃之类的小东西。母亲含着泪把他送走，不到两天，又含着泪接他回来。我不明白这都是什么事，而只觉得与他很生疏。与母亲相依为命的是我与三姐。因此，她们做事，我老在后面跟着。她们浇花，我也张罗着取水；她们扫地，我就撮土……从这里，我学得了爱花、爱清洁、守秩序。这些习惯至今还被我保存着。

有客人来，无论手中怎么穷，母亲也要设法弄一点东西去款待。舅父与表哥们往往是自己掏钱买酒肉食，这使她脸上羞得飞红，可是殷勤的给他们温酒作面，又给她一些喜悦。遇上亲友家中有喜丧事，母亲必把大褂洗得干干净净，亲自去贺吊——份礼也许只是两吊小钱。到如今如我的好客的习性，还未全改，尽管生活是这么清苦，因为自幼儿看惯了的事情是不易改掉的。

姑母时常闹脾气。她单在鸡蛋里找骨头。她是我家中的阎王。直到我入了中学，她才死去，我可是没有看见母亲反抗过。“没受过婆婆的气，还不受大姑子的吗？命当如此！”母亲在非解释一下不足以平服别人的时候，才这样说。是的，命当如此。母亲活到老，穷到老，辛苦到老，全是命当如此。她最会吃亏。给亲友邻居帮忙，她总跑在前面：她会给婴儿洗三——穷朋友们可以因此少花一笔“请姥姥”钱，她会刮痧，她会给孩子们剃头，她会给少妇绞脸……凡是她能做的，都有求必应。但是吵嘴打架，永远没有她。她宁吃亏，不斗气。当姑母死去的时候，母亲似乎把一世的委屈都哭了出来，一直哭到坟地。不知道哪里来的一位侄子，声称有承继权，母亲便一声不响，教他搬走那些破桌子烂板凳，而且把姑母养的一只肥母鸡也送给他。

可是，母亲并不软弱。父亲死在庚子闹“拳”的那一年。联军入城，挨家搜索财物鸡鸭，我们被搜两次。母亲拉着哥哥与三姐坐在墙根，等着“鬼子”进门，街门是开着的。“鬼子”进门，一刺刀先把老黄狗刺死，而后入室搜索。他们走后，母亲把破衣箱搬起，才发现了我。假若箱子不空，我早就被压死了。皇上跑了，丈夫死了，鬼子来了，满城是血光火焰，可是母亲不怕，她要在刺刀下，饥荒中，保护着儿女。北平有多少变乱啊，有时候兵变了，街市整条地烧起，火团落在我们院中。有时候内战了，城门紧闭，铺店关门，昼夜响着枪炮。这惊恐，这紧张，再加上一家饮食的筹划，儿女安全的顾虑，岂是一个软弱的老寡妇所能受得起的？可是，在这种时候，母亲的心横起来，她不慌不哭，要从无办法中想出办法来。她的泪会在心中落！这点软而硬的个性，也传给了我。我对一切人与事，都取和平的态度，把吃亏看作当然的。但是，在做人上，我有一定的宗旨与基本的法则，什么事都可将就，而不能超过自己划好的界限。我怕见生人，怕办杂事，怕出头露面；但是到了非我去不可的时候，我便不得不去，正像我的母亲。从私塾到小学，到中学，我经历过起码有廿位教师吧，其中有给我很大影响的，也有毫无影响的，但是我的真正的教师，把性格传给我的，是我的母亲。母亲并不识字，她给我的是生命的教育。

当我在小学毕了业的时候，亲友一致地愿意我去学手艺，好帮助母亲。我晓得我应当去找饭吃，以减轻母亲的勤劳困苦。可是，我也愿意升学。我偷偷地考入了师范学校——制服、饭食、书籍、宿处，都由学校供给。只有这样，我才敢对母亲提升学的话。入学，要交十元的保证金。这是一笔巨款！母亲作了半个月的难，把这巨款筹到，而后含泪把我送出门去。她不辞劳苦，只要儿子有出息。当我由师范毕业，而被派为小学校校长，母亲与我都一夜不曾合眼。我只说了句：“以后，您可以歇一歇了！”她的回答只有一串串的眼泪。我入学之后，三姐结了婚。母亲对儿女是都一样疼爱的，但是假若她也有点偏爱的话，她应当偏爱三姐，因为自父亲死后，家中一切的事情都是母亲和三姐共同撑持的。三姐是母亲的右手。但是母亲知道这右手必须割去，她不能为自己的便利而耽误了女儿的青春。当花轿来到我们的破门外的时候,母亲的手就和冰一样的凉,脸上没有血色——那是阴历四月,天气很暖。大家都怕她晕过去。可是,她挣扎着,咬着嘴唇,手扶着门框,看花轿徐徐地走去。不久,姑母死了。三姐已出嫁,哥哥不在家,我又住学校,家中只剩母亲自己。她还须自晓至晚的操作,可是终日没人和她说一句话。新年到了,正赶上政府倡用阳历,不许过旧年。除夕,我请了两个小时的假。由拥挤不堪的街市回到清炉冷灶的家中。母亲笑了。及至听说我还须回校,她愣住了。半天,她才叹出一口气来。到我该走的时候,她递给我一些花生,"去吧,小子!"街上是那么热闹,我却什么也没看见,泪遮迷了我的眼。今天,泪又遮住了我的眼,又想起当日孤独地过那凄惨的除夕的慈母。可是慈母不会再候盼着我了,她已入了土!

儿女的生命是不依顺着父母所设下的轨道一直前进的,所以老人总免不了伤心。我廿三岁,母亲要我结了婚,我不要。我请来三姐给我说情,老母含泪点了头。我爱母亲,但是我给了她最大的打击。时代使我成为逆子。廿七岁,我上了英国。为了自己,我给六十多岁的老母以第二次打击。在她七十大寿的那一天,我还远在异域。那天,据姐姐们后来告诉我,老太太只喝了两口酒,很早的便睡下。她想念她的幼子,而不便说出来。

七七抗战后,我由济南逃出来。北平又像庚子那年似的被鬼子占据了,可是母亲日夜惦念的幼子却跑西南来。母亲怎样想念我,我可以想象得到,可是我不能回去。每逢接到家信,我总不敢马上拆看,我怕,怕,怕,怕有那不祥的消息。人,即使活到八九十岁,有母亲便可以多少还有点孩子气。失了慈母便像花插在瓶子里,虽然还有色有香,却失去了根。有母亲的人,心里是安定的。我怕,怕,怕家信中带来不好的消息,告诉我已是失了根的花草。

去年一年,我在家信中找不到关于老母的起居情况。我疑虑,害怕。我想象得到,如有不幸,或家中念我流亡孤苦,不忍相告。母亲的生日是在九月,我在八月半写去祝寿的信,算计着会在寿日之前到达。信中嘱咐千万把寿日的详情写来,使我不再疑虑。十二月二十六日,由文化劳军的大会上回来,我接到家信。我不敢拆读。就寝前,我拆开信,母亲已去世一年了!

生命是母亲给我的。我之能长大成人,是母亲的血汗灌养的。我之能成为一个不十分坏的人,是母亲感化的。我的性格、习惯,是母亲传给的。她一世未曾享过一天福,临死还吃的是粗粮。唉,还说什么呢?心痛!心痛!

(音频参考:https://m.ximalaya.com/sound/88148913)

第三节　议论散文

一、议论散文概述

(一)议论散文的定义

所谓议论散文,就是以“散文”的形式来“发表议论”,或者说是以阐述某个论点为中心的“散文”。

从“内容以议论为主”的角度看,它是“议论文”,是要阐明一个观点,但议论散文不是“规规矩矩”的议论文,它不是按照概念、判断、推理的逻辑形式来表达的,也不完全是按照提出问题、分析问题、解决问题的结构形式来组织成文的,它的写法比较灵活自由。

从“写作笔法”角度看,它又是“散文”,它不像一般议论文那样注重理性和逻辑,议论散文更侧重于形象的描绘和情感的抒发。它往往蕴含着某些深刻的哲理,集哲理、情感、形象于一身,具有哲理性、情感性和形象性的特点,不但给受众一种富于理性的形象和情感,而且为受众提供了一个广阔的思考和联想空间。比如鲁迅的《死火》,“火”本是热烈光明的象征,而“死”则恰恰相反,火和死是一对互相矛盾的事物,鲁迅却偏将这两者联系在一起。这种新颖的手法,反映了鲁迅渴望生命,但是在那个分裂的时代里却苦苦找不到出路的苦闷。鲁迅的《野草》集里也到处都有这种充满矛盾冲突的意象,比如《复仇》,展现了“看”与“被看”的矛盾、“杀”与“被杀”的矛盾,人们在这两种场景中通过反思可以发现:一切都是虚的,只有那国民的劣根性才是真真实实存在的。他的议论散文的哲理性还包括对于“希望”的质疑,比如在《好的故事》中,鲁迅提出了“希望只粉饰太平,让你前进,最终失败”这样的观点。又比如在《复仇》《求乞者》这些作品中表现了他对于群体文化的反思以及对当时社会的深深绝望。再比如吴晗的《谈骨气》,这篇文章是关于中国人骨气的,从历史角度阐述了我国人民在面对困难和压力时所表现出的坚韧不拔和坚定立场。

(二)议论散文和其他散文的区别

议论散文属于散文,是文学作品,它和其他散文如叙事散文、抒情散文等有很多不同。第一,它的侧重点是论理,是对关于社会、人生等问题的独特思考,目的在于教育人、启发人、鼓舞人,散文只是它的“载体”。从这个角度讲,议论散文的主要目的在于让受众明理,即体会文章所要表达的深刻道理。第二,议论散文在说理时常常是运用文学语言来表达,有时说得委婉含蓄,有时语句中充满诗情画意。第三,议论散文在说理时往往伴随着强烈的感情色彩和鲜明的个性色彩。

(三)议论散文和议论文的区别

议论散文和议论文的区别主要有以下几点:第一,议论文属于政论语体,多采用以抽象思维为内核的"线状结构"的语言;而议论散文属于文学作品,它用的是以形象思维为内核的"片状结构"语言。第二,议论文一般要分层分点,举例分析,给人以理性的认识;而议论散文则往往从文中的人和事中选择最能表达自己理念的"节点",通过联想和想象,描绘出动情的画面,更侧重于感性。第三,议论文的论证结构较为严密,往往是先叙述事实,再进行分析,最后总结出作者的观点和看法,整篇文章虽然渗透着作者的情感,但有着清晰的逻辑和鲜明的理性,强调规整严正、简洁清晰;而议论散文往往以内心感受为线索,通过具体的充满情感的若干片段描写,给受众展现一个个镜头和画面、一个个意象,作者把自己的观点、理论渗透在这些镜头、画面、意象之中,需要人们去用心感悟和细心挖掘。

二、议论散文的演播技巧

(一)控制温度,不怒自威

演播者在表达时不能将讲道理和抒发感情生硬地割裂开,而要注重从情中感悟理,在理中感受情,仔细体会议论散文情理交融的艺术特点。因此,语气的分寸要把握好,要巧妙地用合适的语言温度和分量去体现作者的态度和观点。比如《求乞者》中出现了两次乞讨的场景,鲁迅这么写,是为了表达自己对某类人的厌恶,对进步论的怀疑。"我梦见"这样的词语出现在他的很多散文中,这种梦境与现实相交织的背后反映的却是真实的吃人的现实,比如他的作品《失掉的好地狱》,便是用这种隐蔽的方式让受众看到了人的残忍性。

(二)区分停顿,语意流畅

由于议论散文的道理和观点都是蕴含在叙述和抒情的字里行间的,所以演播者往往要运用停顿的技巧给受众留出思考的时间和消化的空间,而停顿位置的选择又不是任意而为的,是有着充分依据的。第一,根据逻辑关系,为强调某种语意的地方要停顿,这样才能使意思更易于让受众听懂。第二,以人物心理活动的需要而安排的停顿,往往能营造悬念,更容易令受众产生心理刺激,或引起其好奇心,吸引受众专心地听下去且能加深受众对此观点的印象。第三,当议论散文的句子较长且是成分复杂的复句时,演播者需要进行长难句的语法处理的停顿,设身处地地为受众的理解着想,达到"深入浅出""通俗易懂"的效果。

（三）语调变换，点燃受众

语调，即说话的腔调，就是一句话里快慢轻重的配置和变化。一句话除了词语意义，还有语调意义。语调意义就是说话人用语调所表达的态度或口气。一句话的词语意义加上语调意义才算是完全的意义。同样的句子，语调不同，意思就会不同，有时甚至会相差千里。因此，气势逼人、理直气壮的特点可以用铿锵有力的语调来表现；思维敏捷、心态从容的状态可以用娓娓道来的语调来表现；立论严谨、有理有据的观点可以用坚定自信的语调来表现。灵活交替的语调，能令受众频繁处于被点燃的状态，在一边"点头"赞叹作者观点的同时，还能引发自己对于相关问题的思考，这样的散文作品演播对演播者和受众来说，无疑是一场听觉享受。

实战演练

复　仇①

鲁　迅

人的皮肤之厚，大概不到半分，鲜红的热血，就循着那后面，在比密密层层地爬在墙壁上的槐蚕更其密的血管里奔流，散出温热。于是各以这温热互相蛊惑，煽动，牵引，拼命地希求偎倚，接吻，拥抱，以得生命的沉酣的大欢喜。

但倘若用一柄尖锐的利刃，只一击，穿透这桃红色的，菲薄的皮肤，将见那鲜红的热血激箭似的以所有温热直接灌溉杀戮者；其次，则给以冰冷的呼吸，以示淡白的嘴唇，使之人性茫然，得到生命的飞扬的极致的大欢喜；而其自身，则永远沉浸于生命的飞扬的极致的大欢喜中。

这样，所以，有他们俩裸着全身，捏着利刃，对立于广漠的旷野之上。

他们俩将要拥抱，将要杀戮……

路人们从四面奔来，密密层层地，如槐蚕爬上墙壁，如蚂蚁要扛鲞头。衣服都漂亮，手倒空的。然而从四面奔来，并且拼命地伸长脖子，要鉴赏这拥抱或杀戮。他们已经豫觉着事后自己的舌上的汗或血的鲜味。

然而他们俩对立着，在广漠的旷野之上，裸着全身，捏着利刃，然而也不拥抱，也不杀戮，而且也不见有拥抱或杀戮之意。

他们俩这样地至于永久，圆活的身体，已将干枯，然而毫不见有拥抱或杀戮之意。

路人们于是乎无聊；觉得有无聊钻进他们的毛孔，觉得有无聊从他们自己的心中

① 鲁迅. 朝花夕拾[M]. 北京：北京教育出版社，2020：108-109.

有毛孔钻出，爬满旷野，又钻进别人的毛孔中。他们于是觉得喉舌干燥，脖子也乏了；终至于面面相觑，慢慢走散；甚而至于居然觉得干枯到失了生趣。

于是只剩下广漠的旷野，而他们俩在其间裸着全身，捏着利刃，干枯地立着；以死人似的眼光，鉴赏这路人们的干枯，无血的大戮，而永远沉浸于生命的飞扬的极致的大欢喜中。

一九二四年十二月二十日

（音频参考：https://m.ximalaya.com/sound/55260685）

谈骨气①

吴　晗

我们中国人是有骨气的。

战国时代的孟子，有几句很好的话："富贵不能淫，贫贱不能移，威武不能屈，此之谓大丈夫。"意思是说，高官厚禄收买不了，贫穷困苦折磨不了，强暴武力威胁不了，这就是所谓大丈夫。大丈夫的这种种行为，表现出了英雄气概，我们今天就叫作有骨气。

我国经过了奴隶社会、封建社会的漫长时期，每个时代都有很多这样有骨气的人，我们就是这些有骨气的人的子孙，我们是有着优良革命传统的民族。

当然，社会不同，阶级不同，骨气的具体含义也不同。这一点必须认识清楚。但是，就坚定不移地为当时的进步事业服务这一原则来说，我们祖先的许多有骨气的动人事迹，还有它积极的教育意义，是值得我们学习的。

南宋末年，首都临安被元军攻入，丞相文天祥组织武装力量坚决抵抗，失败被俘后，元朝劝他投降，他写了一首诗，其中有两句是："人生自古谁无死，留取丹心照汗青。"意思是人总是要死的，就看怎样死法，是屈辱而死呢，还是为民族利益而死？他选取了后者，要把这片忠心记录在历史上。文天祥被拘囚在北京一个阴湿的地牢里，受尽了折磨，元朝多次派人劝他，只要投降，便可以做大官，但他坚决拒绝，终于在公元1282年被杀害了。

孟子说的几句话，在文天祥身上都表现出来了。他写的有名的《正气歌》，歌颂了古代有骨气的人的英雄气概，并且以自己的生命来抗拒压迫，号召人民继续起来反抗。

另一个故事是古代有一个穷人，饿得快死了，有人丢给他一碗饭，说："嗟，来食！"（喂，来吃！）饿人拒绝了"嗟来"的施舍，不吃这碗饭，后来就饿死了。不食嗟来之食这个故事很有名，传说了千百年，也是有积极意义的。那人摆着一副慈善家的面孔，吆喝一声"喂，来吃！"这个味道是不好受的。吃了这碗饭，第二步怎样呢？显然，他不会白

---

① 人民教育出版社语文一室.语文：第二册[M].北京：人民教育出版社，1993：273-275.

白施舍,吃他的饭就要替他办事。那位穷人是有骨气的:看你那副脸孔、那个神气,宁可饿死,也不吃你的饭。

不食嗟来之食,表现了中国人民的骨气。

还有个例子。民主战士闻一多是在1946年7月15日被国民党枪杀的。在这之前,朋友们得到要暗杀他的消息,劝告他暂时隐蔽,他毫不在乎,照常工作,而且更加努力。明知敌人要杀他,在被害前几分钟还大声疾呼,痛斥国民党特务,指出他们的日子不会很长久了,人民民主一定得到胜利。毛主席在《别了,司徒雷登》一文中指出:“许多曾经是自由主义者或民主个人主义者的人们,在美国帝国主义者及其走狗国民党反动派面前站起来了。闻一多拍案而起,横眉怒对国民党的手枪,宁可倒下去,不愿屈服。”高度赞扬他表现了我们民族的英雄气概。

孟子的这些话,虽然是在两千多年以前说的,但直到现在,还有它积极的意义。当然我们无产阶级有自己的英雄气概,有自己的骨气,这就是决不向任何困难低头,压不扁,折不弯,顶得住,吓不倒,为了社会主义、共产主义建设的胜利,我们一定能够克服任何困难,奋勇前进!

(音频参考:https://xima.tv/1_G4e6Pn?_sonic=0)

本章小结

1. 好的散文语言自由而灵活,凝练而优美,通俗易懂且蕴含着丰富的哲理。
2. 抒情散文的演播技巧主要包括“吃透背景,感情真挚;理清思路,丰富想象;区分表达,变换节奏”三个方面。
3. 叙事散文的演播技巧主要包括“语势平缓,音色柔和;气息下沉,表达清澈;自然朴实,讲述感强”三个方面。
4. 议论散文的演播技巧主要包括“控制温度,不怒自威;区分停顿,语意流畅;语调变换,点燃受众”三个方面。

思考题

散文的作者风格对散文演播有哪些具体的影响?

第十章　小说演播

内容提要

1. 科幻小说有哪些演播技巧？
2. 言情小说有哪些演播技巧？
3. 游戏小说有哪些演播技巧？
4. 穿越小说有哪些演播技巧？
5. 经典小说有哪些演播技巧？

小说是以刻画人物形象为中心，通过完整的故事情节和环境描写来反映社会生活的文学体裁。

人物、情节、环境是小说的三要素，其中情节一般包括开端、发展、高潮、结局四部分，有的还包括序幕、尾声；环境包括自然环境和社会环境。小说按照篇幅可分为长篇小说、中篇小说、短篇小说和微型小说（也称小小说）。小说按照体制可分为章回体小说、日记体小说、书信体小说、自传体小说。小说按照语言形式可分为文言小说和白话小说。小说与诗歌、散文、戏剧，并称“四大文学体裁”。

有人说，小说里的人名是虚构的，但故事往往是真实的，相信这也是小说的魅力所在吧！

第一节　科幻小说

一、科幻小说定义

科幻小说，全称是科学幻想小说，是一种起源于近代西方的文学体裁。科幻小说在尊重科学结论的基础上进行合理设想，以科幻的形式反映现实，又在小说之中融入科学知识，这是科幻小说最好看的地方。一般认为优秀的科幻小说须具备“逻辑自洽”“科学元素”“人文思考”三要素。当下，以叙事为重点，追求人文思考是科幻小说的主流,国内科幻小说还呈现出轻科学偏文艺的趋势。科幻,重在科学幻想,其最为显著的特征就是擅长夸张、制造悬念,给读者设置自由而广阔的联想、想象空间。

二、科幻小说演播技巧

(一)特殊角色特殊表达

作为一种特别的小说类型,科幻小说最大的特色就是充满开放性和包容性,它基于人们认为世界正在变化的想法,而这种变化也正好匹配着人们不断变化的生活方式,强调科学发展与人们的生活是息息相关的。然而,科幻小说广阔的容纳度和与时俱进的特质,导致其内部要素不断更新和重组。不过它的内容往往和“高科技”“人工智能”等元素有关,比如在科幻小说中,经常会出现类似机器人这样的角色,而机器人说话都用阴平调似乎是被人们广为认可的一种处理方式。比如《钢铁侠》中的机器人,就可以用这种说话声调去演绎。

(二)倒装句式的巧妙运用

如同其他文艺作品类型那样,科幻小说的演播者会挖空心思地去设计人物对白的表达方式,好让其独具特色。倒装句式的使用就是其中之一。比如在颇具女性主义色彩的科幻小说《IT84》中,演播者就用她的丰富经验和独具风格的语言塑造了一个电子人“想哭”,一个披着人类16岁女孩外衣的蠕虫病毒,展示出比较符合电子人的语言特质。这种做法无疑会让科幻小说的部分非人类角色变得与众不同,这种创新的做法也值得其他演播者借鉴。

(三)寓教于乐

小说在描述陌生的科幻环境时,也许晦涩难懂,也许平淡无奇。演播者的任务是通过优秀的语言表达让受众产生熟悉而奇异的感觉,便于受众真切地感受虚构的科幻世界。在表达人物情感时,演播者要用细腻、幽默、有趣的语言,寓教于乐,使受众乐在其中,获取更多的知识和科学的灵感。科技想象只能在短时间内吸引受众,而演播者富有特点的语言表达则可以带给受众长久的回味。比如美国作家弗兰克·赫伯特的长篇科幻小说《沙丘》,被称为史上最伟大的科幻小说之一,也是最难懂的科幻小说之一,小说中有个看似土地贫瘠、干旱炎热的荒芜星球,但其蕴含着宇宙世界里最重要的资源——香料。在这里,演播者就不能按照小说原文去讲述,而是要简单解释一下这个“香料”和人们日常生活中的普通香料的区别是什么:首先,沙子中闪闪发亮的颗粒就是香料;其次,香料是一种十分珍贵的资源,除了含有迷幻及麻醉成分外,还有治疗与延年益寿的作用。最厉害的是,香料可以强化超感能力,使人类获得预知未来、强化认知等能力。此外,沙丘是整个宇宙唯一生产香料的星球。放在现实中来看,可以将沙丘理解成全世界唯一产出石油的地方。之所以要这么详尽地讲解香料的相关知识,是因为它是引发人类和人工智能之间战争的重要导火索。

实战演练

人类灭亡了①

地球上最后一个人独自坐在房间里,这时,忽然听到了敲门声……

走进来的是个外星人。她有着一顶蓝色的头发,长长的耳朵,蓝色的眼睛闪着光,小嘴巴,小鼻子,样子看起来非常可爱,表情却格外严肃。

外星人走到地球人身边,说:"我是娜美星球派来你们地球的特使。你知道为什么地球上只剩下你一个人吗?你知道为什么现在我们娜美星球上的人能够自由出入你们地球吗?"

地球人有气无力地说:"不知道。"

"因为地球的人类就要灭亡了。一千亿年前,宇宙王把地球交给你们人类统治,是对你们的信任。可是你们不好好保护地球,反而大量地开采资源,破坏环境,甚至为了争夺资源不断挑起战争,不断给地球带来毁灭性的灾难。现在大海干枯了,资源枯竭了,动物们都死光了,自以为聪明的人类也摆脱不了各种流行疾病侵害,死于非命。你说你们身为地球的统治者,这样做值得吗?这样做对得起你们的地球母亲吗?"她越说越气愤。

坐在一旁的地球人默不吱声,眼珠直愣愣地盯着灰蒙蒙的天空,长长地叹了一口气。

外星人停了一会,接着又说:"我们娜美星球现在是宇宙中最美的星球,宇宙王信任我们娜美星球人,已经把地球交给了我们管理。而你——地球上最后一个人,将被送到宇宙王那里,接受最严酷的惩罚。"说着,她向门口喊了一声,"你们进来吧,把他带走!"随即,进来了两个全身黑铠甲的外星人。他们刚要把地球人带走,突然,地球人倒在了地上,一动不动。

地球上最后一个人死了,人类灭亡了!

未来,娜美星球人统治的地球,将会是怎样的呢……

---

① 六年级下册语文五单元科幻故事5篇[EB/OL].(2022-05-19)[2023-12-03].https://www.51test.net/show/10549972.html.

时间移民(节选)①

刘慈欣

移 民

告全民书

迫于环境和人口已经无法承受的压力,政府决定进行时间移民。首批移民人数为8000万,移民距离为120年。

要走的只剩下大使一个人了,他脚下的大地是空的,那是一个巨大的冷库,里面冷冻着40万人。在这个世界的其他地方,还有两百个这样的冷库。

其实它们更像——大使打了一个寒战——坟墓。

桦不同他走,完全符合移民条件,并拿到了让人羡慕的移民卡。但是与那些向往未来新生活的人不同,她认为现世和现实是最值得留恋的。她留下了,让大使一个人走向120年之后的未来。

一个小时之后,大使走了。

接近绝对零度的液氮淹没了他,凝固了他的生命。他率领着这个时代的8000万人,沿着时间踏上了逃荒之路。

跋 涉

无知觉中,时光流逝,太阳如流星般划过长空。出生、爱情、死亡,狂喜、悲伤、失落,追求、奋斗、失败。一切的一切如迎面而来的列车,在外部的世界中呼啸着掠过……

10年……20年……40年……60年……80年……100年……120年。

第一站:黑色时代

绝对零度下的超睡中,意识随机体完全凝固,完全感觉不到时间的存在,以至于大使醒来的时候,还以为是低温系统出现了故障,自己出发后不久便临时解冻了。

但对面原子钟巨大的等离子显示屏告诉他,120年过去了,一个半人生过去了,他们已是时代的流放者。

100人的先遣队在一星期前醒来,他们先行出动与这个时代联系。队长这时站在大使旁边,大使的体力还没有恢复到能说话的程度,在他探寻的目光之下,先遣队长摇了摇头,苦笑了一下。

① 刘维维.无名链接:中国元宇宙科幻小说佳作选[M].北京:新星出版社,2022:352-356.

新时代的国家元首在冷冻室大厅里迎接他们。他看上去是一个饱经风霜的人,同他一起来的人也是一样。在120年之后,这很奇怪,为什么这个时代的人都显得如此饱经风霜?

大使把自己时代政府的信交给这位饱经风霜的国家元首,并转达自己那个时代的人民对于未来的问候。

元首没说太多的话,只是紧紧握住大使的手,元首的手同他的脸一样粗糙,使大使感到一切的变化并不像他想象的那么大,他有一种温暖的感觉。

然而这种感觉在走出冷冻室后立刻消失了。

外面是黑色的:黑色的大地,黑色的树林,黑色的河流,黑色的流云。他们乘坐的悬浮车吹进了黑色的尘土。路上朝反方向行驶的坦克纵队已成了一排行驶的黑块,空中低低掠过的直升机群也像一群黑色的幽灵,特别是现在的直升机听不到一点儿的声音。

一切像被天火遍烧了一样。

他们驶过了一个大坑,那坑太大了,像120年前那个时代的露天煤矿。

"那是一个弹坑。"元首说。

"……弹坑?"大使没说出那个骇人的字。

"是的,这颗当量大约是一万五千吨级。"元首淡淡地说道,苦难对他已是淡淡的了。

在两个时代的会面当中,空气凝固。

"战争什么时候开始的?"大使问道。

"这次是两年前。"

"这次?"

"你们走后可能还有过几次。"

接着元首避开了这个话题。他不像是120年后的晚辈,倒像是大使那个时代的长辈,这样的长辈经常出现在那个时代的工地和农场里,他们用自己宽阔的胸怀包容一切苦难,不让一点儿溢出。

"我们将接收所有的移民,并且保证他们在和平的环境中生活。"元首说道。

"这可能吗,在现在这种情况下?"大使的一名随员问道。

大使本人则沉默着。

"这届政府和全体人民将不惜一切代价做到这一点,这是责任。"元首说道,"当然,移民还要努力适应这个时代。这有些困难,120年来,全世界变化很大。"

"有什么变化?"大使说,"一样的没有理智,一样的战争,一样的屠杀……"

"您只看到了表面。"一位身穿迷彩服的将军说,"以战争为例,现在两个国家是这样交战的:首先,公布自己各类战术和战略武器的数量与型号,根据双方各种武器的对毁率，计算机可以给出战争的结果。武器是纯威慑性质的，从来不会动用。战争就是计算机中数学模型的演算，以演算结果决定战争的胜负。”

“如何知道对毁率呢？”大使问道。

“有一个国际武器试验组织，他们就像你们时代的……国际贸易组织。”

“战争已经像经济一样正规和有序了。”

“战争就是经济。”

大使看了一眼车窗外的黑色世界，“但现在，世界好像不仅仅是在演算。”

元首用深沉的目光看着大使，“算过了，但我们不相信结果真能决定胜败。”

“所以我们发起了你们那样的战争，流血的战争，‘真’的战争。”将军说。

“我们现在去首都，研究一下移民解冻的问题。”元首再次避开了这个话题。

“返回。”大使说道。

“什么?!”

“返回。你们已无法承受更多的负担了，这个时代不适合移民，我们再向前走一段吧。”

悬浮车返回了一号冷冻室。

告别前，元首递给了大使一本精装的书。“这 120 年的编年史。”他轻声说。

这时，一位政府官员带来了一位 123 岁的老人，他是现在能找到的唯一一位与移民同时代生活过的人，这位老人坚持要见见大使。

“好多的事，你们走后，好多的事啊！”老人拿出两个碗，大使的时代的碗，又给碗里满上了酒，“我的父母都是时间移民，这酒是我 3 岁时他们走前留给我的，让我存到他们解冻时喝。可现在我见不到他们了！我也是你们见到的最后一个同时代的人了。”

喝了酒后，大使望着老人平静干涸的双眼，正在想这个时代的人似乎已不会流泪了，就看到老人的眼泪流了下来。

老人慢慢跪了下来，抓住大使的双手：“前辈保重，西出阳关无故人啊！”

大使在被液氮的超低温凝固之前，桦突然出现在他那残存的意识中，他看到她站在秋日的落叶上，后来落叶变黑，出现了一块墓碑，那是她的墓碑吗？

（音频参考：https://xima.tv/1_msnh5o? _sonic=0）

新地球①

新地球历 127 年。5 月 26 日。

① 初二科幻小说作文 800 字[EB/OL].(2022-10-27)[2023-12-03].http://www.wenxm.cn/zuowen/407460.html.

脚下的路似乎永无尽头,从一点延伸向四面八方。即使在现在,人们也不忘欢庆节日。再过几天,就是联邦成立日了。整座城市显示出了少有的欢乐祥和的气氛。孩子们在父母的陪伴下高兴地奔跑、跳跃。看着他们,我竟从心底感到羡慕。曾几何时,我也是这么天真烂漫,一转眼……我克制着自己的思绪,仰头望着灿烂的星空,心中一片茫然。

这难得的宁静只持续了几分钟,就被一阵急促的呼叫声打破了。见鬼!刚刚批准的假期还不到一半呢!若不是无故违抗命令会遭到严重处罚,这头盔早就被我踩得粉碎了。

我打开远程联络的开关,头儿的影像立即出现在屏幕上。"隆,快到总部报到!有紧急任务!凯瑞已经在等你了……"我默默地关掉联络器,不顾头儿可能在指挥部里的大发雷霆,向联合地球总部赶去。

大约三个世纪前,人类爆发了第N次世界大战,曾经繁荣兴盛了200多年的地球重又燃起了战火。随着人类文明的不断进步,地球上的资源日益枯竭,形势也越发严峻。各地相继出现割据政权,冲突不断。终于,战争不可避免地爆发了。为了仅有的一点点资源,人们自相残杀,全然不顾手足之情。后来,在各地势力中,出现了一支由查尔斯·吉恩领导的政权,并迅速壮大。经过10多年的征战,他终于统一了局面。但一场大战使人类社会遭受重创,几欲灭亡。查尔斯组织全球幸存的科技精英,开发新能源——反物质,终于使地球重现生机。他在公元2314年创立联合地球总部,并组建联合地球防卫军,新地球历元年成为新时代的起点。地球变成了一个庞大的国家。也仅仅是在最近一百年里,和平的景象才得以重现。

一进指挥部,就看到凯瑞正在摆弄他的手枪。这把枪他从不离身,几次危机,他都靠着这把枪死里逃生。看到我,他抬起头做了一个瞄准动作,笑着说:"你可来了,刚才你对头儿那么无礼,当心待会儿吃不了兜着走。"我也调侃道:"反正有你呢,你总不至于看着我不好过而袖手旁观吧?"他略带狡黠地一笑:"没准!"

"好了,我不会为难你的。这次把你从假期中调来,算我欠你一个人情。"头儿以他一贯威严的步伐走进来,坐到桌前。我和凯瑞向长官敬礼,准备听候调遣。"探测部发现一批流星体正以每小时8000公里的速度向我们靠近,它们的体积很庞大,不像碰撞产生的。你们的任务就是携带反物质推进器,使它们改变航向。""难道不能使用激光直接摧毁它们吗?"我觉得实在不值得为了这小小的任务到太空去跑一趟。"不行,碎块会穿透大气层,进入地球的。那时,后果会不堪设想。"头儿顿了顿,"另外,我还想让你们调查一下前几个小队的情况。他们出发近一个月了,音讯全无。希望他们没有出事。"凯瑞望了我一眼,我明白,这次的任务不再只是给行星改变航向那么简单了。

离第一颗小行星已经很近了,从显示屏上看,它除了体积庞大之外,似乎并无特别之处。凯瑞已经在准备推进器了。"我们准备登陆吧!"话音还未落下,一股强大的冲击波使运输船剧烈震动。"怎么回事?"凯瑞支撑着站起身问道。"不知道! 电脑显示我们正被一个强大的磁力场拖向小行星!""启动反推力火箭!""不行! 飞船已经失去控制了……"随着震动的加剧,我感到意识渐渐模糊……

"隆! 隆! 快起来……"我迷迷糊糊地睁开双眼,凯瑞正在我身旁。我摸摸还有些痛的头,"这是在哪儿?""不知道,看来我们的飞船被拉进了小行星内部。"凯瑞指指不远处已被撞毁的飞船。我向四周打量着,立刻惊呆了:周围到处都是金属墙壁,长长的甬道尽头是无边的黑暗。"怎么……"凯瑞向我点点头:"这不是普通的行星,说不定其他队员的失踪与此有关。"我点点头。忽然,我想起了什么,"快与总部联络!"凯瑞摇摇头,"我试过了,这里的磁场干扰太强,根本无法取得联系。"我看着凯瑞,他似乎并不着急,浅蓝色的眼睛中透着一种令人捉摸不透的光。"目前,我们只有向前进了。"

我们一前一后地走着,周围银白色的金属泛着寒光。到处是错综复杂的通路,可凯瑞似乎认识路,总是毫不犹豫地向前走。我感觉已越来越深入腹地了。我不断地猜测:这里难道是以前人类的研究所? 但为什么要以行星体作为掩护呢? 难道是为了避免战争的影响?

"前面有光亮。"凯瑞停下来说道。果然,一抹淡淡的绿光映射出来,显得神秘莫测。我默默地走上前去,走了几步,凯瑞忽然喊道:"隆……""什么?"我扭头望着他,他仍站在那一动不动。"怎么了?"我疑惑地盯着他。他看了我一会儿,终于低下头,低声道:"走吧!"

我想我们是到了行星的中心。这里到处是闪烁的灯光和高大的器皿。借着灯光,我仔细地查看着这里的一切。这些器皿中盛着淡绿色的液体,似乎有物质处于其中。看着它们,我总有一种奇怪的感觉,好像……它们是我在联合防卫军中的战友! 我被自己的想法震惊了! 可是,事实向我证明,巨大器皿中所盛的果然是失踪的队员们!

我惊讶地扭头看着凯瑞,看到的却是一支黑洞洞的枪口! 我一时无言以对。凯瑞低声道:"隆,你已看到了一切,余下的让我来告诉你吧。"一阵白光闪过……

"这是金牛座毕宿星团莱昂行星的舰队。"这是凯瑞的声音,我仍清楚地感到。"由于超新星的爆发,高度发达的莱昂文明在瞬间烟消云散,只有这支星级舰队携带着极少数幸存者逃离灾难。我们一直在寻找适合我们重新生存的星球。经过漫长的星际旅行,我们来到了太阳系。在这里,我们看到了重建家园的希望。太阳系的第三颗行星,也就是你们称之为地球的星球,是我们的最佳选择。于是,我们开始为重建莱昂文明行动了。我们伪装成流星体,以便不被怀疑地接近你们。通过与生俱来的心灵感应能力,吸引地球人来我们这里,把他们培养为莱昂的战士,作为占领地球的先遣部队。现在,你也将成为他们中的一员,为我们伟大的使命而战。"

“我们是智慧生命,对于毁灭另一种生命,我们感到遗憾。但是,生存是残酷的;生存,没有道德可言。”

新地球历 127 年。6 月 5 日。和平纪念日。

“我是莱昂的战士。使命:占领地球,重建家园。”看着眼前蔚蓝色的星球,我依稀有一种熟悉的感觉。“生存,没有道德可言。”我默默念着。

第二节 言情小说

一、言情小说定义

言情小说又名才子佳人小说,是以讲述异性相爱为中心,通过完整的故事情节和具体的环境描写来反映爱情的心理、状态等相关社会生活的一种文学体裁。言情小说类型很多,主要分为古代、现代等题材。言情小说又可以细分为重生文、穿越文、反穿越文、宅斗文、宫斗文、公路文等不同子类型。

近年来,“甜宠”成为相当流行的故事元素:以浪漫为外衣,以轻喜剧为内核,描绘了都市青年的一种温暖与甜蜜的生活状态。

言情小说是否有吸引力要看人设塑造得好不好。人设不能直白地讲出来,而要靠演播者的音色和说话的节奏带给受众一种特别的感觉。要将言情小说演播得甜而不腻,有笑点、有酥点,这对演播者的表达提出了很高的要求。

二、言情小说演播技巧

(一)巧用留白营造氛围感

以往的言情小说里,是玻璃碴中带点糖,也就是先虐后甜。近两年的作品,则是以“甜宠”为主,也许作者是希望大家在轻松的故事情节中,缓解职场的劳累与压力。在现实生活中的爱情不能满足需求的情况下,人们才会希望在小说中找到精神寄托,尤其是作为言情小说主要受众的现代女性,她们和男性一样,把主要精力都用在打拼事业上,越来越没有时间和耐心去经营一段高质量的感情,却还是会幻想拥有甜蜜、纯洁且美好的爱情。因此,浪漫感和氛围感是演播者通过有声语言表达所要营造的,而巧用留白则是制造爱情心动感觉的不二法门。

比如在《红楼梦》中贾宝玉和林黛玉闹别扭的一段。林黛玉在前面慢慢走着,似有拭泪之状,贾宝玉在后面焦急地追赶,还一边说着:“妹妹往哪里去,怎么又哭了?又是谁得罪你了?”林妹妹见是宝玉,勉强笑道:“好好儿的,我何曾哭了?”贾宝玉说:

“你瞧瞧,眼睛上的泪珠儿未干,还撒谎。”林妹妹深情地看了看贾宝玉,停顿了一会儿后说:“你又要死了！做什么动手动脚的!”贾宝玉说:“说话忘了情,不觉得动了手,也就顾不得死活。”林妹妹说:“你死了倒不值什么,只是丢下了什么金,又是什么麒麟,可怎么样呢?”贾宝玉生气地说道:“你还说这话！到底是咒我还是气我呢?!”林妹妹看到贾宝玉真的生气了,也急了起来,赶紧解释安慰道:“你别着急,我原说错了。这有什么的,筋都暴起来,急得一脸汗……”说着,就拿起手中的手帕给宝玉擦起脸来,宝玉顺势将林妹妹的手握住,两人四目相对,有好一段时间谁都没有再说话,但两人之间的情愫达到了顶点。因此,演播者在进行留白时要把握好时长,多一分少一分都会令浪漫甜蜜的氛围感变得淡而无味。

(二)节奏要紧凑,冲突要巧妙

言情小说的魅力之一就是冲突。有些作者可能会说,我的文比较慢热,你听下去就会有冲突了。可是一个聪明的演播者绝对不会被小说原文束缚住,倒叙的设计、精彩情节的安排都是可以自由支配的。为了牢牢抓住受众的心,演播开头就安排一个吸引人的、能引起受众好奇心和收听欲望的冲突内容是必不可少的。除此以外,演播的节奏一定要紧凑,一个冲突解决了,紧跟着就要设置悬念,引出下一个冲突,这样环环相扣,吊住受众的胃口,才能让受众不知不觉追到最后。

比如言情小说《当你沉睡时》讲述了这样一个故事:对于女主人公无业游民南洪珠来说,梦变成了现实不过是日常而已,因为她做过的梦一定会实现。南洪珠不仅会做关于自己的梦,也做关于别人的梦;会梦见 5 分钟后的未来,也会梦到遥远的未来;她会做幸福的梦,也会做可怕的不幸的梦。虽然是不分时候、没有规律的梦,但有一点很明确,南洪珠的梦总有一天一定会实现。小说情节十分紧凑,梦里的事件也是一个接一个地实现。后来,男主人公出现了,他通过自己的努力成功阻止了即将发生在女主人公身上的悲剧——母亲去世,女主人公跳楼自杀。在演播此类言情小说时,演播者表达的节奏一定要紧凑,不能不紧不慢,否则奇幻、悬疑的亮点元素就无法在言情的情节中体现出来了。

(三)音质优美动听,满足审美需求

人们总是本能地认为长相好看的人声音必然也是好听的,尤其是男女主人公,受众对其外形、气质、声音等方方面面都是有很高的要求的。正因如此,有些只有靓丽外形但声音条件不够的男女演员会启用专业的配音演员为其配音。在形容极其好听的声音时更是有一种夸张的说法叫“会让耳朵怀孕的声音”。演播言情小说时,演播者要尽力让自己的声音符合人设,努力让受众的耳朵“怀孕”。

实战演练

因为我喜欢你(节选)[①]

灰白柔顺的长发,还有红色瞳孔。

这是在 cosplay?

璃乃第一眼看到千村西莉亚的时候,就充满了警惕。

如果是个长得很一般,只是有钱的女生,那她还有信心能拿捏住。

但眼下西莉亚完全就是一副狐狸媚子的长相,根本无法掉以轻心。

还好自家哥哥也是被不少美女告白过的,对这种美貌还算有抵抗力。

"早上好,千村小姐。"神宫和也虽然是和她订了婚约了,但……他作为男方,在没有允许的情况下也不敢乱改称呼。

"早上好。"西莉亚语气平平地回道,她看着这个目光柔和,一直都让自己觉得相处很舒服的少年,表情自然地缓和了些许。

"这位是我的妹妹,神宫璃乃。"

"璃乃,她是千村西莉亚,我的婚约对象。"

璃乃毫不掩饰对西莉亚的敌对,她双手环抱胸口,以审视的目光投向西莉亚。

"璃乃。"神宫和也有些生气地叫了妹妹名字。

西莉亚是婚约对象的同时,更是他们的恩人,于情于理,不该是用这种态度。

璃乃感受到神宫和也的视线,一愣,随后连忙放下手,对千村西莉亚低头道:"您好,千村小姐。"

"你好。"

"千村小姐,非常感谢你对我们的援助,关于婚约的事情,虽然我没谈过恋爱,也不太懂,但我会尽力做到最好的。"神宫和也完全就是面对上级领导的态度,诚恳且认真。

一旁的璃乃听到他这话,一时有些无语。

欧尼酱,这不是企业面试。

西莉亚看着神宫和也那认真严肃的模样,点了点头,似乎是认可了他的态度。

"千村小姐……我可以问问你为什么要选择我哥吗?"

"为什么要让他和你签订婚约?"

"璃乃……"神宫和也无奈地转头看了自家妹妹一眼,随后也安静下来。

---

① 红夜野. 我和大小姐的婚约[EB/OL]. (2022-03-01)[2023-03-08]. https://www.qidian.com/chapter/1033203504/701374814/.

他也挺在意到底是为什么。

明明自己只是作为这家咖啡厅的员工,招待了她七八次……就这样,就看上自己了?

千村西莉亚作为身家显赫的大小姐,这未免过于草率了些?

西莉亚听着璃乃的问题,视线反而是落在神宫和也身上的。

那双红瞳,比泓水还要清澈,正如她本人一样,给人一种很单纯的感觉。

“因为我喜欢你。”

“啥?!”璃乃瞬间急得拍桌而起,她的脸也随之浮出红晕。

“你,你突然之间说什么呢?!你和欧尼酱才见多少次,就喜欢上了吗?为什么啊?”

“璃乃,冷静点。”神宫和也此时也有些害羞,只不过他注意到一点,千村西莉亚虽然说喜欢自己,但表情与语气都过于平静了。

根本听不出是有那方面的意思。

是她不愿意说真正的理由吗?

仅仅七八次的招待就能让这种少女喜欢上自己?

除非是用了什么迷幻药水,否则怎么可能?

七八次的招待,自己也没跟她说过多少句话啊?

眼见着气氛瞬间变得尴尬起来,神宫和也连忙拉起璃乃的手,对西莉亚说道:“千村小姐,很感谢你的帮助,只不过今天我和妹妹还有搬家的事宜需要处理,这边就先告辞了……”

“明天我应该就会去到金城高等学府,我们在那边见面吧。”

千村西莉亚直勾勾地看着他,随后点了点头。

她从始至终都没有过任何表情,像极了一个做工精致的瓷娃娃。

璃乃被神宫和也拉着走,一路上还在不断念叨着:“不知廉耻,不知廉耻……”

搬家结束了。

看着崭新亮堂的大空间,足足两百平方米,三室一厅两卫的房子,就这么免费让他们居住了。

神宫和也看着这豪华的环境,眼神里充满了喜悦。以后的日子真的要变了,住在这么好的房子里,每天肯定都会很开心吧。

而坐在沙发一侧的璃乃依旧在发着呆,她还在思考着刚才的事情。

喜欢我哥?就选他当婚约对象?

并且还知道我们家的情况,帮我们交上医药费和其他债务……

这么看来肯定是预谋已久了,绝对不是欧尼酱说的只见了七八次面。

但是那人真的好奇怪啊,说的是喜欢,但说出这词的感觉,听起来怎么都怪。

就像机器人一样。

她真的喜欢我哥?

肯定有其他的理由,我绝对要搞清楚。

还有……绝对不能让欧尼酱和她单独相处,不能让欧尼酱这个恋爱白痴被坏女人玩弄!

“璃乃?”神官和也蹲在少女的面前,对她用手晃了晃。

“你怎么一直在发呆,不喜欢这里的环境吗?”

璃乃回过神来,她看向这个装修奢华到不真实的地方,沉默了片刻,“我挺喜欢的,但这终究不是我们自己的。”

“不要闹别扭了,璃乃……至少千村小姐对我们是没有恶意的,不是吗?”神官和也揉了揉她的发丝,说道。

璃乃拍开他的手,冷哼一声:“怎么? 欧尼酱你听到人家说喜欢你,是不是心里都乐开花了?”

“这个千村小姐很不对劲,绝对不对劲,欧尼酱你之后和她相处的时候,要小心点,别被她骗了。”

“……? 被骗什么?”神官和也有些蒙。

他一穷二白,有啥值得骗的?

“总之,你要相信你妹妹的判断,女人的第六感,而且欧尼酱……”

“你除了我之外就没有跟女生好好说过话吧? 你根本不了解女生,不知道有些女生心肠有多黑……当然,我不是说千村小姐心肠坏,她很好,已经帮了我们很多很多。”

“但是,感情这种事情一定要慎重对待,知道吗,欧尼酱!”璃乃像是被讲师附体了一样,有板有眼地在给神官和也讲课。

神官和也对此表示:“哈……”

刚才妹妹说了半天,他一句话没听懂。

一边说千村小姐不对劲,要自己小心别被骗,一边又说千村小姐对他们很好?

那到底要慎重什么? 警惕什么?

梁山伯与祝英台·殉情[①]

梁山伯乘兴而来,败兴而去,一路上感伤万般,既恼恨祝公远无情,又懊悔自己愚蠢,竟没有早看破祝英台的改装。想到这些,悲愤难尽,走了一程,梁山伯已经四肢无力了,四九便扶着他勉强翻过了山峰。这时他回头看了看,祝家庄已被云山阻隔,一阵

① 赵清阁.梁山伯与祝英台[M].上海:上海文化出版社,1956:75-79.

剧烈的痛楚，立刻一股腥气冲上了喉头，接着"哇"的一声，又吐出了几口鲜血，头也晕眩起来了，几乎站立不住。吓得四九连忙扶着他走下山去。

到了家里，梁山伯已是面无人色，梁老太太看见这情形，吓了一跳，问起四九，才知道梁山伯病了，并知道祝英台另外许了人家。

梁老太太起初还以为，过几天等梁山伯一旦想开了，就会渐渐地痊愈，却不料竟自病骨支离，越来越严重了。梁老太太请了医生来诊治，服药也不见效，大口的鲜血继续地吐着，终日昏昏沉沉，如痴如呆，嘴里只是不住地叫着祝英台的名字，急得梁老太太束手无策，只有暗暗流泪。

忽然有一天梁山伯稍微清醒了些，若有所思地问梁老太太：

"母亲，如今是什么日子？"

"六月初了。我儿已经卧病一个月了！"梁老太太回答道。

梁山伯听罢叹了口气，悲切地沉吟着：

"看来是无望了！马家七月初就要迎娶，祝英台到底怎么样了？可叹她身居深闺，不能来看我；就是我病死了，她也不会知道的。母亲，我要写封信给她。"

梁老太太连忙阻止说："我儿病成这个样子，怎么能写信呢？"

"不妨事的。"梁山伯支撑起了身子说。"四九，快取笔砚来。"

四九把笔砚拿到梁山伯的面前，梁山伯从枕头底下取出英台赠给他的那条帕子。然后战栗地提笔写道：

山伯奉书英台贤弟：

愚兄已经病入膏肓，医药罔效，泣望贤弟速以良方相惠，否则此生恐将永绝矣！临书神驰，不尽欲言，伏乞赐覆。愚兄山伯伏枕拜启。

梁山伯写罢，又念了一遍，不禁潸然泪下，就用帕子揩了揩泪眼，再折起来，向四九嘱咐道：

"四九，将这帕子去送给祝相公，就说我已经病重了，好歹只等她的药方救命！"

四九接了帕子，不觉愣了起来，停了一会儿诧异地问道：

"祝相公又不是医生，她哪里会开什么药方？相公要看病，还是去请医生来吧！"

梁山伯不耐烦地挥着手说：

"你不懂，我的病，只有她才能治好，你快快送去，她看了自然就会明白的。"

四九看看梁老太太，梁老太太也莫名其妙。四九只好拿着帕子翻山越岭而去。

祝英台自从送了梁山伯走后，日夜记挂着，坐卧不宁，几乎寝食俱废。为了希望挽回这个不幸的命运，决定再做一次努力。有一天，她便带着银心来到了正房。

这时，祝公远为着梁山伯来访的事，正同祝夫人争吵，祝公远抱怨祝夫人不该让祝英台和梁山伯见面。祝公远说：

"若是我在家里,就直截了当回绝那梁山伯,何必又叫英儿出去?英儿已是定了亲的人,怎好随便去见一个男同学?真是不成体统!"

"这也是人之常情,英儿与那梁山伯同窗三载,怎能连个话别都不许?"祝夫人辩着,"况且那梁山伯确是一个正人君子,英儿的改装,他真的毫不知情;及至听到了英儿已经许婚马家之后,当时就哭哭啼啼地走了。"

祝公远叹了口气说:

"英儿都是给你惯坏的!如今马家迎娶之期就快到了,也该准备准备嫁妆了;你去问问,她喜欢什么,要什么,只管讲,你我只有她一个女儿,总得嫁妆办得让她称心如意才是。"

祝英台在门外听得清楚,心里暗自好笑,当即走了进去。祝公远一眼看见祝英台病容憔悴,不禁关怀地问道:

"英儿有什么不舒适吗?怎的这样清瘦?"

祝英台一阵伤心,流下泪来,双膝跪在祝公远面前,抽噎地哀求着说:

"爹爹可怜可怜女儿!我与梁山伯曾经山盟海誓,就是海枯石烂,也是不会变心的。请您看在父女的情分上,将马家的亲事退了,成全我和梁山伯的婚姻!"

祝公远看见祝英台居然敢对他直言不讳地提到她和梁山伯的亲事,顿时勃然大怒,厉声责斥道:

"你这丫头,怎的还是执迷不悟?马家的亲事已经明媒礼聘定了,如何轻易退得?况且那马太守非同别人,岂肯依你?你熟读诗书,连这'三纲五常'都不懂了?"

祝英台也气了,倔强地站了起来,说道:

"爹爹不肯退,我就不嫁,任他马家是当朝天子,你怕他,我是不怕他的。"

"胡说!你敢违抗父命?不嫁也要嫁!"祝公远更恼了。

祝英台见祝公远居然说出这样硬心肠的话来,料定是难以挽回的了,低下头稍稍思忖了一会儿,想道:"任你如何威逼,我偏不嫁!"此时忽然看见桌子上有一把剪刀,灵机一动,拿起剪刀便去剪头发,吓得祝夫人和银心急急上前阻拦,但是已经被祝英台剪下了一大绺。祝夫人跌足叫道:

"儿呀,这是何苦来!"

"爹爹不肯退亲马家,我宁愿削发为尼,了此一生!"祝英台愤愤地说罢,佛然走了出去。

(音频参考:https://xima.tv/1_kCROEc?_sonic=0)

一个陌生女人的来信(节选)[①]

我想同你单独谈谈,第一次把一切都告诉你,向你倾吐。我的整个一生都要让你

① 茨威格.茨威格中短篇小说经典[M],高中甫,等译.重庆:重庆大学出版社,2013:161-165.

知道,我的一生始终都是属于你的,而对我的一生你却从来毫无所知。可是只有当我死了,你再也不用答复我了——现在我的四肢忽冷忽热,如果这病魔真正意味着我生命的终结——这时我才让你知道我的秘密。假如我能活下来,那我就要把这封信撕掉,并且像我过去一直把它埋在心里一样,我将继续保持沉默。但是如果你手里拿到了这封信,那么你就知道,那是一个已经死了的女人在这里向你诉说她的一生,诉说她那属于你的一生,从她开始懂事的时候起,一直到她生命的最后一刻。作为一个死者,她再也别无所求了,她不要求爱情,也不要求怜悯和慰藉。我要求你的只有一件事,那就是请你相信我这颗痛苦的心匆匆向你吐露的一切。请你相信我讲的一切,我要求你的就只有这一件事:一个人在其独生子去世的时刻是不会说谎的。

我要向你吐露我整个的一生,我的一生确实是从我认识你的那一天才开始的。在此之前我的生活郁郁寡欢、杂乱无章。它像一个蒙着灰尘、布满蛛网、散发着霉味的地窖,对它里面的人和事,我的心里早已忘却了。你来的时候,我十三岁,就住在你现在住的那所房子里。现在你就在这所房子里,手里拿着这封信——我生命的最后一丝气息。我也住在那层楼上,正好在你对门。你一定记不得我们了,记不得那个贫苦的会计师的寡妇(她总是穿着孝服)和那个尚未完全发育的、瘦小的孩子了——我们深居简出,不声不响地过着我们小市民的穷酸生活——你或许从来没有听到过我们的名字,因为我们房间的门上没有挂牌子。没有人来,也没有人来打听我们。何况事情已经过去很久了,过了十五六年了。不,你一定什么也不知道,我亲爱的。可是我呢,啊,我激情满怀地想起了每一件事,我第一次听说你,第一次见到你的那一天,不,是那一刻,我现在还记得很清楚,仿佛是今天的事。我怎么会不记得呢,因为对我来说世界从那时才开始。请耐心,亲爱的,我要向你从头诉说这一切,我求你听我谈一刻钟,不要疲倦,我爱了你一辈子也没有感到疲倦啊!

你搬进我们这所房子来以前,你屋子里住的那家人又丑又凶,又爱吵架。他们自己穷愁潦倒,却最恨邻居的贫困,也就是恨我们的穷困,因为我们不愿跟他们那种破落无产阶级的粗野行为沆瀣一气。这家男人是个酒鬼,常打老婆;哐啷哐啷摔椅子、砸盘子的响声常常在半夜里把我们吵醒。有一回那女人被打得头破血流,披头散发地逃到楼梯上,那个喝得酩酊大醉的男人跟在她后面狂呼乱叫,直到大家都从屋里出来,警告那汉子,再这么闹就要去叫警察了,这场戏才算收场。我母亲一开始就避免和这家人有任何交往,也不让我跟他们的孩子说话,为此,这帮孩子一有机会就对我进行报复。要是他们在街上碰见我,就跟在我后边喊脏话,有一回还用硬实的雪球打我,打得我额头上鲜血直流。全楼的人都本能地恨这家人。突然有一次出了事——我想,那汉子因为偷东西给逮走了——那女人不得不收拾起她那点七零八碎的东西搬走,这下我们大家都松了口气。楼门口的墙上贴出了出租房间的条子,贴了几天就拿掉了。消息很快从清洁工那儿传开,说是一位作家、一位文静的单身先生租了这套房间。那时我第一次听到你的名字。

这套房间给原住户弄得油腻不堪,几天之后油漆工、粉刷工、清洁工、裱糊匠就来拾掇房间了,敲敲锤锤,又拖地又刮墙,但我母亲对此倒很满意,她说,这下对门又脏又乱的那一家终于走了。而你本人在搬来的时候我还没有见到你的面:全部搬家工作都由你的仆人照料,那个个子矮小、神情严肃、头发灰白的管事仆人。他轻声细语、一板一眼地以居高临下的神气指挥着一切。他使我们大家都很感动,首先,因为一位管事的仆人在我们这所郊区楼房里是件很新奇的事,其次他对所有的人都非常客气,但并不因此而降格把自己等同于一个普通仆人,和他们好朋友似的山南海北地谈天。从第一天起他就把我母亲看作太太,恭恭敬敬地向她打招呼,甚至对我这个丑丫头,也总是既亲切又严肃。每逢他提到你的名字,他总带着某种崇敬,带着一种特殊的尊敬——大家马上就看出,他和你的关系远远超出了普通主仆的程度。为此我多么喜欢他,多么喜欢这个善良的老约翰啊!虽然我忌妒他老是可以在你身边侍候你。

我把一切都告诉你,亲爱的,把所有这些鸡毛蒜皮的、简直是可笑的小事都告诉你,为的是让你了解,从一开始你对我这个又腼腆又胆怯的孩子就具有那样的魔力。在你本人还没有闯入我的生活之前,你身上就围上了一圈灵光,一道富贵、奇特和神秘的光华——我们所有住在这幢郊区小楼里的人(这些生活天地非常狭小的人,对自己门前发生的一切新鲜事总是十分好奇的),都在焦躁地等着你搬进来。一天下午放学回家,看到楼前停着搬家具的车,这时对你的好奇心才在我心里猛增。家具大都是笨重的大件,搬运工已经抬到楼上去了,现在正在把零星小件拿上去。我站在门口望着,对一切都感到很惊奇,因为你所有的东西都那样稀奇,我还从来没有见过;有印度神像、意大利雕塑、色彩鲜艳的巨幅绘画,最后是书。那么多那么好看的书,以前我连想都没有想到过。这些书都堆在门口,仆人在那里一本本拿起来用小棍和掸帚仔仔细细地掸掉书上的灰尘。我好奇地围着那越堆越高的书堆蹑手蹑脚地走着,你的仆人并没有叫我走开,但也没有鼓励我待在那里;所以我一本书也不敢碰,虽然我很想摸一摸有些书的软皮封面。我只好从旁边怯生生地看看书名:有法文书、英文书,还有些书的文字我不认识。我想,我会看上几个小时的;这时我母亲把我叫进去了。

整个晚上我都没法不想你,而这还是在我认识你之前呀。我自己只有十来本便宜的、破硬纸板装订的书,这几本书我爱不释手,一读再读。这时我在冥思苦想:这个人会是什么样子呢?有那么多漂亮的书,而且都看过了,还懂得所有这些文字,他还那么有钱,同时又那么有学问。想到那么多书,我心里就滋生起一种超脱凡俗的敬畏之情。我在心里设想着你的模样:你是个老人,戴了副眼镜,留着长长的白胡子,有点像我们的地理老师,只是善良得多,漂亮得多,温和得多——我不知道为什么我那时就肯定你是漂亮的,因为当时我还把你想象成一个老人呢。就在那天夜里我还不认识你,我就第一次梦见了你。

第二天你搬来了,但是无论我怎么窥伺,还是没能见着你的面——这又更加激起了我的好奇心。终于在第三天我看见了你,真是万万没有想到,你完全是另一副模样,和我孩子气的想象中的天父般的形象毫无共同之处。我梦见的是一位戴眼镜的慈祥的老人,现在你来了——你,你的样子还是和今天一样,你,岁月不知不觉地在你身上流逝,你却丝毫没有变化!你穿了一件浅灰色的、迷人的运动服,上楼梯的时候总是以你那种无比轻快的、孩子般的姿态,老是一步跨两级。你手里拿着帽子,我以无法描述的惊讶望着你那表情生动的脸。你脸上显得英姿勃发,一头秀美有光泽的头发:真的,我惊讶得吓了一跳,你是多么年轻、多么漂亮、多么修长挺拔、多么标致潇洒。这事不是很奇怪吗?在这第一秒钟里,我就十分清楚地感觉到,你是非常独特的,我和所有别的人都意想不到地在你身上一再感觉到:你是一个具有双重人格的人,是个热情洋溢、逍遥自在、沉湎于玩乐和寻花问柳的年轻人;同时你在事业上又是一个十分严肃、责任心强、学识渊博、修养有素的人。我无意中感觉到后来每个人都在你身上感觉到的印象,那就是你过着一种双重生活,它既有光明的、公开面向世界的一面,也有阴暗的、只有你一人知道的一面——这个最最隐蔽的两面性,你一生的秘密,我,这个着了魔似的被你吸引住的十三岁的姑娘从第一眼就感觉到了。

现在你明白了吧,亲爱的,当时对我这个孩子来说,你是一个多大的奇迹,一个多么诱人的谜呀!

第三节　游戏小说

一、游戏小说定义

游戏小说是一种将语言文字用于表达游戏活动的小说。这类题材小说也是近年来游戏文化盛行的产物,属游戏文学的一种,应该归属于通俗文学、大众文学、网络文学。国内比较有名的网游小说有:失落叶的《网游之纵横天下》、蝴蝶蓝的《网游之近战法师》、天运老猫的《重生之最强剑神》、兰帝魅晨的《高手寂寞》、发飙的蜗牛的《重生之贼行天下》、雷云风暴的《从零开始》、笨太子的《网游之模拟城市》、隐为者的《网游之天地》、三天两觉的《惊悚乐园》以及骷髅精灵的《猛龙过江》。

其中,笨太子的代表作《网游之模拟城市》讲述的是一个小小的绿柳村发展成大大的绿柳国的故事,主角极其睿智,配角也是智商在线。该作品对于网游的核心养成和任务描述得很清楚,让人读得痛快淋漓,可谓是经营建设类网游的经典之作。

雷云风暴的《从零开始》,内容涉及经济、政治、文化、哲学等领域,情节细腻,打斗精彩,涵盖帮战、国战、海战、神战、武道大会、宠物、神器等多种元素,堪称游戏小说的经典之作。

二、游戏小说演播技巧

(一)把握情感分寸

并不是所有的小说演播都是情感越饱满越好,对于一些比较客观的内容,情感可以稍微淡一些,比如游戏题材的小说。以《超神机械师》为例,其一大亮点是作者和玩家群体的交流互动,作者在引导玩家的同时,顺着玩家思维进行再创作,作者和玩家双方都能获得积极的反馈。演播者只需要以类似真实生活的状态进行顺畅、形象的表达即可,无须在情感方面"浓墨重彩"。

(二)树立自身形象

想要和游戏小说的受众(主要是游戏的玩家)有一个良好互动,自然需要有一个合适的受大多数玩家欢迎的形象。因此,演播者最好把自己打造成一个掌握了玩家们身份信息的全知全能的形象。他深谙游戏玩家的需求和愿望,并且掌握了很多关键的情报。他有着 NPC(非玩家角色)所具有的能力,同时也有着资深玩家的身份,是一个先行者和领导者,有着无与伦比的强大力量和顶级水平,这对于小说受众来说有极大的吸引力。

(三)给受众代入感

有人说,游戏的世界在所有玩家心目中和真实世界一样重要。很多玩家可以在游戏小说所构建的世界中假想自己,从中获得不同于真实世界的身份,体验激烈的打斗场景,在平淡中创造奇迹,满足种种在现实生活中无法实现的理想。游戏小说的作者在塑造角色方面往往会运用大量心理活动、对话以及细节动作的描写,让一个个人物活生生地展现在受众眼前,满足受众自由地穿梭于现实与虚拟之间的愿望,这也是大多数的游戏玩家喜欢游戏小说的原因。一个在现实生活中能力有限甚至各种不如意的普通人,可以在游戏小说的幻想里呼风唤雨,无所不能。这样的小说构思,满足了无数在生活中面临不同的窘境,却希望通过自己的努力或者上天的眷顾,重新站立起来的青年人。因此,演播者要把握受众的心理需求,在用声音营造的虚拟世界中给受众以真实感和代入感,唯其如此,才能达到游戏小说演播的主要目的。

实战演练

被驱逐的高手①

“咔咔咔,嗒嗒……”

一双灵巧的手飞舞着操纵着键盘和鼠标,富有节奏的敲击声仿佛是一首轻快的乐曲。屏幕中漫天的光华闪过,对手飞扬着血花倒了下去。

“呵呵。”叶秋笑了笑,抬手取下了衔在嘴角的烟头。银白的烟灰已经结成了长长一串,但在叶秋挥舞着鼠标敲打着键盘展开操作的过程中却没有被震落分毫。摘下的烟头很快被掐灭在了桌上的一个形状古怪的烟灰缸里,叶秋的手飞快地回到了键盘,正准备对对手说点什么,房门却“咣”的一声被人推开了。

叶秋没有回头,像是早就在等着这一刻一样,只是问了一句:“来了?”

“来了。”苏沐橙的回答也同样简单。

“那就走吧!”叶秋拒绝了对手又一次的邀战,轻轻地从网游“荣耀”专用的登录器上摘下了一张卡片,起身走到门口时,顺手从一旁的衣架上摘下了外套。

夜已经挺深了,嘉世俱乐部却依旧灯火通明。叶秋和苏沐橙走出房间,一路走到楼道的尽头。这里是一间很宽大的会议室,刚入门便可看到一面几乎占满整面墙壁的电子显示屏,上面显示的是“荣耀职业联盟”的战绩排行和一些技术统计。

嘉世战队总排名第十九位,倒数第二。

对于曾经创造过联赛三连霸的王牌战队,这个成绩分外刺眼,此时却明晃晃地挂在墙上,像是在无情地嘲笑着众人。

然而屋里气氛却是一点也不见沉闷,相反却是有些热络。嘉世的队员们此时正众星捧月般地围绕着一个人,对于叶秋踏入会议室他们视而不见,能扫上一眼的,眼神中也全是冷漠和嘲笑。

“叶秋,俱乐部已经决定,由新转会来的孙翔接替你的队长职务,一叶之秋今后也由孙翔来操控。”俱乐部经理看到叶秋进来,立刻回头说道。没有事先的沟通,没有婉转的表达,一来便是如此开门见山的冰冷通知,无情得就像甩开一团用过的手纸。

苏沐橙张口要说话,却被叶秋轻轻拉住,朝她微笑着摇了摇头,表示自己并不在意。

“叶哥,不好意思啊,一来就占了你的位置。”会议桌左手边第一席,嘉世战队队长的专属座位,本也是属于叶秋的座位。孙翔大大咧咧地坐在上边说了这么一句,眼睛

---

① 蝴蝶蓝. 全职高手:第一章[EB/OL]. (2011-02-28)[2023-03-08]. https://ishuquge.la/txt/67675/10214035.html.

却连瞟都没瞟叶秋一眼，这已经不是漠视，而是一种无视了。他的目光，更多的倒是落在了和叶秋共同进门的苏沐橙身上。

公道来说，苏沐橙也的确比叶秋更吸引眼球，她可是被称作荣耀职业联盟的头号美人。就算是出了这个圈子，扔到美女如云的娱乐圈，她也依然是不可多得的美女。

哪怕嘉世这些天天都能见到苏沐橙的队友，此时看到苏沐橙进来也不由得有些发怔。不过他们倒是很快回神，因为此时他们觉得有更重要的焦点人物值得他们去关注。

"哈哈，翔哥这话说的，这位置您来坐正合适。"回过神的众人连忙接着之前的话语抢台词。

"不错，某些人已经老了，过时喽！"

"一叶之秋也正该由翔哥您来操控，那才能真正发挥出斗神的实力。"

这就是众人此时关注的焦点。孙翔，荣耀职业联盟中新一代的天才级选手。去年初入联盟便稳获新人王称号，个人数据相比同年的MVP（最有价值选手）也不遑多让。本赛季孙翔率领实力平平的越云战队在联赛中取得13胜6负，排位第八，进军季后赛有望，却中途转会成绩一塌糊涂的嘉世俱乐部。全因为嘉世虽然战绩糟糕，却拥有在网游荣耀中被誉为斗神的账号：战斗法师一叶之秋。

这个入联盟不到两年的年轻人年纪不大，嘉世这些队员却厚着脸皮以哥相称，显然是已经看出孙翔将是他们嘉世战队未来的老大。孙翔很是舒服地收下了这些奉承后，总算是舍得扭头扫了叶秋一眼，目光中尽是不屑。

"叶秋，把一叶之秋的账号卡交给孙翔吧！"俱乐部经理说道。

叶秋纵然再洒脱，此时的心中也免不了有些刺痛。叶秋，一叶之秋，听名便可知道这账号与叶秋的关系，这本就是他初入荣耀这个游戏世界时所创的账号。十年了，这个账号相伴了叶秋整整十年，当初的菜鸟成了被誉为荣耀教科书级的大高手，当初的小小战斗法师，也成了荣耀中威名远播的"斗神"。然而七年前踏入职业圈，与俱乐部签订合同后，一叶之秋的所有权已转为俱乐部所有。叶秋早知道会有分离的一天，而这一天，终于来了。

叶秋的手指微微有一些颤抖。对于一个职业高手来说，稳定的双手是必需的，但现在，颤抖却发生在了叶秋，这个心理素质已经硬得不能再硬的老牌高手身上。苏沐橙扭过了头，她不想看到这一幕，但是却无能为力。

在众人幸灾乐祸的目光中，一叶之秋那张银白的账号卡被递到了孙翔面前。

孙翔眼中闪现出兴奋和贪婪的目光，他甘愿转会加入近两年已经大不如前的嘉世俱乐部，为的就是这里拥有一叶之秋这个顶尖的账号，而它的原操纵者叶秋，因年龄问题近些年状态下降，与俱乐部不断爆发矛盾，孙翔有百分百的信心可以取而代之。

"到手了！"接住账号卡的一瞬，孙翔一阵激动，结果却从卡片上感到了一丝抗力。

孙翔感觉到了叶秋的不舍,傲然一笑说:"放手吧叶哥。看看你的手,居然抖成这个样子。这样的一双手又怎么能发挥出斗神的实力呢?还是让我来吧!我会让斗神的名号再度响彻整个荣耀的。你?退休啦!"

这话刚完,孙翔就见到叶秋那一直满不在乎,只在交出一叶之秋时有些不舍的眼中突然闪过一丝锐色,他骇然地发现,叶秋那本在微微颤抖着的双手,突然间就稳稳地停住了。

"你喜欢这个游戏吗?"叶秋忽然直视着孙翔问道。

"什么?"孙翔愕然。

"如果喜欢,就把这一切当作是荣耀,而不是炫耀。"

"你说什么呢?这关你什么事了?"孙翔忽然有些失态,这一瞬,不知为何他觉得自己仿佛矮了叶秋一头,他不想这样在气势上输给对方。他来是为了取代叶秋,他来是为了得到斗神一叶之秋。

"收好它。"就在孙翔想重新鼓起气势时,叶秋却已经松开了账号卡,淡淡地说了一句,头也不回地转身准备离去。

"叶秋!"就在此时,经理突然出声唤住了他。

六十万经验(节选)①

魔法背景的新手星球,补血补蓝的药剂是"生命回复药剂""魔力补充剂"这类玩意,海蓝星这种背景的"红蓝药",显然是营养仓、愈合剂那一套。

让人火大的射击训练结束之后,韩萧被研究人员带到装满愈合剂的营养仓泡了两个小时,身上的刀伤结痂,正经活动无碍,只是会牵动伤口,产生一阵阵神经钝痛。

基地里有一间空闲的机械改装室,由于他展露了机械方面的天赋,所以被单独安置在这里,里面的车床、材料、工具,他可以随意使用。房间的角落有一台监视器,韩萧对此毫不意外,想必研究人员时刻在观察着自己。

墙边书架满满当当,韩萧发现了好几本基础机械知识书。

星海历687年的海蓝星,新手出生星球之一,刚刚与星际文明接触没多久,正在从"旧文明时代"跨到"新文明时代",文明等级还停留在星球地表,科技近似地球,能找到的机械技术,顶多是进阶知识。

机械系知识树有武装、能量、操控三个分支,各有20种知识,分为基础、进阶高端、尖端、终极五个层次。职业知识是玩家的成长树,主职业的核心体系。

第一个职业知识用于获得主职业,在这之后的职业知识,都需要消耗潜能点学习,

---

① 齐佩甲.超神机械师:第四章[EB/OL].(2017-05-22)[2024-10-22].https://www.qidian.com/chapter/1009480992/370620727/.

知识等级也通过潜能点提升。

获得潜能点有三个途径,升级、某些高级任务的奖励、将一项技能练到满级。

身怀2点潜能点,他暂时不打算学习新的职业知识,职业知识不急于一时,留着潜能点有其他的用途,多少玩家一开始升级容易,把潜能点挥霍一空,到了有需求的时候就一脸懵逼,随着人物成长,潜能点将越来越难得,每一点都很珍贵。

训练之外都是他的自由时间,韩萧全部花在机械上,争取早日存够经验,逃出这个没有自由的敌营。

……

时间匆匆流逝。

韩萧用组装机械、强化机械两种技术行为获取经验,随着手法熟练,基础机械的组装完美度能保持在90%以上,每次都有不菲的经验入手。

一种机械重复组装太多次,会不断减少经验,直到不给经验,幸好基地里有专门的武器库,枪械种类众多,提供充足的素材给他刷组装经验。

萌芽组织对韩萧没什么戒心,一个被组织抹灭了过往记忆,而且又被洗脑过的试验体,他们不认为会出现诸如反抗心理之类的意外。

韩萧保持着沉默寡言、人畜无害的低调形象,降低所有人对他的戒心。组织上对韩萧寄予厚望,但他深知枪打出头鸟,储存起经验,不升级。

研究人员很快就对他失望了,这种程度的机械组装,经过训练后的人员也能做到,不符合他们对瓦尔基里实验的预期。

观察持续了一个月,研究人员便停止了24小时不间断的监视,齐齐得出结论,认为零号试验体属于失败的废品,于是投入精力改良瓦尔基里药剂。

韩萧不必时刻都在监视器下伪装自己,轻松了不少。

由于投资看不到回报,萌芽组织对他的耐心不断减少,只有林维贤和巴洛塔一直关注他。

林维贤好奇韩萧的变异,多次向组织提议,解剖韩萧获得更多实验资料,但都被以“再等等”的理由驳回。

韩萧很清楚,按照萌芽组织的行事风格,他迟早会落进林维贤手里,这给他带来了不小的压力。

巴洛塔则毫不掩盖他对折磨人的热衷,美其名曰为鞭策试验体完成训练的手段,他不能折磨同僚,所以“感情迟钝”的试验体就成了唯一的选择。由于愈合剂的存在,他的行为没有被阻止,并且研究人员认为适当的折磨,有利于刺激试验体的变化。

渐渐地,韩萧开始对痛楚麻木,他记着每一刀飞溅的鲜血,默默等待。

生活在周围全是敌人的龙潭虎穴,没有任何人可以交流,韩萧把更多的精力放在了钻研机械上。将那些冷冰冰的金属，在车床上打磨成各异的形状，拼装成有用的工具，这个过程让他体会到了充实感。

做个业余选手也不错①

英国伦敦 DOTA 电竞赛上——

竞技场内，霓虹灯绚丽夺目地闪烁，各种不同色彩的 LED 荣耀光环照耀在颁奖台上！

台上五名英国选手满脸激动笑容地高举奖杯，旁边一位长腿女郎打开香槟为他们喷洒酒水祝福胜利！

五人最中央的是一位褐发英俊的英国青年，他咧开了迷人的、让女生们炫目的笑容，目光盯着台下另一个青年。

他是当之无愧的冠军队核心，他的年龄只有 17 岁，是英国电竞真正的小王！

“我学了句成语。”冠军此时并没有发表获胜感言，反而是盯着台下的一人说道，“它叫作一言九鼎，请你遵守失败的承诺，从此退出 DOTA 游戏！”

台下的青年黑眸黑发，身材有些消瘦。

面对这位满身光环的电竞王咄咄逼人的微笑，他只能默然地点了点头。

“来，天才选手鹰，也请你笑一笑，给我们留一个纪念吧。”摄影师走到这名黑发少年面前，用标准的中文说道。

黑发青年面对镜头，他咧开了嘴笑了。

这个笑容却让他感觉撕心裂肺！

这一刻，他明白了。

很多时候，第二名是没有任何奖励的。

就比如说战场。

在他的眼里，电子竞技就是战场，没有硝烟，没有鲜血，可一旦败了就犹如一具尸体，埋在黄沙中，等待的只有慢慢腐烂……

电竞如此，任何一个充满角逐的领域都是如此，没有几个人会记住第二名。

他叫余洛晟，游戏 ID：鹰。

但他必须退出他最热爱的 DOTA 职业舞台，不仅仅是因为和这位英国天才的赌约……

……

一年后。

---

① 乱. 英雄联盟之谁与争锋：第 1 章[EB/OL]. (2016-04-03)[2023-03-08]. https://www.beqege.cc/32490/433201.html.

……

一座普通的居民楼房阳台上，青翠的万年青随着吹过来的河风轻轻地摇摆着，如果风没有夹杂着污水的臭气，那这对余洛晟来说是再好不过的一个明媚早晨。

黑色短发，白色背心，宽大球裤，一双人字拖，标准的屌丝配置。

好在那张面孔还算俊俏，再加上他刻意地装出一副忧郁的模样，嗯，颓废帅！

余洛晟捧着一本英语书，正在慢慢地记单词。

其实他的英语成绩挺好的，尤其是带对方亲属家人问候的句、单词，他有着过人的掌握天赋。

没办法，在英国你想骂人，总不能用国语骂！

“我怎么说来着，小晟肯定能够把学业补回来的，这不模拟考就进学校前 30 了。小晟是天才，不管哪方面都是天才！”一位妇人的声音从厨房里传来，听得出来显得几分欣慰和自豪。

“哼，要不是你支持他去玩那破游戏，他的成绩会更好，考上清华北大根本不成问题。30 名？离清华北大还远着，他要敢只给我考个普通重点大学，看我不把他那电脑砸了！”一个中年男子的声音传了过来。

“你敢砸，你敢砸我就把你烟酒全扔垃圾堆里！游戏怎么了，好歹公费出国了，你出过国吗！”妇人立刻发飙了！

“你……都是你宠着他，他要以后没前途，责任全在你这，游戏能有什么前途！”中年男子恼怒地说道。

“责任在我这怎么了？你说你拿我怎么着吧！”

“我懒得跟你说！”

耳边仍旧传来这对老夫老妻的吵闹声，余洛晟每天起床不是被闹铃叫醒的，大都是这两老喋喋不休的争吵。

这间套房也就 80 来平方米，到哪都阻挡不了他们的声音。

妇人自然是余洛晟老妈，李芸，典型的亲妈，对儿子溺爱至极。

中年男子是余洛晟老爸，余竟，虽然语气很严厉很愤怒，可他是亲爸，每个亲爸都这样。

“爸，妈，我去学校了。”收起了英语书，余洛晟换上了难看的校服，背上书包就到门口穿鞋去了。

“嗯，路上小心哈。”李芸从厨房探出了脑袋，看着儿子穿鞋离开后，这才回去刷碗筷。

收拾好厨房，李芸到了儿子房间收拾。

走到房间的时候，李芸发现儿子的电脑屏幕还闪烁着光芒，很明显是忘了关了。

“这孩子，大清早跑起来偷玩。”李芸有些责备地说道。

说着,她悄悄地把门掩上,免得让余竟看见,不然又要发脾气。

走到电脑前,李芸发现游戏窗口还放在那里,最上端写着大大的“英雄联盟”。

“这又是什么游戏?”李芸有些疑惑地说道。

接着李芸又看到RANK1900分,也不知道是什么意思,随手就用鼠标关掉了游戏界面,然后点了关机。

……

获得奥赛有加分,获得学术杯有加分,获得省赛运动会有加分,但获得电子竞技国际亚军……不仅没有加分,校长说不定还会斟酌一下这样的孩子要不要收。

余洛晟玩的游戏很多,从一开始什么泡泡堂、卡丁车这种Q版竞技游戏他都拿过冠军,后来迷上了魔兽争霸,再后来喜欢上DOTA,拿过的奖简直可以砸死那些所谓的读书天才。

可是,你应该知道不管你在这个游戏领域获得怎样的荣耀,绝大多数家长和长辈都会在你脑袋上扣一个不务正业的罪名。

余洛晟就读的这所高中是市里重点高,也是花了家里几年积蓄买进来的。余洛晟原来的高中很烂,这才让他高一、高二有充足的颓废时间去做一名职业选手。

他高二的时候正值DOTA国际赛举办,他去参加了,但参加完后,他就做回乖学生……

DOTA国际赛第一名有三十万人民币的奖励,但第二名没奖励。

至于为什么,问英国电竞协会去。

荒废近两年学业,家里还是花了大价钱把余洛晟买到重点高中就读。

家里条件并不是很好,余洛晟也实在不忍心看到余竟那副阴沉的脸,所以发愤图强了一年。

有天分的人其实很多领域都有天分,读书这东西也看天分。

余洛晟是有天分的人,一年的时间他不仅补回了丢失的学业,更赶超了一些好学生,模拟考的成绩就是最好的证明。

当然,做好学生,并不意味着他就此放弃了游戏。

对这个年代的一些人来说,游戏就是第二生命。

就像盖伦说的:人在塔在。

有些东西,真的可以用一切去捍卫,包括竞技游戏。

余洛晟遵守与那个英国佬的承诺,没有再碰DOTA一次,但是最近兴起的英雄联盟LOL却让他感觉自己活了过来。

做不了职业选手,做个业余的也不错嘛!

第四节 穿越小说

一、穿越小说定义

穿越小说,是穿越时空小说的简称,也是网络小说最热门的一种小说类型。其基本要点是,主人公由于某种原因从原本生活的年代离开、穿越时空,到了另一个时代,在这个时空展开了一系列的活动,其中,主线多为情爱。

穿越小说集合了玄幻、历史、言情三大小说类别的要素,自成一体。后来还有反穿越,即从古代穿越到现代。近年来关注度较高的穿越小说主要有:黄易的《寻秦记》、月关的《回到明朝当王爷》、谢天恩的《宫锁心玉之灯火阑珊处》、桐华的《步步惊心》、棒棒冰的《传闻中的陈芊芊》等。

其中,黄易的《寻秦记》被认为是历史穿越小说的鼻祖,这部小说叙事结构宏大,人物塑造丰满而颇具魅力;剧情跌宕起伏、一波三折,堪称新武侠小说佳作。《寻秦记》对之后的穿越小说的发展产生了深远影响,在同名电视剧推出并大受欢迎后,又衍生出网络游戏、漫画等同名作品。

棒棒冰的《传闻中的陈芊芊》则突破了穿越剧一定要和历史联系在一起的固有模式,首次让女主穿越进自己的剧本里,演绎了一个原本活不过三集的小女配,为了活命开始改编剧本,逆转荒唐人生,最终学会爱与成长的故事。

二、穿越小说演播技巧

(一)交错时空的处理

无论是历史穿越小说,还是剧本穿越小说,都不免涉及古代与现代智慧的碰撞和摩擦。虽然穿越剧中的"历史"娱乐性更多一些,不必从历史的真实视角去分析,但人们对于未知世界、神奇能力的探索从未停歇,总是对一些神奇的现象抱有非常强的求知欲。因此,穿越小说的演播为了满足受众的这一需求,演播者要通过充满期待感和新鲜感的表达,带领受众去体验全新的新奇世界。

(二)上帝视角的把握

有这样一种超能力,是所有人都渴望拥有的,那就是"上帝视角"。"上帝视角"对一切事物都能够做到未卜先知,甚至一切事物在自己的有意安排下推进或发生变化,能极大地满足人们的控制欲。穿越小说中的主角,天生就被赋予了"上帝视角"这项超能力,所以受众才会对其产生源源不断的兴趣。因此,演播者在表达阶段要重点把握主角的心理动作:自言自语、自问自答的独白,有逻辑、有矛盾的疑问,妙趣横生的猜想等。这也是穿越小说最吸引受众之处。

(三)多重身份的区分

穿越小说的另一大魅力是主角拥有多重身份并且能在合适的时候切换自如,两个世界的情况,主角是唯一的知情者。由于不同年代的人(尤其是古代人和现代人)说话的特点和感觉有很多不同,因此演播者在表达主角和其他角色时要有所区分。比如《我的女主别太萌》,讲述了忍受魔鬼总裁秦寒压榨的悲催小助理江小萌,一次偶然的机会进入游戏,变身弱水国九公主,在古装江湖世界中寻找真爱的故事。江小萌进入游戏后偶遇长得与秦寒高度相似的慕容辰,两人携手开始在江湖中搅动风云,最后收获真爱不断成长。其中江小萌在穿越进入游戏一段时间内,为了适应新的环境,不断调整、纠正自己的说话方式和用词,十分有趣。

实战演练

一块黑布(节选)①

范慎很困难地撑着上眼皮,看着指头算自己这辈子做过些什么有意义的事情,结果右手五根瘦成筷子一样的指头还没有数完,他就叹了一口气,很伤心地放弃了这个工作。病房里的药水味总是这么刺鼻,旁边那床的老爷子前两天已经去地藏王菩萨那里报到了,大概再过几天就轮到自己吧。他得了某种怪病,重症肌无力,就是特别适合言情小说男主角的那种病。据说没得医,将来死的那天什么都动不了,只有眼泪可以流下来。

“可我不是言情小说男主角啊。”范慎咕哝着,但由于两颌的肌肉没有了作用,所以变成一串含糊的呓语。他望着自己的指头,很同情自己。

他这辈子确实没有做过什么有意义的事情,除了扶老奶奶过马路,在公车上让座位,与街坊邻居和睦相处,帮助同学考试作弊……范慎是一个传统意义上的无用好男人。他的父母早就去世了,所以只留下他一个人孤单地待在医院里,等待着自己生命终结的那一天到来。

“好人没什么好报。”

在一个寂清的深夜里,范慎似乎能清晰地捕捉到自己的咽喉肌慢慢放松,再也无

① 猫腻. 庆余年[EB/OL]. (2007-05-01)[2024-09-18]. https://www.qidian.com/chapter/114559/2987319/.

法收紧,自己的呼吸肌也渐渐像失去弹性的橡皮筋一样软弱无力地平铺开来。医院的那个干净小护士也不知道跑到哪里去了,在身旁的是位大妈,正眼含悲悯絮絮叨叨地说着些什么。

“这就是要死了吗?”

对于死亡的恐惧和对生活滋味的渴望,让他心头涌起前所未有的复杂感觉,而为自己送终的居然不是自己心中期盼很久的可爱小护士,而是这位大妈,无疑更是增添了范慎心头的悲郁。凄凄惨惨戚戚的,他双眼耷拉着,看着蒙在病房窗上挡阳光的那一块黑布,觉得人生真是寂寞。

……

凄凄惨惨戚戚的,一滴湿湿的液体从他的眼角滑落。

范慎有些悲哀,伸出舌头舔了舔从眼角滑落到自己唇边的液体,却惊奇地发现自己的眼泪居然不仅咸,还带一点点腥味——难道因为在医院很少洗澡,所以连眼泪都开始泛起臭气?他忍不住在心里怒骂道:“叫你泪流满面,叫你泪流满面,还真以为是言情小说男主角?”

但他马上发现事情有些不对劲,为什么自己的舌头还可以伸出嘴唇去舔自己的眼泪?据医生说,自己的舌头早就丧失了活动能力,现在唯一的作用就是可以很轻易地倒滑进食道,把自己的呼吸道堵死,从而成为世界上很少见的吞舌自杀的天才。然后他发现自己睁眼睛也变得容易了,视线十分开阔,视力也变得比得病前好许多,眼前的景色一片清亮,一个竹子编成的东西正横在自己眼前。

本来正在发呆的范慎忽然隔着那几根竹片,看到了令自己震惊不已的场景。十几个浑身充满了厉杀感觉的黑衣人,正手持锋利的武器,向着自己劈了过来!他一时间根本来不及分辨这是梦境还是濒死前的奇怪体验,纯粹下意识里把脑袋一缩,把两只手捂在了自己的面前,换成任何一个普通人大概都只会有这样鸵鸟一样的选择。

嗤嗤嗤嗤……无数道破空之声响起!

紧接着便是无数声闷哼,再之后便是一片安静。隔了一会儿,范慎感觉有些不对劲,小心翼翼地把捂在脸上的手掌分开了两根手指,偷偷往外面望去。竹片编成的筐子,把眼前的空间分割成无数块,而透过这些洞眼望过去,可以清楚地看到地上躺着十几具死尸,地上鲜血横流,腥气冲天。

范慎吓坏了,眼前看到的一切太过真切,让他一时回不过来神。紧接着,他忽然想到自己脸上的手,难道自己的手也能动了?难道自己的病真的好了?那这眼前的一切究竟是怎么回事?这难道只是在做梦?等梦醒之后,自己还是那个躺在病床上一动不能动,只能等死的废人?

如果真是那样,那不如就在这梦里不要醒的好,至少自己的手可以动,自己的眼睛可以眨。他有些悲哀地想着,用手在自己湿湿的脸上摸了摸。收回手时,却发现自己的手上全是一片鲜血,原来刚才他眼角滴下的那滴湿湿的液体,竟然不知道是谁溅到他脸上的血。范慎呆呆地望着自己的双手,心里狂呼着,这绝对不是自己的手!在他面前,是一双白嫩无比、可爱无比的小手,上面染着血污,看上去就像是修罗场里盛开的白莲一般诡魅,绝对不是一个成年人应该拥有的小手!

连番的情绪冲击,一股脑地涌入了范慎的脑海之中,他不由呆了,无数的疑问,无比的惊恐占据了他的身心。

……

这一年是庆国纪元五十七年,皇帝陛下率领大军征伐西蛮的战争还没有结束,司南伯爵也随侍在军中,京都内由皇太后及元老会执政。这一日,京都郊外流晶河畔的太平别院失火,一群夜行高手,趁着火势冲入了别院,见人便杀,犯下了惊天血案。

别院的一位少年仆人则带着小主人趁夜杀出了重围,被一群穿着夜行衣的凶徒追击,双方一直厮杀到城外南下的道口上,伏击的高手们却没有想到这个身有残障的少年,居然是位深不可测的强者,而在丘陵之后,竟然还有对方的援兵——这些援兵的身份更是让这些人害怕不已!

"黑骑士!"被弩箭射杀殆尽的凶徒们倒在血泊之中哀呼着。援兵骑在马上,身上穿着黑色的盔甲,映着天上的月光,发着幽幽暗暗的噬魂光泽。骑兵人人手上都拿着只有军队里才允许配备的硬弩,先前轻弩疾发,已经射死了大部分杀手。

黑色骑兵的拱卫中,是一位坐在马车里的中年人,面色苍白,下巴上有着很稀疏的几绺胡须。

(音频参考:https://xima.tv/1_3Zmfsd? _sonic=0)

梦醒处,已是百年身(节选)①

正是盛夏时节,不比初春时的一片新绿,知道好日子才开始,所以明亮快活,眼前的绿是沉甸甸的,许是因为知道绚烂已到了顶,以后的日子只有每况愈下。

正如我此时的心情。已是在古代的第十个日子,可我还是觉得这是一场梦,只等我醒来就在现代社会,而不是在康熙四十三年;仍然是芳龄二十五的单身白领张晓,而不是这个才十三岁的满族少女马尔泰·若曦。

十天前,我下班后,过马路时没有注意来往车辆,听到人群的尖叫声时,已经晚了,感觉自己向天空飞去,却看到另一半身体仍挂在卡车上,恐惧痛苦中失去了意识,等醒时已经在这具身体前主人的床上了。

据丫鬟说,我是从阁楼的楼梯上摔了下来,然后昏迷了一天一夜,而对我醒后一切

---

① 桐华.步步惊心[EB/OL].(2017-03-12)[2023-04-09].https://www.wcxsw.com/book_31901/12333892.html.

都忘记了的“病情”,大夫说是惊吓过度,好好调养,慢慢就能恢复。

走了没多久,我的额头上已经见汗。姐姐的陪嫁丫鬟巧慧在旁劝道:“二小姐,我们回去吧,虽说已经过了正午,可这会的地热气才最毒,您身体还没有完全好呢!”

我温顺地应道:“好!姐姐的经也该念完了。”

我现在的名字是马尔泰·若曦,而这个白得的姐姐叫马尔泰·若兰,是清朝历史上颇有点名气的廉亲王八阿哥允禩的侧福晋,不过,现在八阿哥还未封王,只是个多罗贝勒,而且也未需避讳雍正的名字而改名,所以应该叫胤禩。

这个姐姐的性格说好听了是温婉贤淑,说难听了是懦弱不争,一天的时间里总是要花半天念经。我猜恐怕是不太受宠,至少我在这里的十天,从未听到八阿哥来。不过从这十天来看,她对这个妹妹却是极好的,从饮食到衣着,事无巨细,唯恐我不舒服。我心里叹了口气,如果我不能回去,那我在这个时空也只有她可以依靠了,可想着未来八阿哥的下场,又觉得这个依靠也绝对是靠不住的。不过,那毕竟是很多年后的事情,现在暂且顾不上。

回到屋中时,姐姐果然已经在了。正坐在桌旁吃点心,见我进屋,她带点嗔怪地说:“也不怕热气打了头。”

我上前侧坐在她身旁笑说:“哪就有那么矜贵呢?再说,我这么出去转了转,反倒觉得身体没有前几天那么重了。”

她端详着我说:“看上去气色是好了一些,不过现在天气正毒着,可别在这个时候再出去了。”我随口应了一声“知道了”。

冬云端着盆子过来半跪着服侍我洗手,我暗笑着想,知道是知道了,照不照做下次再说。巧慧拿手巾替我擦干手,又挑了点琥珀色的膏脂出来给我抹手,闻着味道香甜,只是不知道是什么做的。

洗干净手,正准备挑几块点心吃,突然觉得奇怪,抬头看,姐姐一直盯着我,我心一跳,用疑问的眼神看回去。她又突然笑了,“你呀以前最是个泼皮的性子,阿玛的话都是不往心里去的,摔了一跤倒把人给摔好了,温顺知礼了!”

我松了口气,复低头去看点心,一边笑问“难不成姐姐倒希望我一直做泼皮?”

姐姐拣了块我爱吃的芙蓉糕递给我,“再过半年就要去选秀女,也该有点规矩了,哪能一直混吃胡闹呢?”

一口芙蓉糕一下卡在喉咙里,大声地咳嗽起来,姐姐忙递水给我,巧慧忙着帮我拍背,冬云忙着拿帕子,我连着灌了几口水,才缓过劲来。姐姐在一边气笑着说:“才说着有规矩了,就做这个样子给人看,可没人和你抢!”

我一边擦着嘴,一边心里琢磨,该怎么办?告诉她我不是你妹妹若曦?肯定不行!心思百转千回,竟没有一个主意。只能安慰自己,不是还有半年的时间吗?

我若无其事地问姐姐，“上次听姐姐说，阿玛在西北驻守，我是三个月前才到这里，难道是因为选秀女的原因，阿玛才把我送过来的？”

“是啊！阿玛说额娘去世得早，你又不肯听姨娘的话，越管越乱，想着你倒还肯听我几句，所以送来，让我先教教你规矩。”

……

这段时间我是早上吃了饭就去溜圈子，晚上吃了饭又去溜圈子，这是我现在唯一能想出来的锻炼方法。虽说简单，但效果很是不错，越来越觉得这个身体像是自己的了，不像初醒来的几天，总是力不从心的感觉。

也曾用言语诱使巧慧领我到真若曦摔落的阁楼，立在楼上，几次都有冲动跳下去，也许再一睁眼就回到现代，可更怕现代没回去，反倒落下残疾，而且心底深处其实隐隐明白后者的可能性更大，车祸后昏迷前看到的恐怖一幕，并不是幻觉，至于我的灵魂为什么会到这具古人的身体里，我也不知道，只能既来之，且安之。

巧慧陪我溜完一大圈子，两人都有些累，假山背后正好有块略微平整的石头，巧慧铺好帕子让我坐，我拖她坐到旁边。太阳刚下山，石头还是温的，微风吹在脸上，带着点凉意，很是舒服。

我半仰脸，看着头顶的天空，天色渐黑，蓝色开始转暗但仍然晶莹剔透，看上去是那么低，好似一伸手就能碰到它。我心想这的确是古代的天空，在北京的时候唯一一次看到类似的天空是在灵山上。想起父母，心中伤痛，并非伤痛自己的死亡，而是伤痛父母白发人送黑发人的悲痛，不过幸好还有哥哥，他自小就是父母的主心骨，有他在，我也可略微放心。

正在伤感，听到巧慧说，“二小姐，你的确是变了呢！”

这句话这几天姐姐老说，我由开始的紧张到现在的不太在意，仍旧看着天空问：“哪里变了？”

“你以前哪能这么安静，总是不停地说，不停地动，老爷说你是头‘野马驹子’，你摔了之前，常劝主子少念经，衣服穿得鲜亮点，我们还庆幸着终于有个人劝劝了，可现在你也不提了。”

我侧头看向巧慧，她却一碰我的目光就把头低了下去。

我想了想，“姐姐现在这样很好。”

巧慧低着头，声音略带着颤说：“很好？都五年了，别人后进门的都已有了。”

我不知道该如何给她解释，难道告诉她八阿哥将来下场凄凉，现在越亲近，将来越受伤？叹了口气，道：“远离了那些子事情对姐姐未尝不是件好事，姐姐现在心境平和，知足常乐，我看不出来哪里不好。”

巧慧抬头看我，似乎想看我说的是不是真心话，最后侧过了头说：“可是府里的那些人……”

我打断她的话说："抬头看看天空，看看这么美丽的天空，你会把那些不开心的事情都忘了的。"

她有点反应不过来，愣愣地抬头看了下天，又看看我，还想说什么，我半仰着头看着天一动不动，她终是把话咽了回去，也随我呆呆地看着天空。

突然传来一阵笑声，从假山侧面转出两个人来，领先的身量较矮，略微有点胖，大笑着对后面一个说："这小丫头有意思，十三四岁的小姑娘，怎么说起话来竟像已经历世情的人，不合年龄的老成！"

巧慧一看来人，立即站起请安，"九阿哥，十阿哥吉祥！"

从到这里以来还没见过外人，我一时愣在那里，看到巧慧请安才突然反应过来，这个年代尊卑有别，幸亏古装电视剧没少看，也急忙学着她的样子躬身请安，心里却直为刚才他所说的话打鼓，我又忘了我现在的年龄是十三，而非二十五了。

前面笑着的那个少年，也不说话，只是用手摸着下巴上下打量我，我心想这个应该是十阿哥，侧后站着的那个身板格外挺直的，应该是九阿哥。九阿哥平平地说了声："起吧！"

我和巧慧直起身子。我心里一边想着原来在康熙鼎鼎有名的诸子中，我首次见到的不是贤王八阿哥，而是传说中的毒蛇老九和草包老十，一边琢磨刚才的话有哪句不妥当，好像没说什么不敬的话，即使被他们听去了，应该也没什么吧？

十阿哥笑问："你是马尔泰家的？"

我道："是！"

他好像还想说些什么，九阿哥催道："走吧，八哥还等着呢！"

十阿哥一拍脑袋，急忙从我们身边走过，大嚷着："是啊，我一看热闹就把正事给忘了，走，走，走！"

等他俩走过，我抬头看着他俩的背影，想着刚才十阿哥的样子，感叹"古人诚不欺我"，真是有点像草包，不禁笑起来，笑容刚展开，正对上十阿哥回转的脸，一下子有点僵，以下嘲上不知道什么罪？正惴惴不安，不想他竟朝我做了个鬼脸，我没忍住，扑哧一下又笑出来。他朝我咧着嘴笑了笑，回过头，追着九阿哥而去。

往回走时，巧慧不说话，不知道是因为刚才有点被吓着了，还是对我不满。我也一直沉默着，心内暗暗琢磨刚才的事情，如果我那可怜的历史知识属实，十阿哥的肠子可没有几道弯，只怕刚才的事情他肯定会随口告诉八阿哥，至于八阿哥会怎么反应，我完全不知道，以他贤王的称号想来应不是小气之人，不过还是先给姐姐说一声，有个准备总是好的。心里拿定了主意，也快到了，放慢脚步，对巧慧说："我总是希望姐姐过得好的，你放心吧！"说完也没有管巧慧什么反应就快步进了屋子。

传闻中的陈芊芊①

穿越成女配

陈小千气呼呼回家，一边放包，一边脱外套，一边夹着电话声嘶力竭地跟制片人告状。

陈小千保持着在片场嘶喊的状态，几乎是不给张总任何插嘴的机会，“张总——不是我不配合——是没法沟通——他根本就不听我说话，我一张嘴他就飞上去，我嗓子都快喊哑了——什么，他说他不演了——他、有、病！”

那连珠炮一样的速度，声音甚至还高了八度，制片人几次打断都插不上话。

就在陈小千说了一长串，刚要喘口气的时候，手机短信提示音突然响起。

见状，陈小千先是皱了皱眉，但是随后意识到什么，她赶紧凑到电脑前，猛按 F5。

网银页面显示稿费入账，竟然后面好多零。

陈小千惊了，脖子都僵硬得转不过弯来。

这……

零点零零一秒钟之后，陈小千态度一百八十度大转变，连忙把扔到一边的手机给找回来，和声细语地说道：“张总，我还是太年轻了，不应该把个人情绪带到工作中来。您放心，演员老师指出的问题我一定能改好，绝对不会耽误开机时间！”

不等张总再说什么，陈小千果断挂了电话，还木呆呆地，用手指头戳着电脑屏幕数有几个零，渐渐露出倔强的笑容。

大概十秒钟之后，陈小千脸上还滞留着的愤慨的表情逐渐地转化为了一抹笑容，她一边在原地拉了拉筋，一边喃喃地说道：“不就是平等嘛，不就是爱情嘛！让你见识一下，优秀编剧的职业素养！”

陈小千脸上一副势在必得的表情，坐在屏幕面前之后瞬间切换到工作状态，电脑左侧摆放着营养剂和护肝片，电脑右侧摆着小零食和方便面。

陈小千嘴里叼着一袋红参，呈战备状态坐到电脑前。

一切准备就绪，陈小千拿出了备战高考的决心和毅力毅然打开了 word 文档，键盘的敲击声连绵不断地响了起来。

时间慢慢过去，陈小千已经写嗨了，一边打字一边开始自言自语。

陈小千坏笑起来，“玄虎城，男人当家作主，打仗打赢了，可以睡战俘。花垣城，女人当家做主，打仗打赢了，也能睡战俘……那两城交战岂不是……”

说到这里，陈小千意识到不对劲，立刻收住，晃了晃脑袋说道：“不能这么写不能

① 棒棒冰. 传闻中的陈芊芊[EB/OL]. (2020-05-18)[2023-04-06]. https://www.qidian.com/chapter/1021165403/536021522/.

这么写……”

一边说着，陈小千将刚才打的字删掉，掏出提神的精油往太阳穴上抹。

第二天凌晨，陈小千对着word，流下感动的泪水。

陈小千含着眼泪的双眼布满了红血丝，并且极其深情地说道：“韩烁，我从未怀疑过你，你却如此狠心……”

说着，陈小千又用纸巾擦掉眼泪，一把抓住了桌边玩偶的手，强势霸道不容拒绝地说道：“楚楚，留下来，来日我继位城主，你可以做我的城主夫人。”

陈小千说完之后，在原地自我感动了良久，最终……不屑地“呸”！

渣男！

天渐渐地暗了下来，又到了夜晚，陈小千哈欠不断，拆了几包速溶咖啡倒进杯子里，又往这杯浓缩咖啡里扔了几颗枸杞，一饮而尽。

陈小千咂了咂嘴里的苦味，轻哼一声，得意扬扬地说道：“不谈恋爱就不会写爱情戏吗？太小看人了吧……”

话音刚落，陈小千就打了一个喷嚏，然后如临大敌般地围上了被子。

陈小千一边将自己裹得像一条毛毛虫，一边嘟囔着：“可千万不能生病啊……剧本还没写完呢……”

夜深了，旁边的灯光一个个暗下，只剩下陈小千孤独地挑灯夜战，逐渐陷入了半入神的状态，几乎已经感觉不到时间的流逝了。

日夜交替，陈小千越来越萎靡，眯着一双布满了红血丝的眼睛，但是却依旧还在坚持打字。

陈小千趴在电脑前有气无力地嘟囔着：“花垣城二郡主陈楚楚，历经磨难，终于登上城主之位。陈楚楚继任大典上，天降祥瑞，日月同辉，天门大开，异彩漫天。”

说完这句话之后，陈小千的眼前已经是花白一片，习惯性地打了个“完”，手指在键盘句号处停了下来。

而此时，陈小千眼前花白的画面出现了“日月同辉，天门大开”的奇异景象，异彩漫天淹没了一切。

片刻之后，陈小千的电脑椅向后倒去，整个人栽倒在地板上。

电脑屏幕上依旧闪烁着大结局后面的一个“完”字。

深夜，花垣城里灯红酒绿热闹一片，而在教坊司之中，陈小千睡在一张铺着丝绸，华丽非常的紫檀木矮榻上。

过了片刻，陈小千悠悠转醒，随即闭着眼睛坐起身，伸了个懒腰，口中还一边喃喃道：“写完稿子就是睡得踏实……”

话还没有说完，陈小千就发觉似乎哪里不对劲，于是猛地睁开了眼睛。

但是却忽然发现自己在一间古香古色的陌生房间里，伸展的双臂慢慢缩了回来，一双眼睛也瞪得老大。

片刻之后,陈小千小心翼翼地下床,茫然四顾。

陈小千一边打量着房间布置,脸上满是疑惑。

她这是在哪里?

看起来好像是古代的房间……

很快,陈小千就有了一个大胆的猜测,于是不禁倒吸一口冷气。

此时此刻,在陈小千眼中,屋子里的一切东西都有了价签,并伴随金币掉落的咔咔声。

桌上,一场盛宴后的杯盘狼藉,标价¥4880。

地上,横七竖八的酒瓶,标价¥3880。

墙上的古代字画被泼上了大块墨迹,标价¥9880——客损赔偿。

陈小千畏畏缩缩地来到门口,推开房门,又被眼前的景象吓到。

房门外是十分宽敞的中厅,地上横七竖八躺满了身着薄纱里衣的绝色男子,每个人怀里抱着琴筝笛鼓等乐器,鲜艳的水果和酒壶散落在地,一片狼藉。

陈小千小声数地上的男人:一、二、三、四、五、六、七……金币疯狂掉落的声音。

一阵绝望涌上心头,陈小千关上房门,木然地退回卧房里。

看到此情此景,陈小千简直恨不得给自己一巴掌。

陈小千你飘了,你赚了点钱,就敢来夜店消费了!

看看自己的古装扮相,你还玩情趣……

陈小千无所适从,满地乱走,转身徘徊间,衣摆扫到桌上一个水晶酒杯。

在陈小千眼中,水晶酒杯旁边出现标价¥688。

离韩烁那扫把星越远越好

于是陈小千赶紧抢救酒杯,却已经来不及了,表情也逐渐变得狰狞,只好眼睁睁看着酒杯摔碎。

看着那一地的狼藉,陈小千哭唧唧地揉着心口,一边揉还一边说道:“虱子多了不怕痒,不心疼不心疼……”

不心疼个屁啊!

这可都是她日以继夜赚来的钱啊,又不是大街上捡来的!

而在大厅里,伴随着酒杯摔碎的声音响起,地上的乐人甲率先醒来。

乐人甲:“起来起来,赶紧起来,三公主醒了,摔杯子呢。”

话音一落,乐人们便连忙醒来,起身整理仪容,门外的侍女们也端着洗漱用品来到门前。

卧房里,陈小千怔愣地任凭一群侍女摆布。

侍女奉上铜盆,陈小千木然洗脸。

侍女奉上金杯,陈小千木然漱口。

侍女奉上外衫,陈小千木然往身上套。

乐人们排成一排,鱼贯而入,整整齐齐地俯身给陈小千行礼,“给三公主请安,谢三公主惠顾!”

陈小千此时还没回过神来,只是下意识地木然问道:“你们,都多少钱啊?”

说完这句话之后,陈小千仿佛感觉到“钱”这个字正在她的耳边无尽地回响着,渐行渐远……

乐人甲:“小的一夜千金。”

乐人乙:“小的一夜九百。”

乐人丙:“小的一夜八百。”

乐人们陆续报价。

陈小千越听越绝望,头顶冒出一串消费总额。

乐人丁看着陈小千似乎是脸色不悦,于是赔着笑脸连忙上前说道:“但是陪三公主您喝酒,小的统统免费。”

闻言,陈小千骤然回神,惊喜地起身,“免费?”

这一瞬间,陈小千头顶上的数字统统消散得一干二净,只觉得一阵神清气爽。

陈小千窃喜了片刻,但是很快就意识到了不对劲,猛地瞪大了眼睛说道:“不对,你们刚刚说什么?三公主?你叫我三公主?!”

乐人们不知道陈小千的意思,于是面面相觑,谁也不敢率先说话。

陈小千有些害怕地环顾眼前的乐人和侍女们,他们都一脸关切地看着自己,丝毫没有演戏的样子。

就在这时,陈小千忽然想起了什么,脸上的表情逐渐碎裂,一扭头,便看见大厅内的莲花纹饰。

教坊司的大厅之内,到处都能够看到赤色的莲花纹饰,看起来很是精美繁复。而且赤色莲纹,在这教坊司之中,非但没有莲花的清高孤洁之姿,反而是多了些缱绻的靡靡之色。

见状,陈小千表情一滞,不会这么巧吧?

回过神来之后,陈小千急忙查看其他乐人的手腕,只见这些乐人的手腕上都系着一模一样的莲花手镯,上面装饰着铃铛,走起路来叮当作响。

陈小千直接惊住了,满脸都是不可置信。

并且在心里暗暗想着:“莲花镯配铃铛,这是我剧本里,教坊司的乐人才有的记号啊!”

意识到这一点之后,陈小千凝神四顾,“难道……!这里是……”

不会吧?!

就在这时陈小千想到什么,快步走至窗畔,用力推开窗户。

她一眼看到的,正是花垣城大街的情景。

因为现在已经是清晨了,零零散散地开始有人走动,而走在街上的,也像陈小千剧本中的设定那样,多是女子。

教坊司内,陈小千猛地关上窗户,倒吸一口冷气。

完了,她居然卡在自己写的剧本里了!

……

第五节　经典小说

一、经典小说定义

经典小说是指在历史潮流中得以脱颖而出并能流传后世的文学精品,具有极高的阅读价值。经典小说“经典”的标准,是看它的文学价值,还是看它的流传性抑或是看它是否写出了一些可能被压制或淡忘的人和事,目前还没有明确的答案。在蒂姆·洛特看来,经典必须“讲出一些永恒的东西,不局限于这个时代”。

经典的创作内容应有独特的价值追求:在表现生活时,关心社会各阶层特别是弱势群体的生存状态,批判社会黑暗势力,张扬人道正义价值;在塑造形象时,记录历史真实,揭示历史规律,使作品具有厚重的历史感。经典小说要能深深吸引读者,能重重撞击读者的心灵,令人回味无穷。

二、经典小说演播技巧

(一)了解作者生平,把握作品风格

经典小说的作者多是著名作家,其作品数量很多。但是,在不同时期和阶段,作者的风格也会出现不同的变化。因此,演播者在演播某部经典小说之前要查阅足够多的资料,详细总结出作者在不同时期的风格特色,从而把握好创作演播作品时的心境,这样演播者才能更精准地把握作品,确定基调。

(二)理清人物关系

篇幅较长、人物众多是很多名著的一个特点。众多的人物有着千丝万缕的联系,他们构成错综复杂的人物关系。如大家所熟知的《红楼梦》《西游记》《三国演义》等。

因此，演播者演播作品之前，须清晰地画出人物关系图，捋清楚不同人物之间的关系，在表达时做到心中有数。

(三)反复琢磨，细细品味

理解名著的要义是需要读者反复阅读的，也是需要足够的时间才能消化的。因此，演播者要对所演播的作品，无论从遣词造句、修辞手法，还是环境描写、心理描写、人物对白等都要反复琢磨，细细品味，努力读懂作者的言外之意。尤其是有些句子还富有哲理和深意，更需要演播者进行深入思考，否则，所传递的意思就会有误导受众的风险。

实战演练

《项链》(节选)①

莫泊桑

晚会的日期已经近了，骆塞尔太太好像在发愁，不放心，心里有些焦躁不安。然而她的新裙袍却办好了。她丈夫某一天傍晚问她："你怎么了？想想吧，这三天以来，你是很异样的。"

于是她说："没有一件首饰，没有一粒宝石，插的和戴的，一点儿也没有，这件事真叫我心烦。简直太穷酸了。现在我宁可不去赴这个晚会。"

他接着说道："你将来可以插戴几朵鲜花。在现在的时令里，那是很出色的。花十个金法郎，你可以买得到两三朵很好看的玫瑰花。"

她一点也听不进去。

"不成……世上最叫人丢脸的，就是在许多有钱的女人堆里露穷相。"但是她丈夫高声叫唤起来："你真糊涂！去找你的朋友伏来士洁太太，问她借点首饰。你和她的交情，是可以开口的。"

她迸出了一道快活的叫唤："这是真的。这一层我当初简直没有想过。"

第二天，她到她这位朋友家里去了，向她谈起了自己的烦闷。

伏来士洁太太向着她那座嵌着镜子的大衣柜跟前走过去，取出一个大的盒子，带过来打开向骆塞尔太太说："你自己选吧，亲爱的。"

她最初看见许多手镯，随后一个用珍珠镶成的项圈，最后是一个威尼斯款式的金十字架，镶着宝石的，做工非常精巧。她在镜子跟前试着这些首饰，迟疑不决，舍不得丢开这些东西，归还这些东西。她老问着："你还有没有一点什么别的？"

---

① 莫泊桑.莫泊桑短篇小说选:名师导读版[M].张燕文,编译.北京:朝华出版社,2012:91-95.

“有的是,你自己找吧。我不晓得哪件合得上你的意思。”

她忽然在一只黑缎子做的小盒子里发现了一串用金刚钻镶成的项链,那东西真的压得倒一切,于是她的心房因为一种奢望渐渐跳起来。她双手拿着那东西发抖,她把它压着自己裙袍的领子绕在自己的颈项上面了,对着自己在镜子里的影子出了半天的神。

后来,她带着满腔的顾虑迟疑地问道:“你能够借这件给我吗,我只借这一件?”

“当然可以,当然可以。”

她跳起来抱着她朋友的颈项热烈地吻了又吻,末了,她带着这件宝贝溜也似的走了。

晚会的日子到了,骆塞尔太太得到了极大的成功,她比一般女宾都要漂亮、时髦、迷人,她不断地微笑,并且乐得发狂。一般男宾都望着她出神,探听她的姓名,设法让人把自己引到她跟前做介绍。本部机要处的人员都想和她跳舞,部长也注意到了她。

她用陶醉的姿态舞着,用兴奋的动作舞着,她沉醉在欢乐里,她满意于自己的容貌的胜利,满意于自己的成绩的光荣;满意于那一切阿谀赞叹和那场使得女性认为异常完备而且甜美的凯歌,一种幸福的祥云包围着她。所以她什么都不思虑了。

她是清晨四点钟光景离开的。她丈夫自从半夜十二点钟光景,就同着另外三位男宾在一间无人理会的小客厅里睡着了,三位男宾的妻子也正舞得很快活。

他在她的肩头披上了那些为了上街而带来的衣裳——家常用的俭朴的衣裳,这些东西的寒碜意味是和舞会里的服装的豪华气派不相称的。她感到了这一层,于是为了避免引起另外那些珍贵皮衣的太太注意,她竟想逃遁了。

骆塞尔牵住了她:“等着吧。你到外面会受寒的。我去找一辆出租的马车来吧。”

不过她根本不听他的,匆匆忙忙下了台阶。等到他俩走到街上时,竟找不着车了,于是他俩开始去寻觅,追着那些他们远远地望得见的车子。

他俩向着塞纳河的河沿走下去,两个人感到失望,浑身冷得发抖。末了,他俩在河沿上竟找着了一辆像是夜游病者一样的旧式轿车——这样的车子白天在巴黎似乎感到自惭形秽,所以要到天黑以后才看得见它们。

车子把他俩送到殉教街的寓所大门外,他俩惆怅地上了楼。在她看来,这一切算是结束了。而他呢,却想起了自己明天早上十点钟应当到部里。

她在镜子跟前脱下了那些围在肩头的大氅,想再次端详端详无比荣耀的自己。但是陡然间她发出了一声狂叫。她已经没有那串围着颈项的金刚钻项链了!

她丈夫这时候已经脱了一半衣裳,连忙问:“你又怎么了?”

她痴傻了似的转过身来向着他:“我已经……我已经……我现在找不着伏来士洁太太那串项链了。”

他张皇失措地站起来:“什么!……怎样!……哪儿会有这样的事!”

于是他俩在那件裙袍的衣褶里、大氅的衣褶里和口袋里，都寻了一个遍。到处都找不到它。

他问道："你能够保证离开舞会的时候还挂着那东西吗？"

"对呀，我在部里的过道里还摸过它。"

"不过，倘若你在路上失掉了它，我们可以听得见它落下去的声响。它应当在车子里。"

"对呀。这是可能的。你可曾记下车子的号码？"

"没有。你呢，你当初也没有注意？"

"没有。"

他俩口呆目瞪地互相瞧着。末了，骆塞尔重新穿好了衣裳。

"我去，"他说，"我去把我俩步行经过的路线再走一遍，去看看是不是可以找得着它。"

于是他出街了。她呢，连睡觉的力气都没有，始终没有换下那套参加晚会的衣裳，就靠在一把围椅上面，屋子里没有生火，脑子里什么也没想。

她丈夫在七点钟回家。什么也没有找得着。

他走到警察总厅和各报馆里去悬赏，又去了各处出租小马车的公司，总而言之，凡是有一线希望的地方都走了一个遍。

她面对这种骇人的大祸，在惊愕状态中整整地等了一天。

骆塞尔在傍晚的时候带着瘦削灰白的脸回来了，他什么也没有发现。

"应当，"他说，"写信给你那个女朋友说你弄断了那串项链的搭钩，现在正叫人在那里修理。这样我们就可以有周转的时间。"

她在他的口授之下写了这封信。

一星期以后，他们的所有希望都消失了。骆塞尔像是老了五岁，他高声说道："现在应当设法去赔这件宝贝了。"

第二天，他们拿了盛那件宝贝的盒子，照着盒子里面的招牌到了珠宝店里，店里的老板查过了许多账簿。

"太太，这串项链不是我店里卖出去的，我只做了这个盒子。"

于是他俩到一家家的首饰店去询问了，寻觅一件和失掉的那件首饰相同的东西，凭着自己的记忆做参考，他俩因为伤心和忧愁都快要生病了。

他们在故宫街的一家小店里找到了一串用金刚钻镶成的念珠，他们觉得正像他们寻觅的那一串。它值得四万金法郎。店里可以作三万六千金法郎的价钱卖给他俩。

他们央求那小店的老板在三天之内不要卖掉这东西，并且另外说好了条件：倘若原有的那串在二月底以前找回来，店里就用三万四千金法郎收买这串回去。

骆塞尔本存着他父亲从前留给他的一万八千金法郎。剩下的数目就得去借了。

他开始动手借钱了，向这一个借一千金法郎，向那个借五百，向这里借五枚鲁意金元，向另一处又借三枚。他签了许多借据，订了许多破产性的契约，和那些盘剥重利的人、各种不同国籍的放款人打交道。他损害了自己后半生的前程，他不顾成败冒险地签上了自己的名姓，并且，想到了将来的苦恼，想到了马上会压在身上的黑暗贫穷，想到了物质上的匮乏和精神上的折磨构成的未来生活，他感到恐惧了，最终走到那个珠宝商人的柜台边放下了三万六千金法郎，取了那串新项链。

（音频参考：https://m.ximalaya.com/sound/163086447）

骆驼祥子（节选）①

老　舍

我们所要介绍的是祥子，不是骆驼，因为“骆驼”只是个外号；那么，我们就先说祥子，随手儿把骆驼与祥子那点关系说过去，也就算了。

北平的洋车夫有许多派：年轻力壮，腿脚灵利的，讲究赁漂亮的车，拉“整天儿”，爱什么时候出车与收车都有自由；拉出车来，在固定的“车口”或宅门一放，专等坐快车的主儿；弄好了，也许一下子弄个一块两块的；碰巧了，也许白耗一天，连“车份儿”也没着落，但也不在乎。这一派哥儿们的希望大概有两个：或是拉包车；或是自己买上辆车，有了自己的车，再去拉包月或散座就没大关系了，反正车是自己的。

比这一派岁数稍大的，或因身体的关系而跑得稍差点劲的，或因家庭的关系而不敢白耗一天的，大概就多数地拉八成新的车；人与车都相当的漂亮，所以在要价儿的时候也还能保持住相当的尊严。这派的车夫，也许拉“整天儿”，也许拉“半天儿”。在后者的情形下，因为还有相当的精气神，所以无论冬天夏天总是“拉晚儿”。夜间，当然比白天需要更多的留神与本事；钱自然也多挣一些。

年纪在四十以上，二十以下的，恐怕就不易在前两派里有个地位了。他们的车破，又不敢“拉晚儿”，所以只能早早地出车，希望能从清晨转到午后三四点钟，拉出“车份儿”和自己的嚼谷。他们的车破，跑得慢，所以得多走路，少要钱。到瓜市、果市、菜市，去拉货物，都是他们；钱少，可是无须快跑呢。

在这里，二十岁以下的——有的从十一二岁就干这行儿——很少能到二十岁以后改变成漂亮的车夫的，因为在幼年受了伤，很难健壮起来，他们也许拉一辈子洋车，而一辈子连拉车也没出过风头。那四十以上的人，有的是已拉了十年八年的车，筋肉的衰损使他们甘居人后，他们渐渐知道早晚是一个跟头会死在马路上。他们的拉车姿势，讲价时的随机应变，走路的抄近绕远，都足以使他们想起过去的光荣，而用鼻翅儿

① 老舍．骆驼祥子［M］．北京：人民教育出版社，2017：1-6.

扇着那些后起之辈。可是这点光荣丝毫不能减少将来的黑暗，他们自己也因此在擦着汗的时节常常微叹。不过，以他们比较另一些四十上下岁的车夫，他们还似乎没有苦到了家。这一些是以前决没想到自己能与洋车发生关系，而到了生和死的界限已经不甚分明，才抄起车把来的。被撤差的巡警或校役，把本钱吃光的小贩，或是失业的工匠，到了卖无可卖、当无可当的时候，咬着牙，含着泪上了这条到死亡之路。这些人，生命最鲜壮的时期已经卖掉，现在再把窝窝头变成的血汗滴在马路上。没有力气，没有经验，没有朋友，就是在同行的当中也得不到好气儿。他们拉最破的车，皮带不定一天泄多少次气；一边拉着人还得一边儿央求人家原谅，虽然十五个大铜子儿已经算是甜买卖。

此外，因环境与知识的特异，又使一部分车夫另成派别。生于西苑海甸的自然以走西山、燕京、清华，较比方便；同样，在安定门外的走清河、北苑；在永定门外的走南苑……这是跑长趟的，不愿拉零座；因为拉一趟便是一趟，不屑于三五个铜子的穷凑了。可是他们还不如东交民巷的车夫的气儿长，这些专拉洋买卖的讲究一气儿由东交民巷拉到玉泉山、颐和园或西山。气儿长也还算小事，一般车夫万不能争这项生意的原因，大半还是因为这些吃洋饭的有点与众不同的知识，他们会说外国话。英国兵、法国兵所说的万寿山、雍和宫、“八大胡同”，他们都晓得。他们自己有一套外国话，不传授给别人。他们的跑法也特别，四六步儿不快不慢，低着头，目不旁视的，贴着马路边儿走，带出与世无争，而自有专长的神气。因为拉着洋人，他们可以不穿号坎，而一律的是长袖小白褂，白的或黑的裤子，裤筒特别肥，脚腕上系着细带；脚上是宽双脸千层底青布鞋；干净，利落，神气。一见这样的服装，别的车夫不会再过来争座与赛车，他们似乎是属于另一行业的。

有了这点简单的分析，我们再说祥子的地位，就像说——我们希望——一盘机器上的某种钉子那么准确了。祥子，在与“骆驼”这个外号发生关系以前，是个较比有自由的洋车夫，这就是说，他是属于年轻力壮，而且自己有车的那一类：自己的车，自己的生活，都在自己手里，高等车夫。

这可绝不是件容易的事。一年，二年，至少有三四年；一滴汗，两滴汗，不知道多少万滴汗，才挣出那辆车。从风里雨里的咬牙，从饭里茶里的自苦，才赚出那辆车，那辆车是他的一切挣扎与困苦的总结果与报酬，像身经百战的武士的一颗徽章。在他赁人家的车的时候，他从早到晚，由东到西，由南到北，像被人家抽着转的陀螺；他没有自己。可是在这种旋转之中，他的眼并没有花，心并没有乱，他老想着远远的一辆车可以使他自由、独立，像自己的手脚的那么一辆车。有了自己的车，他可以不再受拴车的人们的气，也无须敷衍别人，有自己的力气与洋车，睁开眼就可以有饭吃。

他不怕吃苦，也没有一般洋车夫的可以原谅而不便效法的恶习，他的聪明和努力都足以使他的志愿成为事实。假若他的环境好一些，或多受着点教育，他一定不会落在“胶皮团”里，而且无论是干什么，他总不会辜负了他的机会。不幸，他必须拉洋车；好在这个营生里他也证明出他的能力与聪明。他仿佛就是在地狱里也能做个好鬼似的。生长在乡间，失去了父母与几亩薄田，十八岁的时候便跑到城里来。带着乡间小伙子的足壮与诚实，凡是以卖力气就能吃饭的事他几乎全做过了。可是，不久他就看出来，拉车是件更容易挣钱的事；做别的苦工，收入是有限的；拉车多着一些变化与机会，不知道在什么时候与地点就会遇到一些多于所希望的报酬。自然，他也晓得这样的机遇不完全出于偶然，而必须人与车都得漂亮精神，有货可卖才能遇到识货的人。想了一想，他相信自己有那个资格：他有力气，年纪正轻；所差的是他还没有跑过，不敢一上手就拉漂亮的车。但这不是不能胜过的困难，有他的身体与力气作基础，他只要试验个十天半月的，就一定能跑得有个样子，然后去赁辆新车，说不定很快地就能拉上包车，然后省吃俭用的一年二年，即使是三四年，他必能自己打上一辆车，顶漂亮的车！看着自己的青年的肌肉，他以为这只是时间的问题，这是必能达到的一个志愿与目的，绝不是梦想！

他的身量与筋肉都发展到年岁前边去；二十来的岁，他已经很大很高，虽然肢体还没被年月铸成一定的格局，可是已经像个成人了——一个脸上身上都带出天真淘气的样子的大人。看着那高等的车夫，他计划着怎样杀进他的腰去，好更显出他的铁扇面似的胸，与直硬的背；扭头看看自己的肩，多么宽，多么威严！杀好了腰，再穿上肥腿的白裤，裤脚用鸡肠子带儿系住，露出那对“出号”的大脚！是的，他无疑地可以成为最出色的车夫：傻子似的他自己笑了。

他没有什么模样，使他可爱的是脸上的精神。头不很大，圆眼，肉鼻子，两条眉很短很粗，头上永远剃得发亮。腮上没有多余的肉，脖子可是几乎与头一边儿粗；脸上永远红扑扑的，特别亮的是颧骨与右耳之间一块不小的疤——小时候在树下睡觉，被驴啃了一口。他不甚注意他的模样，他爱自己的脸正如同他爱自己的身体，都那么结实硬棒；他把脸仿佛算在四肢之内，只要硬棒就好。是的，到城里以后，他还能头朝下，倒着立半天。这样立着，他觉得，他就很像一棵树，上下没有一个地方不挺脱的。

（音频参考：https://xima.tv/1_n5Axz7?_sonic=0）

本章小结

1. 科幻小说的演播技巧主要从特殊角色特殊表达、倒装句式的巧妙运用、寓教于乐三方面去把握。
2. 言情小说的演播技巧主要从“巧用留白营造氛围感；节奏要紧凑，冲突要巧妙；音质优美动听，满足审美需求”三方面去把握。
3. 游戏小说的演播技巧主要从把握情感分寸、树立自身形象、给受众代入感三方面去把握。

4. 穿越小说的演播技巧主要从交错时空的处理、上帝视角的把握、多重身份的区分三方面去把握。
5. 经典小说的演播技巧主要从“了解作者生平,把握作品风格;理清人物关系;反复琢磨,细细品味”三方面去把握。

思考题

穿越小说和言情小说的演播技巧有哪些可以相互借鉴之处?

第十一章　广播剧演播

内容提要

1. 恐怖题材广播剧有哪些分类和演播技巧?
2. 爱情题材广播剧有哪些演播技巧?
3. 武侠题材广播剧有哪些演播技巧?
4. 少儿题材广播剧有哪些演播技巧?

广播剧,又称放送剧、音效剧、声剧,是一个戏剧化的广播电台或音频媒体由播音员或配音演员所演出的戏剧。它是以语言、音乐和音响为手段,由机械录制而成的戏剧形式;也是以帮助听者想象人物和故事,适应电台广播的需要而产生的一种艺术形式。广播剧是给人听的,其特征是运用声音手段塑造人物、烘托环境、展现剧情,受众则是在听觉与思想情感的转换中理解剧情,是“线性的想象的艺术”。从这个意义上讲,精品广播剧的生产从剧本创作到演播都要努力把握好和运用好广播剧的基本特征和艺术规律。

广播剧以人物对话和解说为基础,往往是由多人演绎的,并且还充分运用音乐伴奏、音响效果来增加气氛,人物对话是推动广播剧剧情发展的主要手段。广播剧要求演员配音要个性化、口语化,富于动作性,演员播演一定要吐字清楚,表达准确生动,感情充沛真挚;配乐应当富有特色,波澜起伏,动人心魄;音响效果必须逼真;解说词应当帮助听众了解剧中情景和人物的动作状态。

没有可视组件,失去视觉手段是广播剧的弱点。因此,广播剧不宜表现人物众多的场面、复杂且多头绪的情节;要求线索单纯清晰,人物集中。也正是因为只有听觉手段(语言、音乐和音响),广播剧可以充分地调动听众的想象力,使之必须直接参与创作,从中获得特殊的艺术享受;由于失去视觉手段,广播剧在展开情节的时候可以获得更大的时空自由,并使幻想、梦境、回忆等成为广播剧的优势题材。广播剧还能治愈人的心灵,用语言的魅力来让人放松,以情节影响人的感情。

第一节 恐怖题材广播剧

一、恐怖题材广播剧定义

恐怖题材广播剧,是以制造恐惧、紧张情绪为目的的一种广播剧,其故事内容荒诞离奇,使人感到恐怖。恐怖题材广播剧中往往会出现令人心里发毛或瘆人的怪物、邪恶的动物以及超自然的鬼怪等形象。比如描写丧尸咬人、凶猛动物噬人、恶人杀人、鬼怪作祟等情节。此外,一些渲染地震以及核战争等的所谓灾难题材的广播剧也属此类。

恐怖题材广播剧实际上是最贴近广播剧艺术特性的一种样式。因为广播剧需要制造悬念,只有悬念才能使受众产生强烈的期待。恐怖题材广播剧往往是为了引起受众的害怕、恐惧、不安、惶恐等原始的负面情绪,通过宣泄这些情绪令受众得到特殊的娱乐体验。

二、恐怖题材广播剧分类

恐怖题材广播剧来源主要有两种,一种是专门的撰写团队集体创作的,一种是恐怖片、恐怖书籍改编的广播剧。根据具体内容的不同,恐怖题材广播剧又可以细分为以下几类:

(一)僵尸丧尸类

僵尸丧尸类内容的广播剧近年来一直位于恐怖题材广播剧排行榜的前列。僵尸系列如《赶尸惊魂》《大力僵尸》《无尽尸路》等,丧尸系列如《重生之丧尸围城》《丧尸夜半歌声》,大型丧尸末日题材广播剧《陷落》《逃生之路》《恐慌沸腾》等。

(二)猛兽恶人类

猛兽类如猫耳 FM 热播的《我的怪物》,喜马拉雅 FM 的《兽命》等。恶人类如《好兆头》,以及哔哩哔哩的《巴尔塔萨的崛起》、喜马拉雅 FM 的《恶驴凶人》等。

(三)妖魔鬼怪类

这一类的最大特色就是做反派的不是人类,而是妖怪、恶灵或者是外太空生物等。比如喜马拉雅 FM 的《宝珠鬼话之镇魂钉》《玄门禁术之百鬼夜行》《惊鬼》《地铁灵异事件》和猫耳 FM 的《鬼娃》等。

三、恐怖题材广播剧演播技巧

(一)巧用声调

真正的恐怖是表面很平静,却在这种平静下让人感到一种莫名的危机。因此,在演播时,演播者更多地用声调,比如阴阳怪气、话里有话的声调来预示即将发生的可怕事情。

(二)营造氛围

心理层面的恐怖是最恐怖的,即越想越害怕。在正常的、司空见惯的人和事中,隐隐地包含着一点不正常,或者突然感到有点什么东西变得不正常了,但又说不出到底哪里不正常,这种感觉特别可怕。因此,演播者在表达时不要在音量大小上做文章,反而要表现得和其他题材的广播剧没有什么区别,却营造出一种“总感觉有大事要发生”的氛围感。

(三)控制气息

人们常用“气乃声之本”来说明气息与声音的关系,这表明呼吸在发音过程中起着重要的作用。恐怖题材的广播剧演播要达到较好的效果,除了利用声音、声调外,演播者还要有较强的呼吸控制能力,做到呼吸方式的多样性和灵活性相结合。此外,恐怖题材的广播剧不能铺垫太多,越是重要的地方越要加快节奏,甚至轻描淡写,直奔高潮。

实战演练

穿雨衣的女人①

旁白:现在我要带你去认识一个穿雨衣的女人。(打雷下雨声)又是一个令人烦躁不安的雨夜。小茹斜躺在客厅的沙发上无聊地看着电视节目,她盼望着明天早点到来,因为丈夫叶文明天就能够到家了。叶文比小茹大9岁,是个生意人,妻子几年前去世了。他和小茹是在去年结的婚,那时叶文的生意非常成功,就在近郊买下了这栋二层小楼。(敲钟的声音)墙上的大钟敲了十下,雨还在不停地下着。

① 洋洋睑蜜哒.张震讲故事:穿雨衣的女人[EB/OL].(2014-08-10)[2023-01-09].https://www.aipiaxi.com/article-detail.93449.

(敲门声)

小茹:(慵懒)诶?这么晚了谁会来敲门啊?

旁白:来到门边,她透过门镜向外看去,一个穿雨衣的女人站在门外。

小茹:你找谁?

女:这是叶文的家吗?

旁白:小茹打开了门。

小茹:哦,他去外地了,您有什么事进来谈吧!我是他妻子。

女:哦,不了。他什么时候能回来?

小茹:他明天下午到家,您有什么要紧的事儿吗?

女:没有,明天晚上我再来吧!

旁白:说完那女人淡淡地笑了一下。

女:呵呵。

旁白:眼神里闪现出一丝怪异的光,转身走了。小茹关上门愣愣地站着,她的心里有一股说不出的滋味。

小茹:这女人看起来怎么这么面熟啊?好像是在哪见过?

旁白:小茹这样想着走到了窗边的一个柜子前,她轻轻地打开了柜子地门朝里看去,有一双眼睛在死盯盯地看着自己,那是叶文已经死去的前妻的遗像。

小茹:……是她!没错就是她!那眼神几乎一模一样,还有……还有那左脸颊上的痣。刚才那个穿雨衣的女人不是也有一颗同样的痣吗!怎么回事?

旁白:小茹猛地关上了柜子的门。这一夜小茹躺在床上无论如何也睡不着了,那个女人的脸总是在眼前浮现。

小茹:她究竟是谁呢?她总该不会是那个死去的女人吧?(打雷下雨声)不!这怎么可能呢?这怎么可能呢?

旁白:天刚亮,小茹就接到了叶文的电话。电话很匆忙,他说他正在和外商进行一个重要的谈判,还要再等两天才能回来。小茹这一肚子的疑团和惊悚还来不及向叶文倾诉,电话已经挂断了。这讨厌的雨啊!已经下了一整天,令小茹感到心烦意乱。傍晚5点多钟的时候,小茹约了几个朋友去饭店吃饭,叶文不在家的时候她总是这样做。不过今天她故意回来的很晚,她担心那个女人再来造访,当出租车驶到她家门口的时候,已经是午夜的十二点半了。雨停了天还阴着,小茹打开房门走了进去。

女:才到家啊?

小茹:谁?

旁白:小茹猛地按亮了电灯,在沙发上坐着那个穿雨衣的女人。一张苍白的脸,一对失神的眼睛放出幽幽的光。那雨衣帽檐下露出一绺乱蓬蓬的头发,几乎挡住了她的眉毛。

小茹:你,你是怎么进来的?

女:(笑)十点钟的时候我来找叶文,我敲了几下门,没有人来开,我一推门就开了,屋里没有人,我就坐在屋里等了一会儿。怎么叶文他还没回来?

小茹:他,他还要再等两天才能回来!你找他到底有什么样的事啊?

女:哦,没什么,过两天我再来吧!以后出去可得锁门啊!

旁白:那女人用干瘦的手撩了一下头发,走了。小茹蒙了,明明自己走的时候是锁了门的。

小茹:怎么……怎么会这样呢?这女人一定有来头。

旁白:一股莫名的冲动涌上了小茹的心头。她关了电灯锁上房门,悄悄地跟了出去。那女人就在不远处的前头,她走进了一幢还没有竣工的大楼,小茹也壮起胆子跟了进去。一楼,二楼,三楼,那女人在一阶一阶地走着。小茹就这样跟随着,她生怕自己发出任何响动。(打雷下雨声)又下雨了,还打起了雷。伴随着沉闷的雷声,那女人走到了顶层——七楼。这时一道闪电照亮了这漆黑的楼道,小茹看见在自己面前正对着自己的就是那女人微笑的惨白的脸!(打雷下雨声)小茹险些叫出声来,楼道里瞬间恢复了黑暗。也许是自己的错觉吧!小茹分明看见那女人还在缓缓地走着。六楼,五楼,四楼,那女人开始顺着另一侧的楼梯向下走了。小茹就这样蹑手蹑脚地跟着。快要到一楼的时候,小茹被脚下的什么东西绊了一下,她一哈腰险些跌倒,等她再抬起头来的时候,前面的那个人不见了。

小茹:嗯?哪儿去了?

旁白:小茹怯怯地下了几级台阶,站在了一楼。是不是她已经走出了这幢楼了?小茹向前走了几步。她把楼门拽开了一道小缝儿。

小茹:诶?什么东西在门口?好像是个长方形木头箱子。

旁白:小茹索性打开了楼门。天啊!哪里是什么木头箱子!那是一口棺材!

小茹:啊……

旁白:小茹大叫一声,她几乎昏了过去。

小茹:难道,难道那女人真的是鬼?这棺材,这棺材就是她的家?

女:你是来找我的吧?

小茹:谁?

旁白:小茹猛地转过头去,身后正站着那个穿雨衣的女人。那女人向自己走来了,小茹看见这女人好像是抱着自己的遗像。

女:你找我干什么啊?你找我干什么啊?(笑)

旁白:小茹病倒了,这回她病得很重。叶文日夜守护在她的身边,不再让她受任何打扰。因为这回小茹的精神分裂症更加严重了,她所看到的世界跟所有人都不一样。令叶文最不能原谅自己的就是半个月前,选择了一个和前妻长得很像的生意合伙人,而自己因为忙碌忘记了自己与她约定的日期,让小茹在那个雨夜独自接待了这位不速之客!(打雷下雨声)好了,这就是我要为你讲述的穿雨衣的女人……

《午夜惊魂》004 楼上的人偶

欢迎收听由喜马拉雅出品的《午夜惊魂》,由一只阿随和他的朋友们共同演绎,第四集。

杨暮雪定了定神,又俯身拾起铜镜,里面赫然浮现的是她自己那张有些惊恐的脸,"看来刚刚只是产生了幻觉,自己吓自己了。"她摸着铜镜,忽然手指莫名一阵疼痛,翻手一看,指尖裂开了一道口子,血还在不断地往外冒着,有几滴血已经滴在了镜面上。

糟糕。她走到洗手间,打开水龙头,想要将手指上的血冲洗一下,却没想到水龙头打开后,流出来的却不是水,而是暗红色的液体,就像是血,只是她心中满是疑问,并没有注意到。她觉得很奇怪,这镜面很光滑,怎么会划破自己的手指呢?更让人奇怪的是,那几滴落在镜面上的血也已经消失不见了。杨暮雪放下手中的镜子,好不容易从包里找到一张创可贴贴上,这才缓缓地走上楼。

这房子楼下是店面,楼上可以住宿,中间用一层木质的楼板隔着。楼上拉着厚厚的窗帘,即使是白天,房间里还是阴森森的。

"喵……"

杨暮雪觉得脖颈一凉,不由得打了个哆嗦。

这叫声极不友善,似是宣誓自己的地盘不容他人侵犯。杨暮雪循声看去,却见衣橱上闪着两道蓝光,房间本就昏暗,更衬出那猫眼中幽蓝的光芒,宛如黑夜里明明灭灭的鬼火。

她来到窗前,将窗帘拉开,让外面的阳光照进来,驱散黑暗。她走到衣柜前,想要打开柜门,谁知那柜门却异常的沉重。她双手用力,门开了,一只血淋淋的木偶呈现在杨暮雪的眼前,她不由得尖叫起来。衣橱里躺着一只足有半人大的女人偶,棕色的头发蓬松着,身上穿着一条大红色的吊带睡裙。她闭着眼睛,长长的睫毛覆盖在眼帘之上,两道长长的血迹从她的眼角一直流到红色的睡衣上。她的头发有些干枯,皮肤的光泽度与真人的只是稍微有些不同。这是一具逼真的人偶,也不知用什么材质做的,暴露在表面的脸和皮肤很像是真人的皮肤,肤色雪白,再加上逼真的血迹,乍一看就像一具刚死了的尸体。

此时,那只黑猫凑到了她的身前,她缓缓蹲下来,向黑猫表示着友好。她很喜欢猫,不只是因为传说中猫有九条命。她下楼,将自己的手提包拿了上来,取出一根火腿肠打开,递给那只黑猫。黑猫伸着脖子嗅了嗅,才放心大胆地咬了一口。杨暮雪笑了笑,抬手去抚摸黑猫的头。

"我身上只有这个,只能委屈你啦。等下我打扫好房间后,去超市给你买猫粮。"

黑猫似乎听懂了杨暮雪的意思。

杨暮雪转身抬头看向衣橱,正打算去扔掉那具诡异的人偶,却发现衣橱里空空如也。

"难道刚刚又是我的幻觉吗?"夜幕渐渐降临,一下午的时间,她只打扫了自己的卧室。她素有洁癖,所以将卧室里所有的东西全部清理了出去,只剩下四面墙壁。她打算明天找人来重新装修一下卧室,这个晚上只能打地铺将就了。地板是木质的,铺上被褥睡也不会湿气太重。

她出门吃晚饭,顺便买了些生活用品,回来后就已经累得不能动弹。给猫喂了猫粮后,她就在地上铺好被褥,倒头酣睡。

一楼墙壁上挂着的时钟缓缓走着,当时针指向凌晨两点,洗手间里突然亮出一道诡异的蓝光。

(音频参考:https://xima.tv/1_tOO2lb? _sonic=0)

第二节 爱情题材广播剧

一、爱情题材广播剧定义

爱情题材广播剧,是以表现爱情为核心,并以男女主人公的恋爱过程为叙事线索,最终达到理想的大团圆结局或悲剧性离散结局的广播剧。它主要以男女之间的感情纠葛为主线,深入刻画人物的内心情感。男女主人公在面临感情、年龄、社会、地位、财富、父母等方面的压力和误会矛盾等各种曲折后,最终收获爱情的结晶或接受被迫分开的结局。受众也会想象自己就是经历这一切的主人公,也能体会到主人公或甜蜜、或悲伤、或愤怒、或郁闷、或抓狂等情绪,这也正是爱情题材广播剧的魅力所在。

二、爱情题材广播剧经典案例

这里主要以影视、名著改编的爱情题材广播剧为例,实战演练则以新媒体演播的原创爱情广播剧分析为主。

大家所熟知的早期外国爱情影片如1939年由费雯·丽、克拉克·盖博主演的《乱世佳人》,1940年由费雯·丽和罗伯特·泰勒主演的《魂断蓝桥》,1953年由奥黛丽·赫本、格里高利·派克主演的《罗马假日》,1988年由丹尼尔·戴-刘易斯、朱丽叶·比诺什主演的《布拉格之恋》,以及1990年由帕特里克·斯威兹、黛咪·摩尔主演的《人鬼情未了》,1995年由中山美穗、丰川悦司主演的《情书》,1997年由莱昂纳多·迪卡普里奥和凯特·温丝莱特主演的《泰坦尼克号》，2001 年由全智贤、车太贤主演的《我的野蛮女友》，2003 年由孙艺珍、曹承佑、赵仁成主演的《假如爱有天意》以及 2020 年由莉莉·莱因哈特和奥斯汀·艾布拉姆斯主演的《化学心脏》等。

国内的爱情影片如 1996 年由张曼玉、黎明主演的《甜蜜蜜》，2000 年由张曼玉、梁朝伟主演的《花样年华》，2010 年由周冬雨、窦骁主演的《山楂树之恋》，2017 年由杨幂、赵又廷主演的电视剧《三生三世十里桃花》，2020 年由迪丽热巴、高伟光主演的电视剧《三生三世枕上书》等。这些影视剧中，有很多是由书籍改编而来的。

三、爱情题材广播剧演播技巧

(一)要有角色感

作为爱情题材广播剧的演播者，要有让自己完全沉浸在演播作品中的能力。演播者要有角色感，把自己当成其中的主人公，融入作品所描述的情境里，将真挚热烈的情感付诸有声语言表达，这样才能更好地对作品内容进行细腻而丰富的诠释，达到以声动心、以情动人的效果。

比如校园爱情广播剧《半情歌》，男女主人公的爱情一直处于暧昧不明的阶段，故事发生的背景也主要是在高中时期。因此，演播者在表达时要努力回想自己在高中时代的心境以及暗恋别人的感觉，把主人公经历的事件当作是真实发生在自己身上的一样，唤醒彼时彼刻自己的真实感情：心动的感觉，手足无措的慌乱以及见到喜欢的人时说话都无法正常的紧张状态……让受众感受到恋爱的美好。

(二)要有分寸感

爱情题材广播剧不同于儿童题材广播剧，演播者在照着文稿进行表达时，声音的控制要更加真实，但不能平淡；要更加鲜活，但不能过于夸张；演和说要有机地结合起来，层层递进、顺畅自然地展现故事发展的情节和人物的微妙心理及立体化的性格。

比如爱情广播剧《我们的爱情》里面有大量的生活化场景，如花店、出租房里、出租房门口等，里面的人物角色也是生活中大家都比较熟悉的，不像年代爱情广播剧，离我们现在的生活比较遥远。因此，演播者在进行人物对话时，要更加贴近生活，真实、朴实、自然，不能有太多艺术化的加工，更不能有“播音的腔调”，不然很容易让受众出戏，也就无法“沉浸式体验”剧中人物的爱情了。

(三)要使受众有满足感

演播者在创作时要有清晰把握内心视像的能力。所谓内心视像，就是当谈到或听到某人、某物或某个事件时，在头脑中出现的形象和画面。演播者在演播爱情题材广播剧时,内心的画面是支撑,所有的有声语言表达都应以心中的画面为依据。对演播者来说,角色的语言和生活经历都不属于演播者,而属于剧作者,所以演播者必须结合自己的经历找到同角色之间恰当的关系。演播者在寻找内心视像的过程中还要完成双重任务,那就是不但让自己通过内心视像有所感受,而且还必须使受众有所感受。这两种感受越接近,受众的满足感就越高。

有人曾说,韩剧明明不真实却拥有众多忠实的观众,原因大概就是它能满足人们对于理想爱情的幻想。甜宠浪漫爱情广播剧有和韩剧相同的功效。剧中的男女主角颜值高且一见钟情,这是多少受众梦寐以求的爱情模式,而且彼此之间对话中若有似无的小暧昧,也是很多人认为的爱情最美妙的部分。演播者在表达时要在自己心里想象出具体且生动的画面,感受到男女主角间的微妙感觉和氛围,努力将这种明明只可意会不可言传的感受用声音传递给受众。

实战演练

爱你,就给你最好的①

苏墓:一见钟情这种事,浪漫但不一定长久。日久生情这种事,很难却更难分开。一见钟情永远和外貌有关,日久生情永远和习惯有关。越缓慢地爱上一个人,就爱得越长久。爱情可以有一瞬间,但真情却需时间浇灌。

旁白:那一年,男孩 20 岁,女孩 18 岁,正值花季的他们相爱了。男孩是个富家子弟,女孩家里只有一个不起眼的奶茶店。女孩明知道这件事情有多么的不现实,但女孩还是无法拒绝男孩,因为他们彼此相爱着,女孩感觉他们是上辈子注定的家人。

男孩因为家里有钱,人长得又帅,很快成了学校里女生的焦点。女孩亭亭玉立,是学校里公认的校花……男孩正在公开地追女孩。

苏墓:看,林瑾柔的资料都在这里了。

凡宇:真不愧是我的好兄弟,你这么为我两肋插刀,我要不要表示表示?

苏墓:以身相许咋样?

凡宇:送你三个字母,G-U-N。

苏墓:林瑾柔有什么好的?

凡宇:你不懂,我就是喜欢她。

那个时候我和她只是以朋友相处的。那天她哭了,哭得好伤心。我问她怎么了,我们聊了很久,从那以后我经常去找她玩,也成了好朋友。之后我们搬家了,也就没有

① 引自 http://www.juben108.com/lanmu_39181_1/中国国际剧本网(原创剧本网),引用时略有改动。

了联系。真的真的好想她。

知道她来这里了,我就转学到这里。她永远是那么天真,真的好可爱。

旁白:此时凡宇嘴角显出了弧线。

林瑾柔:你,你干什么?

凡宇:(皱眉)你好像很怕我。

凡宇:(内心)林瑾柔对自己防备得像刺猬一样,这可不是什么好现象,自己还想开展一段纯纯的恋情呢,不能就这么夭折了吧?

林瑾柔:(御姐)怕你做什么?

(上下打量)倒是你,你究竟想怎么样?

凡宇:(无辜)没什么啊。

旁白:自己虽然有些觊觎林瑾柔的姿色,她确实是个美人坯子,自己是个正常的男人,或多或少的都会有些想法,但是自己也没有进一步的举动。

林瑾柔:(看着他无辜的眼神)你每天都到我家门口等我一起上学,还帮我妈妈看店,说,你到底有什么企图?

旁白:当林瑾柔说出这句话时,心里也在扑通扑通地跳,心里很矛盾。她是个没经过世事的小女生,对于有点好感的男生,说出这话心里是非常紧张的,他要是承认了怎么办……

凡宇:(可爱)对呀,就是喜欢你。你喜欢我一下,你会死啊!

林瑾柔:(装害羞)你喜欢我?好啊。(瞬间冷淡)你喜欢我关我屁事。还有你谁啊?

凡宇:(伤心)林瑾柔,你不记得我了吗?《伟大的肩膀》你还记得吗?

旁白:《伟大的肩膀》是凡宇经常给瑾柔唱的一首歌,是瑾柔最爱听他唱的。

林瑾柔:(呆木状)呵呵,凡……宇啊。

凡宇:(卖萌)是啊,是啊。

林瑾柔:(心虚)啊,那个 ,不认识,谁认识你啊。你谁啊?

凡宇:(苦笑)呵呵,真的变了。林瑾柔,我会让你想起来的。

旁白:林瑾柔转身离去,只留下呆呆的凡宇在原地。凡宇见瑾柔的背影,满心的不舍。

林瑾柔:(内心+混响)凡宇,这么多年过去了,以前的事放下吧!你不辞而别,你又不告而来,呵呵。

旁白:经过上次的事件后,他和她的关系发生了微妙的变化,可能连她自己都不知道。

凡宇:丫头,走,我带你去个地方。

林瑾柔:干什么,放开我,去哪里?

凡宇:去了,你就知道了。

旁白:凡宇拉着林瑾柔来到了校园篮球场。

凡宇:还记得这个地方吗,瑾柔?

林瑾柔:记得,这是我们第一次相遇的地方。

凡宇:(叹气)是啊,那天我在这儿打篮球,不小心失误,球弹了出去,刚好砸到你身上,你气冲冲地对我破口大骂。我当时,被你的形象给震住了。

林瑾柔:(微笑)呵呵,谁让你砸到我的,是不是被我骂老实了?

凡宇:没有! 当时,我就在想,这女孩是谁家的,怎么这么没素质!

林瑾柔:(炸毛)嗯? 你说什么? 再说一遍!

凡宇:没,没,没啊……

林瑾柔:你还说没什么,看我不踹死你,就知道欺负我。

凡宇:(温柔)好了,好了,不闹了。

旁白:两人沉默了一会,凡宇抱住了瑾柔。

凡宇:丫头,如果有一天我不在了,你要好好照顾自己,好吗?

林瑾柔:(不解)宇,你干吗突然说这个,发生了什么事情吗?

凡宇:呃,没,没什么,我就是突然想到。

林瑾柔:哦……没什么就好。

凡宇:(笑道)嗯嗯。

旁白:他们在这个第一次相遇的地方玩了一天就回家了。第二天,林瑾柔早早地起来,洗漱完后,简单地打扮了一下,就在门口等着凡宇来接她。见凡宇迟迟没有来,便生了一肚子气,自己往学校走去。到了教室看见空空的座位,她心里突然有了种不好的想法。一天,两天,三天,一个月,两个月后凡宇给林瑾柔写了一封信。

凡宇:丫头,要好好照顾自己。我知道当你收到这封信时,一定想知道我去了哪里。丫头,不要来找我,还记得我说过的吗? 假如有一天,我不在了,你一定要好好照顾自己,别把我忘了。还记得我曾经说过,爱你,就给你最好的。

苏墓:很多时候,一个人发现自己爱上一个人,都是在跟他分别的时候,突然一下见不到那个人了,才知道自己已经不知不觉地对那个人产生了很强的依恋。

罗密欧与朱丽叶(节选)[①]

角色:2男3女

第一幕——

旁白:这座美丽的城市里有两大富有而又极具影响力的家族,他们是凯普莱特家

① 引自 https://m.aipiaxi.com/xj-web/h5/article/32138,引用时略有改动。

族与蒙太古家族。这两个家族很早就结下来私怨,几个世纪以来一直互相仇恨。上苍令一对苦命的爱人,降生于这两家世仇,这一对被命运捉弄的爱人在悲惨的毁灭与灾厄重重中改变了一切,以他们的爱情埋葬了两家的仇恨。这就是伟大的爱情故事——(音乐起)罗密欧与朱丽叶。

在一次由凯普莱特家族举办的舞会上,罗密欧遇见了朱丽叶,两人一见钟情。

罗密欧:如果这双不洁净的手,亵渎了你神圣的庙宇。请允许我用嘴唇献上一吻来得到你的宽恕。

朱丽叶:信徒啊,请不要这样贬低你的手。嘴唇是用来祈祷的,圣人的手本就该被信徒接触,双手的接触远胜于亲吻。

罗密欧:那么,亲爱的圣人,就让嘴唇代替双手。我唇上的罪过,只有经过你的嘴唇,才能得到消除(吻)。

朱丽叶:那岂不是你唇上的罪恶沾染上了我的嘴唇?

罗密欧:那把你嘴唇上的罪还给我……

奶妈:朱丽叶小姐!

朱丽叶:奶妈。

奶妈:你母亲找你有事说,快过去吧。

罗密欧:请问她的母亲是?

奶妈:哟,又一个想结婚的光棍啊?她的母亲是这房子的女主人,一个充满智慧和美德的人。

罗密欧:她是凯普莱特的族人吗?我的天啊,我的爱情竟掌握在我的仇家手中!

朱丽叶:奶妈,刚刚离去的那个绅士是谁啊?去帮我问问吧。

旁白:奶妈得知那人就是他们仇家的独生子罗密欧。

奶妈:他是罗密欧,是蒙太古家的人!你们最大仇人的独子!

朱丽叶:我唯一的爱来自我唯一的恨!天哪,我应该怎么办?

旁白:这便是罗密欧与朱丽叶的相遇,短暂的接触令两人迅速坠入爱河,但很快他们就知道了彼此的身份。朱丽叶对这突如其来的爱情既期待又恐惧,陷入了痛苦的纠结。罗密欧一直想着那个令他思之如狂的人,终于思念战胜了理智,他决定去找她。

第二幕——

罗密欧:天啊,她在那儿,她在说什么?她真是太美了!

朱丽叶:罗密欧。

罗密欧:她说话了!

朱丽叶:罗密欧,罗密欧,你为什么是罗密欧呢?否认你的父亲,放弃你的姓名,只要你愿意宣誓对我的爱,那么,我将不再是凯普莱特的族人!只有你的名字是我的敌人啊。一个名字有什么意义？就像玫瑰花换个名字，它的香味还是会同样芬芳一样，罗密欧也是一样，他不叫罗密欧，他的完美也不会有丝毫的改变！罗密欧，放弃你的名字，我愿意献出我整个心灵！

罗密欧：我以你的话答应你！从今往后我将不再是罗密欧！

朱丽叶：是什么人？敢深夜偷听别人的秘密？

罗密欧：我没法告诉你我的姓名，我痛恨我的名字，因为它是你的仇敌。

朱丽叶：罗密欧，你怎么到这里的，这地方对你来说是致命的！假如我的亲人发现你在这儿。

罗密欧：爱情的翅膀带我越过这些高墙。让你的亲人发现我在这里，最好让他们来毁灭我的生命，也比得不到你的爱而苟延残喘好，朱丽叶。

朱丽叶：罗密欧，你爱我吗？

罗密欧：我对那边的月亮发誓，我……

朱丽叶：不！月亮是善变的！不要对着它发誓，以免证明你的爱像它一样善变。

罗密欧：那我应该向什么发誓？

朱丽叶：用你自身发誓吧！他是我的偶像，我崇拜的神！

罗密欧：朱丽叶！我发誓！

奶妈：朱丽叶小姐！

朱丽叶：罗密欧，我该走了。再说几句话，就真要说晚安了！

罗密欧：啊！你就这样离我而去了吗？不给我一点满足吗？

朱丽叶：你想要什么满足呢？

罗密欧：你还没有和我交换爱的盟誓。

朱丽叶：在你还没有要求以前，我就已经把我的爱给了你。我明天会叫一个人去找你，告诉我，你愿意什么时候什么地方举行婚礼，我要把我的一生托付于你。

罗密欧：九点就来吧，朱丽叶。我会娶你做我的妻子。

奶妈：朱丽叶小姐！

朱丽叶：来了！晚安，罗密欧。

罗密欧：晚安，朱丽叶。

旁白：两人想让时间永远停止在这一刻。有生以来，他们的心跳如此之快，他们确信自己已经深深爱上了彼此，无法自拔，但甜蜜的时刻很快将被悲惨的命运所吞噬。朱丽叶的父母是绝对不会让自己唯一的女儿嫁给自己的世仇，所以他们为朱丽叶安排了婚事。

半情歌①

【独白】你有没有听过这样一个故事。

二十岁的夜晚,夜凉如水。那些往事的剪影,细细碎碎倒映眉间,不知不觉留下暗青的痕迹,偶尔掠过清澈哀愁的眼眸,记忆深刻。

韩蕊:我们要和三中联合举办一个圣诞晚会,由我们组织部组织,其他部门配合。

女同学:哇,好棒,有晚会可看了。

韩蕊:那么……接下来,我们讨论一下具体的内容……

男同学:部长,那这次,是以我们为主,还是以三中为主?

韩蕊:虽然是和三中联合,但是我们也要拿出我们的气势,所以……

小虫:为什么……为什么我是组织部的一员,而且还是副部长。这个职位说起来很好听,其实说白了,部长是下命令不做事的,成员是执行命令不动脑的,而我……既要下达命令又要做事……

【回忆】

萌萌:切,组织部副部长?这就是一出力不讨好的活儿。

小虫:可偏偏这个活,还有人抢着想干。比如说,宁远。那个比我大两岁却还屈于我之下的小干事,总是千方百计想要当副部长。

韩蕊:小虫,这次联欢晚会就全靠你了啊。

小虫:嗯,部长,我一定会努力的。

小虫:既然老大要客套,那我也就客套下吧。

萌萌:哎,你们部那个宁远,他肯定是暗恋你们部长。不然,他怎么会那么想当副部长?

小虫:嗯……也是哦,看来我应该成全他,等这个联欢晚会一结束,我就辞职,顺便推荐他一下,美女有成人之美嘛。

萌萌:去,少往自己脸上贴金,我还不了解你吗,说得好听,还不是怕累着自己?

【电话】

小虫:喂,请问是齐忆吗?

齐忆:嗯,你是?

小虫:我,是一中组织部副部长莫小虫,想和你商量一下圣诞晚会的有关事项。

齐忆:好的,那我们约个时间见面谈吧。

小虫:你现在有空吗?我去三中找你。

齐忆:好,那一会见。

---

① 引自 https://wenku.baidu.com/view/abbb0826753231126edb6f1aff00bed5b9f373f2.html,引用时略有改动。

小虫:嗯,一会见。

【电话完】

萌萌:你是不是要去和三中的组织部部长见面啊?

小虫:嗯,正要出门呢。

萌萌:去吧去吧,说不定会遇到帅哥呢。

【三中校园内】

【独白】小虫:我穿过紫藤长廊,绕过教学楼,找到了在图书馆前面的凉亭,一个高高瘦瘦的男生迎风而立。

小虫:请问……你是齐忆吗?

齐忆:你是小虫?你好,我是齐忆。

【独白】小虫:风轻轻拂过我的脸颊,他就这样安静地站在我的面前,干净,清透。

小虫:你……你好,我是莫小虫。

齐忆:我们去会议室谈吧,那里比较安静。在这里,我怕明天就会被揪到主任办公室喝茶,理由是,和女孩聊天,有碍学校风化。

【独白】小虫:还好这个男生不那么死板,不然,和他合作,我非无聊死不可。

【独白】小虫:其实,要谈的事情很少,无非就是具体日期、地点、场景布置,说完这些,不过才用了半个小时。

小虫:齐忆,你可以带我逛逛你们学校吗?

齐忆:你是故意让我明天去主任办公室了?! 走吧,有美女相陪,我甘愿去喝茶。

【独白】小虫:冬天的校园实在是没有什么吸引人的地方,我们只好在操场走了一圈又一圈。

【电话】

齐忆:喂……嗯,今天的播音你负责吧……好,就这样,再见。

【电话完】

小虫:齐忆,你在校广播站吗?

齐忆:嗯,我是站长。

小虫:哇,齐忆,你真厉害。我早就想学播音主持了,可是一直没有人教。

齐忆:我可以教你啊。

小虫:真的吗?

齐忆:当然。

小虫:师父在上,请受徒儿一拜。

齐忆:徒儿莫要施这些虚礼了,师父尽心教你便是。

【独白】小虫:就这样,他成了我的师父。策划联欢晚会的日子里,我们经常可以见面。其实是假公济私,大部分时间,我们说的更多的是广播站的事情。

【一中学生会】

宁远：韩蕊,你要考哪所大学啊?

小虫:哈,果然是暗恋部长的吧。

韩蕊:应该是北师大吧,我家里人希望我去北京。

宁远:小虫,那你呢?

小虫:啊?我?我……不知道……

【独白】**小虫**:我要考哪里呢?脑海里浮现出齐忆温柔灿烂的笑容。他,会考哪里?

【QQ】

小虫:齐忆,你要考哪所大学啊?

齐忆:我?你该不会是要和我考同一所吧。

小虫:少来,我就是随便问问啦,快说。

齐忆:呃……我应该是考厦门大学吧。

【QQ 完】

【独白】**小虫**:以我的成绩考厦门大学希望不是很大,可是,我想和他一起上学。于是,各种复习资料被我从书店搬回了家。距离高考还有三个月,我断绝了除齐忆之外和外界的所有联系,开始了学校和家两点一线的奋斗。

黑色的六月在我昏天暗地的复习中悄悄走来,终于到了考试的前一天。

【电话】

小虫:怎么办?我好紧张,万一明天发挥失常怎么办?

齐忆:安啦,相信自己,我看好你哦。

小虫:嗯。

【独白】**小虫**:简简单单的一个字,却有着让我安心的力量。我重重点了下头,自己给自己加油:小虫,你一定可以的。高考在此刻看来,似乎也没有那么恐怖。

【电话完】

【独白】**小虫**:一个多月后,我收到了厦门大学的录取通知书。三个月的努力,终于没有白费。齐忆,我终于可以和你在一所学校读书了。

【电话】

小虫:齐忆,齐忆,我考上厦门大学了。

齐忆:恭喜啊。

小虫:那你呢?

齐忆:我……考上了清华。

小虫:什么?你……你不是……

齐忆:小虫,本来我是想要去厦门的,可是爸妈瞒着我改了我的志愿表……

【电话完】

【独白】小虫：那一刻，眼泪不可遏止地流了下来。北京……厦门……齐忆，难道这就是我们的距离吗？

【独白】小虫：想念如种子一般，只要发了芽便肆意滋长。我常常在想，我和齐忆，我们，到底算什么关系呢，难道这就是所谓的"友达以上，恋人未满"吗？

萌萌：小虫，你要是真的喜欢齐忆，那就表白，不要整天坐立不安。

小虫：表……表白？万一他拒绝怎么办？

【独白】**小虫**：曾经看过这样一句话：喜欢，是要说出来的。犹豫再三，我终于下定决心，按下了发送键。

【短信】**小虫**：齐忆，我喜欢你。

【短信】**齐忆**：我们还太小，毕业之后再说吧。

【独白】**小虫**：之后的日子依然一成不变，除了齐忆。他不再主动给我打电话、发短信，只是偶尔在 QQ 上遇见了闲聊几句。我想，他终究是觉察到什么了吧。对不起，是我破坏了我们之间的美好。如果时间可以倒退，我宁愿，从来不曾对你说过那六个字。

【QQ】

齐忆：听说你现在是厦大广播台台长，恭喜啊。

小虫：谢谢。

齐忆：莫！小！虫！你应该说："谢谢师父。"

小虫：你的徒弟都那么厉害，我还是不要打着你的幌子出去唬人了吧。所以，我决定，不再叫你师父。齐忆，你不能生气，你要是生气你就是小狗。

小虫：如果不是特别的存在，如果不是有着唯一的意义，这样的师徒关系，我情愿不要。

齐忆：好吧，随你怎么叫都行。不管怎样，我们永远都是好朋友。

小虫：嗯，永远都是好朋友。

小虫：好朋友，仅此而已。

【QQ 完】

第三节　武侠题材广播剧

一、武侠题材广播剧定义

武侠题材广播剧，是我国一种独特的广播剧类型。它的创作灵感来源于春秋时期的侠义精神，呈现出“游历于江湖，行侠于社会”并与政治对抗的角色特征，这种精神和春秋时期的“侠客”相吻合。此类型广播剧大都由著名武侠小说改编而来，以侠客和义士为主人公，描写他们身怀绝技的特点，讲述他们行侠仗义、锄强扶弱等故事。其中以金庸、古龙、梁羽生武侠三宗师的作品改编剧最为有名，如《射雕英雄传》《神雕侠侣》《天龙八部》《绝代双骄》《多情剑客无情剑》《萍踪侠影录》《七剑下天山》《白发魔女传》《云海玉弓缘》等。

二、武侠题材广播剧演播技巧

（一）塑造英雄形象

武侠题材广播剧的主角往往是大侠之类的英雄人物，他们大多具有武功高强、侠义精神、受人尊敬等特点。比如金庸武侠小说《天龙八部》里的乔峰，他是江湖中的绝顶高手，也是江湖第一大帮——丐帮的帮主。他智勇双全、胆略过人、豪迈飒爽、不怒自威，是一个心系苍生、悲天悯人、思想境界超越国界和民族的悲剧英雄。演播者在演播时，要反复理解这种英雄人物的人生经历，揣摩其性格特点，找到恰当、合适的语感，为人物增色。

（二）感受角色心理

在武侠题材广播剧的演播过程中，演播者可以先从角色的行为模仿入手，然后跟踪角色的思想行动，由表及里、由内而外地进行推敲，把握角色的行为逻辑和语言特征，沿着这条途径进行再加工，努力做到神形兼备，这样才能令演播作品富有生命力。

（三）树立空间意识

武侠题材的广播剧场景变化较大，在面对不同场景的演播时，演播者的心里要形成一个空间，尽可能具体地想象剧本中的规定情境，甚至可以通过观看武侠题材的影视剧作品来寻找广播剧的内心视像。有了内心视像就为演播时营造空间感做好了前期准备，就更有利于演播者如同身在剧本角色所处的空间里那样去说话。比如在切磋武艺时，人物在庭院的场景和在崇山峻岭的场景中交谈，其用声状态、音调高低和气息状况都是不同的，演播者要把握好这些细节。

实战演练

比武招亲①

金 庸

江南六怪与郭靖晓行夜宿,向东南进发,在路非止一日,过了大漠草原。

这天离张家口已不再远。郭靖初履中土,所有景物均是生平从所未见,心情甚是舒畅,双腿一夹,纵马疾驰,只觉耳旁呼呼风响,房屋树木不住倒退。直到小红马一口气奔到了黑水河边,他才在路旁一家饭店歇马,等候师父。

他见小红马这次长途疾驰,肩胛旁渗出了许多汗水,心下怜惜,拿了汗巾给马抹拭,一缩手间,不觉大吃一惊,只见汗巾上全是殷红的血渍,再在红马右肩上一抹,也是满肩的鲜血。他吓得险些流泪,自怨这番不惜马力的大跑,这匹骏马只怕是生生地给自己毁了,抱住马颈不住地慰藉,但那马却仍是精神健旺,全无半分受伤之象。

郭靖只盼三师父韩宝驹赶快到来,好给他爱马治伤,不住伸长了脖子向来路探望。忽听得一阵悠扬悦耳的驼铃之声,四匹全身雪白的骆驼从大道上急奔而来。每匹骆驼上都乘着一个白衣男子。他一生长于大漠,可从未见过如此美丽的骆驼,不觉伸长了脖子,瞪眼凝视,只见四个乘客都是二十二三岁年纪,眉清目秀,没一个不是塞外罕见的美男子。那四人跃下驼背,走进饭店,身法都颇利落。郭靖见四人一色白袍,颈中都翻出一条珍贵的狐裘,不禁瞧得呆了。

一个白衣人被郭靖看得不好意思,一阵红晕涌上脸颊,低下了头。另一个却向郭靖怒目喝道:“愣小子,瞧甚么?”郭靖一惊,忙把头转了开去,只听那四人低声说了一阵子话,齐声嬉笑,隐隐听得一人笑道:“恭喜,恭喜,这傻小子瞧中你啦!”

郭靖知道他们在嘲笑自己,不觉羞惭难当,耳根一阵发热,正打不定主意是否要起身走出饭店,忽见韩宝驹骑了追风黄奔到。他忙抢上去把红马肩上出血的事说了。韩宝驹奇道:“有这等事?”走到红马身旁,在马肩上抹了几把,伸手映在日光下一看,哈哈大笑,说道:“这不是血,是汗!”郭靖一愣,道:“汗?红色的汗?”韩宝驹道:“靖儿,这是一匹千年难逢的汗血宝马啊。”

郭靖听说爱马并非受伤,心花怒放,道:“三师父,怎么马儿的汗跟血一样?”韩宝驹道:“我曾听先师说道,西域大宛有一种天马,肩上出汗时殷红如血,胁如插翅,日行千里。然而那只是传说而已,谁都没有见过,我也不大相信,不料竟会给你得到了。”

说话之间,柯镇恶等也已驰到。朱聪饱读诗书,摇头晃脑地说道:“那在《史记》和

① 金庸.射雕英雄传[M].北京:文化艺术出版社,1998:234-238.

《汉书》上都写得明明白白的。当年博望侯张骞出使西域，在大宛国贰师城见了汗血宝马，回来奏知汉武帝。皇帝听了，欣羡异常，命使者带了黄金千斤，又铸了一匹与真马一般大的金马，送到大宛国去，求换一匹汗血宝马。那大宛国王言道：'贰师天马，乃大宛国宝，不能送给汉人。'那汉使自居是天朝上国的使者，登时大怒，在大宛王朝廷上出口无状，椎破金马。大宛王见汉使无礼，命人杀死使者，将黄金和金马都夺了去。"

郭靖"啊"了一声，见朱聪举碗喝茶，忙问："后来怎样？"四个白衣人也出了神，侧耳倾听朱聪讲宝马的故事。

朱聪喝了一口茶，说道："三弟，你是养马名家，可知道那宝马从何而来？"韩宝驹道："我曾听先师说，那是家马与野马交配而生。"朱聪道："不错，据史书上说，贰师城附近有一座高山，山上生有野马，奔跃如飞，无法捕捉。大宛国人生了一个妙计，春天晚上把五色母马放在山下。野马与母马交配了，生下来就是汗血宝马了。靖儿，你这匹小红马，只怕是从大宛国万里而来的呢。"韩小莹要听故事，问道："汉武帝得不到宝马，难道就此罢手了不成？"

朱聪道："他怎肯罢手？当下发兵数万，令大将李广利统率，到大宛国贰师城取马，为了志在必得，把李广利封为贰师将军。但从长安到大宛国，西出嘉峪关后一路都是沙漠，无粮无水，途中士兵死亡枕藉，未到大宛，军队已只剩下了三成。李广利兵困马乏，一战不利，退回敦煌，向皇帝请援。汉武帝大怒，命使者带剑守在玉门关，下旨言道：远征兵将，有敢进关者一概斩首。李广利进退不得，只得留在敦煌。"

说到这里，只听得驼铃悠扬，又有四人骑了白骆驼到来，下驼进店。郭靖见这四人也都是身披白袍、颈围貂裘的美貌少年，更感惊奇。这四人与先前四人坐在一桌，要了饭菜。

朱聪继续讲下去："汉武帝心想，宝马得不到，还丧了数万士卒，岂不是让外国看轻了我大汉天子？于是大发边骑，一共二十余万人，牛马粮草，不计其数，还怕兵力不足，又下旨令全国犯罪小吏、赘婿、商人，一概从军出征，弄得天下骚然。还封了两名著名的马师做大官，一个官拜驱马校尉，一个官拜执马校尉，只待破了大宛，选取骏马。六弟，汉朝重农轻商，你若生在汉武帝时可就倒了大霉，三弟却可官拜驱马校尉、执马校尉了，哈哈！"

韩小莹问道："赘婿又犯了甚么罪？"

朱聪道："若不是贫穷无告之人，谁肯去做赘婿？强征赘婿去远征，便是欺压穷人了。那李广利带了大军，围攻大宛城四十余日，杀死大宛兵将无数。大宛的众贵人害怕了，斩了国王的头投降，献出宝马。李广利凯旋回京，皇帝大喜，封他为海西侯，军官各有封赏。为了这几匹汗血宝马，天下不知死了多少人，耗费了多少钱财。当日汉武帝大宴群臣，做了一首天马之歌，说道：'大一贡兮天马下，露赤汗兮沫流赭，骋容与兮踋万里,今安匹兮龙与友!'这诗是说,只有天上的龙,才配与这天马做朋友呢。"

八个白衣人听他说着故事,不住转头打量门外的小红马,脸上满是欣羡之色。

朱聪道:"殊不知这大宛天马的骁健,全由野马而来。汉武帝以倾国之力得了几匹汗血宝马,但没贰师城外高山上的野马与之交配,传了数代,也就不怎么神骏,身上也渗不出红汗了。"朱聪说完故事,七人谈谈说说,吃起面条来。

八个白衣人悄声议论。柯镇恶耳朵极灵,虽然双方座头相隔颇远,仍然听得清清楚楚,只听一人道:"要动手马上就干,给他上了马,怎么还追得上?"另一人道:"这里人多,他又有同伴。"一人道:"他们敢来拦阻,一起杀了。"柯镇恶吃了一惊:"这八个女子怎的如此狠毒?"当下丝毫不动声色,自管稀里呼噜地吃面。

只听一人道:"咱们把这宝马献给少主,他骑了上京,那就更加大大露脸了,叫甚么参仙老怪、灵智上人他们再也逞不出威风。"柯镇恶曾听过灵智上人的名头,知道他是西藏密宗的著名人物,以"大手印"武功驰名西南,参仙老怪却不知是何等样人物。

又听另一人道:"这几日道上撞见了不少黑道上的家伙,都是千手人屠彭连虎的手下,他们也必都是去京里聚会的。这匹好马要是给他们撞见了,还有咱们的份儿吗?"柯镇恶心中一凛,他知彭连虎是河北、山西一带的悍匪,手下喽啰甚多,声势浩大,此人行事毒辣,杀人如麻,是以绰号叫作"千手人屠",寻思:"这些厉害的大头子到京里聚会,去干甚么?这八个女子又是甚么来头?"

只听她们低声商量了一阵,决定先出镇甸,拦在路上,下手夺郭靖的宝马。但此后这八个女子叽叽喳喳谈的都是些风流之事,甚么"少主"最喜欢你啦,甚么"少主"这时一定在想你啦。柯镇恶皱起眉头,甚是不耐,但言语传进耳来,却又不能不听。

只听一名女子道:"咱们把这匹汗血宝马拿去献给少主,你猜他会奖赏甚么?"另一人道:"大家别太放肆啦,小心露了行藏。对方看来也不是好相与的。"又一人低声道:"那个女子身上带剑,定然会武,生得可俊,要是年轻了十岁,少主见了不害相思病才怪呢。"柯镇恶知她说的是韩小莹,心中怒气勃发,心想这甚么"少主",一定不是个好东西。耳听得八个女子吃了面点,匆匆跨上白驼,出店而去。

柯镇恶听她们去远,说道:"靖儿,你瞧这八个女子功夫怎样?"郭靖奇道:"女子?"柯镇恶道:"怎么?"朱聪道:"她们男装打扮,靖儿没瞧出来,是不是?"柯镇恶道:"有谁知道白驼山吗?"朱聪等都说没听见过。柯镇恶把刚才听见的话说了一遍。朱聪等听这几个女子胆大妄为,竟要来泰山头上动土,都觉好笑。韩小莹道:"其中有两个女子高鼻碧眼,却不是中土人士。"韩宝驹道:"是啊,这样全身纯白的骆驼也只西域才有。"柯镇恶道:"夺马事小,但她们说有许多厉害脚色要到京里聚会,中间必有重大图谋,多半要不利于大宋,说不定要害死我千千万万汉人百姓。既让咱们撞见了,可不能不理。"全金发道:"只是嘉兴比武之期快到,不能再有耽搁。"六人踌躇半晌,都觉事在两难。

(音频参考:https://www.ximalaya.com/youshengshu/10107010/)

名剑香花(节选)①

古 龙

江湖中有耳朵的人,绝无一人没有听见过“玉郎”江枫和燕南天这两人的名字;江湖中有眼睛的人,也绝无一人不想瞧瞧江枫的绝世风采和燕南天的绝代神剑;只因为任何人都知道,世上绝没有一个少女能抵挡江枫的微微一笑,也绝没有一个英雄能抵挡燕南天的轻轻一剑!任何人都相信,燕南天的剑,非但能在百万军中取主帅之首级,也能将一根头发分成两根,而江枫的笑,却可令少女的心粉碎。但此刻,这出生豪富世家的天下第一美男子,却穿着件粗俗的衣衫,赶着辆破旧的马车,匆匆行驶在一条久已荒废的旧道上。此刻若有人见到他,谁也不会相信他便是那倚马斜桥、一掷千金的风流公子。

七月,夕阳如火,烈日的余威仍在。人和马,都闷得透不过气来,但江枫手里的鞭子,仍不停地赶着马。马车飞驶,将道路的荒草,都碾得倒下去,就好像那些曾经为江枫着迷的少女腰肢。突然,一声鸡啼,撕裂了天地间的沉闷。

但黄昏时,旧道上,哪里来的鸡啼?!江枫面色变了,明锐的目光,自压在眉际的破帽边沿望过去,只见一只大公鸡站在道旁残柳的树干上,就像钉在上面似的动也不动,那雄丽的鸡冠,多彩的羽毛,在夕阳下闪动着令人炫目的金光。公鸡的眼睛里,竟也似有种恶毒的、妖异的光芒。

江枫的面色变得更苍白,突然勒住了车马。健马长嘶,车缓缓停下,车厢中却有个甜美温柔的语声问道:“什么事?”

江枫微一迟疑,苦笑道:“没有什么,只不过走错路了。”拨转马头,兜了半个圈子,竟又向来路奔回,只听那公鸡又是一声长啼,却像是在对他冷笑。江枫打马更急,路上的荒草已被碾平,车马自是走得更快了,但还未奔出四十丈,道上竟又有样东西挡住了去路。

这久已荒废、久无人迹的旧道上,此刻竟然突有只巨大的肥猪横卧在路中,又有谁能猜透这只猪是哪里来的?!马车方才还驶过这条路,这条路上,方才明明连半斤猪肉都没有,而此刻却有了整整一只猪。

江枫再次变色,再次勒住马车。只见那只猪在地上翻滚着,但全身上下,却被洗得干干净净,那紧密的猪毛,在夕阳下就像是金丝织成的毡子一样。

门窗紧闭的车厢里,又传出人语道:“你又走错了?”江枫满头汗珠滚滚而落,道:“我……我……”

那甜美温柔的人语轻叹着道:“你又何苦瞒我?我早已知道了。”江枫失声道:“你

---

① 古龙.绝代双骄[M].广州:花城出版社,1991:1-8.引用时略有改动。

早已知道了?”

“我方才听见那声鸡啼,便已猜出必定是‘十二星相’中人找上咱们了,你怕我担心,所以才瞒着我,是吗?”江枫长叹一声,道:“奇怪……你我此行如此秘密,他们怎会知道?但……但你只管放心,什么事都有我来抵挡!”

车厢中人柔声道:“你又错了,自从那天……那天我准备和你共生共死,无论有什么危险患难,也该由咱们俩共同承当。”“但你现在……”

“没关系,现在我觉得很好。”江枫咬了咬牙,道:“好,你还能下车走吗?道路两头都已有警象,看来咱们也只有弃下车马,穿过这一片荒野……”

“为什么要弃下车马呢?他们既已盯上咱们,反正已难脱身,倒不如就在这里等着,‘十二星相’虽有凶名,但咱们也未必怕他们!”“我……我只是怕你……”

“你放心,我没关系。”江枫面上忽也现出温柔的笑容,轻轻道:“我能找着你,真是最幸运的事。”他在夕阳下笑着,连夕阳都似失却了颜色。

车厢人娇笑道:“幸运的该是我才对,我知道,江湖中不知道有多少女孩子在羡慕我,妒忌我,只是她们……”语声未了,健马突然仰道惊嘶起来——暮风中方自透出新凉,这匹马却似突然觉出了什么惊人的警兆!一阵风吹过,猪,在地上翻了个身,远处隐隐传来鸡啼,荒草在风中摇舞,夕阳,黯淡了下来。大地竟似突然被一种不祥的气氛所笼罩,这七月夕阳下的郊野,竟突然显得说不出的凄凉、萧索!

江枫变色道:“他们似已来了!”突然马车后有人桀桀笑道:“不错,咱们已来了!”

这笑声竟也如鸡啼一般,尖锐、刺耳、短促,江枫一生之中,当真从未听过如此难听的笑声。他大惊转身,轻叱道:“谁?!”

鸡啼般的笑声不绝,马车后已转出七八个人来。第一个人,身长不足五尺,瘦小枯干,却穿着一身火红的衣裳,那模样正有说不出的诡秘,说不出的猥琐。

第二个人,身长却赫然在九尺开外,高大魁伟,黄衣黄冠,那满脸全无表情的横肉,看来比铁还硬。后面跟着四个人打扮得更是奇怪,衣服是一块块五颜六色的绸缎缝成的,竟像是戏台上乞丐穿着的富贵衣。

这四人身材相貌不相同,却都是满面凶光、行动彪悍的汉子,举手投足,也是一模一样,谁也不快上一分,谁也不慢上一分。还有个人远远跟在后面,前面七个人加起来,也未见会比这人重上几斤,整整一匹料子,也未见能为此人做件衣服,他胖得实在已快走不动了,每走一步,就喘口气,口中不住喃喃道:“好热,热死人了。”满头汗珠,随着他颤动的肥肉不住地流下来。

江枫跃下马车,强作镇定,抱拳道:“来的可是‘十二星相’中之司晨客与黑面君吗?”红衣人格格笑道:“江公子果然好眼力,但咱们不过是一只鸡、一只猪而已,司晨客、黑面君,这些好听的名字,不过是江湖中人胡乱取的,咱们本当不起。”

江枫目光闪动道:“阁下想必就是……”红衣人截口笑道:“红的是鸡冠,黄的是鸡胸,花的是鸡尾,至于后面那位,你瞧他的模样像什么,他就是什么。”

江枫道:“几位不知有何见教?”红衣鸡冠道:“闻得江公子有了新宠,咱兄弟都忍不住想来瞧瞧这位能令玉郎动心的美人儿究竟美到什么地步,再者,咱兄弟还想来向公子讨件东西。”

江枫暗中变色,口中却仍然沉声道:“只可惜在下此次匆匆出门,身无长物,哪有什么好东西,能入得了诸位名家法眼。”鸡冠人桀桀笑道:“江公子此刻突然将家财完全变卖,咱们虽不知为的是什么,也不想知道,但江公子以田庄换来的那袋明珠……嘿嘿,江公子也该知道咱们‘十二星相’向来贼不空手,公子就把那袋明珠赏给咱们吧。”

江枫突也大笑道:“好,好,原来你们倒竟已打听得如此清楚,在下也知道‘十二星相’从来不轻易出手,出手后从不空回,但……”鸡冠人道:“但什么,你不答应?”

江枫冷笑道:“若是我答应,只有……”语声未了,闪闪银光,已到了他胸口。

这鸡冠人好快的手法,眨眼间,手中已多了件银光闪闪的奇形兵刃,似花锄,如钢啄,闪电般击向江枫,眨眼间已攻出七招,那诡异的招式,看来正如公鸡啄米一般,沿着江枫手足少阴经俞府、神法、灵墟、步廊等要穴,一路啄了下去。江枫平地跃起,凌空一个翻身,堪堪避过了七啄,但这时却又有四对鸡爪镰在地上等着。

鸡冠一动,鸡尾立应,那四个花衣鸡尾人的出手之快,正也不在红衣鸡冠之下,四对鸡爪镰刀,正也是江湖罕睹的外门功夫,一个啄,四个抓,招式配合得滴水不漏,就算是一个人生着九只手,呼应得也未必如此微妙。江枫自然不是等闲人物,但应付这五件外门兵刃,应付这从来未见的奇诡招式,已是左支右绌,大感吃力,何况还有个满脸横肉、目光闪动的黄衣鸡胸正在一旁目不转睛地瞪着他,只等着他破绽露出。

黑面君嘻嘻笑道:“哥儿们,加加油,咱们可不是女人,可莫要对这小子生出怜香惜玉的心,兄弟我且先去瞧瞧车子里的小美人儿。”江枫怒喝道:“站住!”

他虽想冲过去,怎奈那九件兵刃却围得他风雨不透,而这时黑面君已蹒跚地走向车厢,伸手去拉门。就在这时,车窗突然开了一线,里面伸出一只白生生的玉手,那纤柔、毫无瑕疵的手指中,却夹着只梅花。

黑色的梅花!盛夏中有梅花,已是奇事,何况是黑色的梅花?!

白的手,黑的梅花,衬托出一种无法形容的神秘的美,车厢中甜美的语声一字字缓缓道:“你们瞧瞧这是什么?”黑面君的脸,突然扭曲起来,那只正在拉门的手,也突然不会动了,鸡嘴啄、鸡爪镰,更都在半空顿住!这六个凶名震动江湖的巨盗,竟似都突然中了魔法,每个人的手、脚、面目,都似已突然被冻结。

黑面君嘎声道:“绣玉谷,移花宫。”车厢中人道:“你的眼力倒也不错。”

黑面君道:“我……小人。”牙齿打战,竟是一句话也说不出来。

车厢人柔声道:“你们想不想死?”“小人,不……”

“不想死的还不走!”这句话还未说完,红的、黄的、花的、黑的,全部飞也似的走了——黑面君脚步也不再蹒跚,口中也不喘气了,若非亲眼瞧见,谁也不会相信这么胖的人会有如此轻灵的身法。

江枫一步窜到车窗前,道:“你……你没事了吗?”车厢人笑道:“我只不过招了招手而已。”

江枫松了口气,叹道:“不想你竟从宫中带出了朵墨玉梅花,连‘十二星相’这样的凶人,竟也对她们如此惧怕。”车厢中人道:“由此你就可想到她们有多可怕,咱们还是快走吧,别的人来了都不要紧,但若是……”

突然间,只听“嗖,嗖,嗖”衣袂破风之声骤响,方才逃了的人,此刻竟又全部回来了,来的竟比去时还快。黑面君咯咯笑道:“咱们险些上当了,车子里若真是‘移花宫’中的人,方才还能活着走吗?你几时听说过‘移花宫’手下留得有活口?”

车厢中人道:“我饶了你,你竟还……”黑面君大喝道:“冒牌货,出来吧!”

突然出手一举,那车门竟被他一拳击碎!车厢里坐着的乃是个云鬓蓬乱、面带病容的妇人,却仍掩不住她的天香国色——她眼睛并不十分媚秀,鼻子并不十分挺刺,嘴唇也不十分娇小,但这些凑在一起,却教人瞧了第一眼后,目光便再也舍不得离开,尤其是她那双眼睛里所包含的情感、了解与智慧,更是深如海水。

只是她的腹部却高高横起,原来竟已身怀六甲。黑面君怔了一怔,突然大笑道:“原来是个大肚婆娘,居然还敢冒充‘移花宫’的……”

话未说完,那少妇身子突然飞了出来,黑面君还未弄清是怎么回事,脸上已“噼噼啪啪”被她掴了几个耳光。那少妇身子已掠回,轻笑道:“这大肚婆如何?”

黑面君怒吼一声,道:“暗算偷袭,又算得了什么?”一拳击了出去,这身子虽臃肿,但这一拳击出,却是又狠、又快、又辣!那少妇面上仍带着微笑,纤手轻轻一引、一拨,也不知她用了什么手法,黑面君这一拳竟被她拨了回去,“砰”的一拳,竟打在自己肩头上,竟偏偏不能收住,也不能闪避,他一拳击碎车门,是何等气力,这一拳竟自己将自己打得痛吼着跌倒在地上。

鸡冠鸡尾本也跃跃欲试,但此刻却又不禁怔住了,目瞪口呆地瞧着这少妇,连手指都不敢动一动。黑面君颤声道:“移花接玉,神鬼莫敌……”

那少妇道:“你既然知道,便也该知道我是不是冒充的。”黑面君道:“小……小人该死,该死!……”抡起手来,正反掴了自己十几个耳刮子,打得他那张脸更黑胖了。

那少妇叹了口气,道:“我要为孩子积点阴德,你们……你们快走吧。”这一次他们自然逃得更快,眨眼间便逃得踪影不见,但暮色苍茫中,远处却有条鬼魅般的人影一闪,向他们追了过去。

江枫瞧见他们去远,才又松了口气,叹道,“幸亏你还有这一手,又将他们骇住,否则……”突然发现那少妇面上已变了颜色,身子颤抖着,满头冷汗,滚滚而落,竟似已疼得不能忍受。

江枫大惊道:“你怎么了?”那少妇道:“我……动了胎气……只怕……只怕已……快要……”

她话还没说完,江枫已慌得乱了手脚,跺足道:“这如何是好?”那少妇嘶声道:“你快将车子赶到路旁……快……快……快!”

江枫手忙脚乱地将车子赶到路旁长草里,健马不住长嘶着,江枫不停地抹汗,终于一头钻进车厢里。破了的车门,被长衫挡了起来。

大约数盏茶的时间,车厢中突然传出婴儿嘹亮的哭声。过了半晌,又听到江枫狂喜呼道:“两个……是双胞胎!”

又过了两盏茶时分,满头大汗,满面兴奋的江枫,一头钻出车厢,但目光所及,整个人却又被惊得呆住了!方才鼠窜而逃的黑面君、司晨客,此刻竟又站在车厢前,六只冷冰冰的目光,正眨也不眨地瞧着他!

江枫想再作镇定,但面容也不禁骤然变了颜色,失声道:“你……你们又回来了?”鸡冠人诡笑道:“公子吃惊了吗?”

江枫大声道:“你们莫非要送死不成?!”黑面君哈哈大笑道:“送死?”

江枫厉喝道:“瞧你们并非孤陋寡闻之辈,绣玉谷‘移花宫’的厉害,你们难道不知道?!”他平日虽然风流蕴藉,温文尔雅,但此刻却连眼睛都红了。黑面君大笑道:“姓江的,你还装什么蒜?你知道,我也知道,移花宫的两位宫主,此刻想要的是你们两人的命,可不是我们。”汗珠,已沿着江枫那挺秀的鼻子流到嘴角,但他的嘴唇却干得发裂,他舐了舐嘴唇,纵声大笑道,“我瞧你倒真是疯了,移花宫的宫主会想要我的命?……哈哈,你可知道现在车子里的人是谁?”鸡冠人冷冷道:“现在车子里的,不过是移花宫的花奴、丫头,只不过是自移花宫逃出来的叛徒!”江枫身子一震,虽然想强作笑声,但再也笑不出了。

某水某山迷姓氏 一钗一佩断知闻①

梁羽生

未及喝问,金世遗第二招又到,这一招拐剑兼施,更为厉害,那少女只得施展浑身本领,霍地晃身上跳,金世遗的铁拐“呼”的一声,贴着她的弓鞋扫过,铁剑用了一招“潜龙升天”,戳她的小腹,那少女身子悬空,居然能够扭转身躯,霜华剑借这拧身之势,斜斜削出,“铮”的一声,双剑相交,少女飞身落地,叫道:“喂,你这是什么意思?”

话声未停,金世遗铁拐再起,一招“大鹏展翅”,铁拐指东打西,铁剑指南打北,拐剑展开,端的似大鹏的两只翅膀一般,扇起了一股强风,呼呼轰轰,沙飞石走。江南“哎哟”一声,额头被一粒石子擦过,慌忙躲入洞中,邹绛霞拉着他一看,吁口气道:“还

① 梁羽生.云海玉弓缘[M].广州:广东旅游出版社,花城出版社,1996:87-92.

好,还好,没有受伤。呀,这金世遗真是怪得难以理喻。”江南道:“他一定是中了邪了,我有心送回一颗碧灵丹给他辟邪解毒,但他们打得那么猛烈,有什么办法挨近他的身边?糟糕糟糕,除非他们两人之中,有一个被对方打晕,否则这一场架是很难拆开的了!”

那少女见金世遗一招凶过一招,拐劈剑戳。有如长江大河滚滚而上,迫得全神应付,将玄女剑法中的精妙招数一一施展出来,一面打一面奇怪,看金世遗的情形,一点也不像是开玩笑,打得简直比刚才斗那三个魔头还要凶狠,“难道他当真是突然发了疯吗?”但他的招数绵绵密密,丝毫不乱,却又绝对不似心智迷乱。那少女奇怪极了,在金世遗这样凶猛的攻势之下,却又不能分心说话,只得和他哑斗。

不过一会,两人已交手了四五十招,不分胜负。激战中金世遗突然大喝一声,一拐打下,这一拐他竟然用了十成功力,四面八方,都是一片杖影,有如排山倒海一般的压下来。江南在洞中偷窥,心惊胆战,不觉失声骇叫,眼看这样一位貌美如花的少女,便要命丧他的拐杖之下。

就在这性命悬于俄顷之际,江南还未曾看个清楚,但觉眼睛一花,那少女已凌空跃起,剑尖在杖头一点一按,借着金世遗的那一股猛力,整个身子反弹起来,一个鹞子翻身,倒纵出数丈开外!

金世遗突然收了铁拐,哈哈笑道:“不错,不错,你果然是吕四娘的弟子!”江南浑身冷汗,呼吸尚自不能平顺,这才知道金世遗是有意试她的武功。

原来金世遗的师父毒龙尊者和吕四娘曾有过一段很深的渊源,他是被吕四娘劝服才改邪归正的。毒龙尊者对什么人都不佩服,就只佩服吕四娘,常常和金世遗谈及吕四娘的事迹。因此金世遗很小的时候,脑海里就深深印下了吕四娘的名字。他见这少女自认是吕四娘的弟子,剑法又十分精妙,心中先自有了好感,可是他从未曾见过吕四娘的剑法家数,不敢断定这少女使的便是吕四娘的玄女剑法。换言之,也就是不敢断定她便是吕四娘的弟子,不过他却记得师父和他说过的一招玄女剑法的招数,吕四娘当年初会毒龙尊者之时,曾用过这一招化解毒龙尊者最厉害的杀手,故此毒龙尊者在数十年之后,对此还是津津乐道。金世遗刚才试那少女的武功,便是要迫她使出这一招来。

江南探头出洞,但见金世遗将短剑插入拐中,向那少女缓缓行去,那少女横剑当胸,注视着金世遗的动静,似乎还在防备他突袭的样子。江南暗暗好笑,只见金世遗走到那少女的跟前,问道:“吕四娘就只收你一个弟子吗?”那少女道:“不错,你问这个干吗?”金世遗一脸正经,忽地向那少女俯头作揖,垂手过膝行起江湖上最尊敬的大礼来!江湖上除了弟子向师父行下跪礼之外,其他的晚辈谒见长辈,最尊敬就是这个礼节了。那少女大吃一惊,急忙闪避,金世遗叫道:“我是拜你的师父,你不可避开更不可还礼,否则便是对我不起!”拜完之后,忽地号啕大哭起来。

江南心道:“他知道这少女是吕四娘的弟子,赔了礼也就算了,干吗要哭得这样伤心?难道当真是中了邪了?”要想出去劝慰,却想起金世遗刚才叫他做“老鼠”,心中有气,一只脚刚刚跨出又缩了回来。

那少女被他弄得不知所措,半晌说道:“原来你知道我的师父已坐化了。”金世遗道:“尊师葬在什么地方?”那少女道:“就在邙山之上,我师祖的墓旁。”金世遗道:“可惜我今生今世,没缘分见她老人家一面。”那少女眼睛润湿,她当然知道她师父收服毒龙尊者的事情,暗暗点头,心中想道:“原来毒龙尊者这个弟子,人人称他做武林怪物,却倒是个至情至性之人。”见他哭得伤心,安慰他道:“我师父却曾见过你两次,不过你不知道罢了。”

金世遗道:“在哪儿?”那少女道:“一次是在峨眉山上,冒老前辈结缘讲学的坛前。”金世遗记起那次他正受了妖人洞冥子所伤,逃命下山,不禁面上一红,问道:“还有一次呢?”那少女道:“还有一次是在喜马拉雅山上。她看见你想攀登珠穆朗玛峰,你却没有看见她。有这回事吗?”金世遗平生有过两次痛心失败的事,一次是被洞冥子打伤,一次便是攀登珠峰失败,想不到都给吕四娘看见了。

那少女道:“我师父很称赞你的武功。”金世遗又是惭愧,又是欢喜,问道:“她老人家还有什么关于我的话吗?”那少女望了金世遗一眼,说道:“没有什么了。她只提到一句,希望你把尊师独创的这一派武功发扬光大起来。”金世遗何等聪明,见这少女的眼光有点奇特,猜想她一定还有什么话不肯说。若是别人,金世遗一定出言冷诮,或者想方法迫她说出来,可是已经知道了她是吕四娘的弟子,金世遗只好暗暗纳闷,不敢胡为。这还是他平生第一次约束自己。

邹绛霞悄悄说道:“你这位金大侠真有意思,刚刚和人家莫名其妙地打了一场架,如今又有说有笑了。哈,就像你初初见到我的时候一般。”江南道:“是吗?这样说来,金大侠一定会和她交上朋友了。”邹绛霞芳心一动,杏脸飞霞,想道:“原来你一见我便想和我交朋友了吗?”这话尚未曾说出,只见金世遗向那少女,又是深深一揖,那少女闪开了半边身子,笑道:“这又是为何?”金世遗道:“那三个魔头实是要找我的晦气来的,多谢你替我先挡了一阵。再说,我刚才对你无礼,也还未曾向你赔罪呢。”那少女笑道:“这算得了什么。你不试我的武功,我也想试你的武功呢。如今我也试出来了,你果然是毒龙尊者的弟子。不但武功,你的性情也与令师一样。”金世遗失笑道:“你几时见过我的师父?”那少女道:“我的师父告诉我的。她说令师前半生的脾气,可说是天下第一怪人,后半世却渐渐改了。是这样吗?”金世遗有点忧郁,点点头道:“你说得不错。”心中想道:“师父碰到了一个懂得他心事的吕四娘,性情才渐渐改变了。我却没有他那样好运气。”

那少女道:“你刚才救了我,我也应该谢你。”说罢大大方方地向金世遗敛衽一礼。金世遗哈哈笑道:“我这个人最不喜欢客套,我刚才那两拜是诚心诚意的,并不望你还礼。”看了那少女一眼,又笑道:“不过,我看得出来,你这一拜也是出于诚意的。所以我也不和你客套,坦然受你一礼了。”

江南看得十分有趣,悄悄笑道:“你看他们互相施礼,倒是相敬如宾呢!”江南从陈天宇那儿学来了好些文绉绉的话,随便应用。邹绛霞“噗嗤”一笑道:“相敬如宾是什么意思,你知道吗? 胡说八道。”江南道:“我有什么不懂? 我对你也是相敬如宾。”邹绛霞笑得打跌,轻轻地打了他一下,道:“不懂就快别胡说了。”其实江南是懂得的,他是有意和邹绛霞开玩笑。

金世遗道:“你知道了我的名字,我可还没有知道你的名字呢!”那少女道:“我叫谷之华,幽谷的谷,之乎者也的之,春华秋实的华。”金世遗道:“好,这个名字很好。”那少女一笑道:“你的名字我却不大喜欢呢!”金世遗双眼一睁,道:“为什么?”那少女笑道:“金世遗这名字听起来好像是说,你今生今世,永远要给人们遗弃一样。”金世遗这名字是自己起的,正是这个意思。那少女一笑之后,缓缓说道:“其实人们也并不像你想象的那样可怕。”金世遗仰天狂笑,说道:“这话也曾经有好几个人和我说过了。也罢,也许下半世我会将这个名字改了。”

那少女笑道:“我们家乡的习俗,就算过路投宿,碰到人家有初生的婴儿,是一定要送礼的。”这话突如其来,说得甚怪,金世遗怔了一怔,只听得那少女缓缓说道:“你今日有了改名这个心愿,那便像初生的婴儿一般,不管如何,从你说这一句话开始,你和以前的金世遗总是有些两样了。”这少女话隐禅机、深含哲理,金世遗本有慧根,一点便透,纵声大笑道:“我自己也不知道什么时候再世为人哩。好吧,你说要送我礼物,送些什么? 拿来一看。”

那少女道:“我是借花献佛。”金世遗道:“花呢?”那少女道:“我托你的小朋友转交给你。喂,你叫江南是吗? 请把我的礼物转交给现在的金世遗。”江南吃了一惊,叫道:“喂,喂! 你说什么? 我几时曾收过你的礼物?”这句话未曾说完,但听得一串银铃似的笑声,那少女已经走了。

金世遗翘首云天,怅然凝望,心中不断念道:“谷之华,谷之华,幽谷有佳人,遗世而独立。嗯,她的名字和我的名字,联起来倒很有点意思。”这少女虽然只是和他匆匆一面,却已给他留下了强烈的印象。金世遗觉得她不只是和李沁梅不同,与冰川天女也不同。在此之前,他一直是把冰川天女当作他的第一知己,可是细想起来,冰川天女不过是同情他,怜悯他。这少女呢,却是把他当作同等的人看待。

第四节　少儿题材广播剧

一、少儿题材广播剧定义

内容符合少儿理解、接受能力，且受到少儿喜爱的广播剧称为少儿题材广播剧。少儿题材广播剧可取材于现实社会生活，也可取材于童话、神话，更多体现的是有关纯真心灵的故事，对少儿有一定的引导作用，有利于少儿接触社会、明辨是非。

少儿题材广播剧要适应和符合儿童特有的情趣、心理状态和对事物的理解、思考方式。作品往往通过具体、鲜明的形象与活泼、明快的情节向他们剖析严肃的主题，进行美的感染。在美的感染过程中，培养少儿积极的创造精神，拓展他们的意志力和想象力，从而唤起他们的求知欲，使他们的思维能力受到锻炼，尽可能使他们正确地认识现实世界与周围事物。少儿题材广播剧应具有思想的明确性、道德的纯洁性、人物性格与行为的真实性、摄取生活素材的广泛性和准确性以及艺术构思的严谨性。

二、少儿题材广播剧演播技巧

(一)轻松、活泼、夸张的表达

少儿题材广播剧的主要目的，是为少儿带来欢乐，并促进孩子成长。小受众除了能从广播剧中获得许多有形或无形的内容感受外，还能体验到“欣赏不同声音”的乐趣。因此，少儿题材广播剧的演播者声音变化幅度相对较大，同时对演播者声音的表现力与塑造力要求也较高。

例如喜马拉雅 FM 评分高达 9.5，播放量达 1057.1 万的少儿题材广播剧《可爱巧虎岛儿童广播剧 · 同伴交往篇》第 1 集《幸好我们坐一起》(上)中讲道：

> 幼儿园今天要调换新座位。老师说：“那我们今天就来换新的座位啦！”一位同学说：“我突然觉得好兴奋哪！”另一位同学说：“我现在心跳得好快哟！”小鹿老师用抽签的方式决定大家坐在哪里。她把手伸进一个粉色的箱子里，拿出了印有巧虎头像的徽章，然后把徽章贴在画有座位图的黑板上……

在这一段中，旁白、小鹿老师、两位同学的表达对比明显、反差强烈，语气十分轻松、活泼。

当关系好的两位同学被抽到坐在一起时，兴奋地叫道：“好耶！坐在妙妙旁边！”

"好开心呀！巧虎！"此时的表达夸张且搞笑，难怪弹幕都是"演播很生动""孩子们都喜欢""小朋友最爱听""用小朋友都能听懂的语言来讲解知识"这样的评论了。

(二)富有感情色彩的表达

比起懂得某个抽象的道理，孩子更容易在听完广播剧后分享自己的感受和体会。因此，演播者在演播时富有感情色彩和生命力就显得尤为重要了。富有感情色彩的判断标准就包括有特色、有辨识度和有记忆点。

比如喜马拉雅 FM 评分高达 9.5，播放量达 1526 万的少儿题材广播剧《水浒传儿童广播剧·教头王进 拳打高俅》中，演播者开头的一段旁白：

> 说到这儿啊，我得给你解释两个词儿，一个呀是东京，一个是教头。东京是哪儿啊？难道是日本吗？呵呵，不是！东京啊是咱中国！怎么呢？中国上下几千年的文化，这地名啊改了很多，在宋朝的时候，这个地方叫东京，那它对应现在的哪儿呢？河南省开封市。后来啊，东京这个名字流传到日本，日本觉得这名字好啊，"咱呢就把咱这地儿啊，改成叫东京吧"。所以呢，才有了这东京的来源。

这段旁白演播者在频繁地自问自答，给人一种特别的交流感，而且表达的状态非常松弛，让受众感到莫名的亲切。除此以外，还有演播角色的灵活转换，先是"咱中国"，后又从日本的角度去考量。因此，这位演播者的表达是富有感情色彩的。

再比如《水浒传儿童广播剧·智深下山 破戒喝酒》中提到，大小和尚三天两头地去找长老说："哎哟，长老啊！您把他赶走吧！""就是！长老啊，有他在，我们念经也念不好，修佛也修不好，这可怎么办哪！"这段台词，演播者把大小和尚的语气表达得令人忍俊不禁，生动到能让受众想象出大小和尚的神情。这样富有感情色彩的表达让人不得不佩服演播者的台词功底。

(三)口语化、通俗化的表达

口语化的表达需要演播者适当地添加"碎片词语"。所谓"碎片词语"，指广播剧剧本台词中原本没有，但为了表情达意的需要而适当添加的简单词、词组或短句子，比如在恰当的位置加入提示性的象声词或语气助词，抑或是有助于交流的简短句子。这样就可以使广播剧的表达更加自然和生活化，减少台词的书面语色彩。同时，这种处理方式能有效避免人物台词过长时表达过于枯燥、不利于孩子准确捕捉语义的情况。

例如在喜马拉雅 FM 评分高达 9.5，播放量达 2952 万的少儿题材广播剧《西游记儿童广播剧》第六回《喜得金箍棒》中，孙悟空去向东海龙王求取一件好用的兵器，龙王不好推辞，于是让侍卫拿出一把大砍刀，孙悟空看到说："俺老孙不会用刀，换一件，换一件。”演播者为了能口语化、通俗化地表达，不但重复了两次“换一件”，更是在“俺老孙”之前连说了六个“哎”，这样的“碎片词语”的添加，更生动地表达出孙悟空用整个生命去拒绝“大砍刀”这件兵器的心理。

再比如在《西游记儿童广播剧》第二十一回《五指山下救悟空》中，唐三藏走在路上饥肠辘辘，很是焦虑，突然前面跳出两只猛虎冲着他咆哮，后面出来几条长蛇挡住他的去路。看到这种情形白马早已吓得软倒在地上，站都站不起来，牵也牵不动。前有猛兽，后有毒虫，三藏心里暗暗叫苦：“唉！这可如何是好？难不成天要亡我吗？”后面添加的这三个短句就将唐三藏的心理动作描绘得十分具体、细腻，便于让小受众更准确地理解此时此刻唐三藏的内心是多么无助和绝望。

以上三点技巧不是彼此割裂的，而是相辅相成，你中有我，我中有你，互相促进的，演播者在演播时要有机结合来使用。

实战演练

《怪鸭侦探社》第五十七集　尘埃落定（节选）

在山谷都市的某个角落，有一家小小的私人侦探社——怪鸭侦探社。赫赫有名的怪鸭大侦探比利带着他的助手，勇敢的探员狗丹尼尔，当然还有可爱的秘书小兔萝茜，每天都要深陷在各种稀奇古怪而且脑洞大开的案件之中。无数的谜题奇案等待着怪鸭侦探社去一一破解。让我们跟随他们一起出发吧。

尘埃落定

虽然是在冬天，山谷都市的阳光却依旧很充足。躺在沙发上沐浴着阳光的罗拉拿着遥控器百无聊赖地翻看着电视节目。她不停地换台，显然是心里有事。想到比利探长身边的福特被关入警局，大报总裁的公司濒临破产，自己又获得了警察局的公开道歉，一切进行得顺风顺水。

但是在达到了自己的目的之后，罗拉却并没有欣喜若狂，反而内心有了如释重负后的空虚。再联想到医院里那些因游乐园爆炸而受到惊吓的孩子们，罗拉的内心隐隐有些自责，自己的复仇计划是不是有些过火了呢？幸好还有警察，那些罗拉曾经认为是事不关己高高挂起的渎职警察，奋不顾身地对市民进行救助，才使得伤亡没有进一步扩大。此时的罗拉反倒觉得警察其实并没有那么令自己深恶痛绝了。

罗拉将遥控器扔在一旁，叹了口气：“唉！就到此为止吧，过去的就过去了，做个普通人也没什么不好。”

说着便拿起了手机，准备像正常人一样刷刷微博，看看新闻。突然，一条关于山谷都市虐童案的热门话题映入她的眼帘——山谷都市幼儿园的孩子被老师体罚,肆意打骂,无数市民气愤评论转发。

看到这里,罗拉皱着眉头,气得浑身发抖。她想起了自己小时候发生的那一幕幕,自己原有的幸福家庭因父亲的含冤入狱而不复存在。父亲出狱后的酗酒殴打,母亲的再婚生子,让她成了一个孤苦无依的孩子。本来以为被收留进孤儿院后生活能有所改变,但进去以后,她并没有得到应有的照顾和关爱,反而受到老师和同学们的欺凌,这一切让她的内心百孔千疮,渐渐地变成了现在这个样子。

也许虐童案网上舆论呼声过大,电视机的各个频道突然全部开始插播这件案子的报道了。听到是这件案子,罗拉放下手机,紧紧地盯着电视屏幕。新闻里,主持人反复强调着,警察正在调查中,希望市民冷静,不要受舆论影响。

换了好几个频道,全是同样的陈词滥调。罗拉愤怒地关掉了电视机。刚刚对警察印象的改观,也因为新闻报道里警察的不作为而烟消雨散了。

过了一周,网上的舆论渐渐平息了。谣言在没有确凿证据的情况下,是很容易不攻自破的。但在怪鸭侦探社里,萝茜和丹尼尔却在讨论着幼儿园的另一件事。

“丹尼尔,警方委托的寻找幼儿园院长贪污的案子进行的如何了?今天该给警方回复了呢。”萝茜边打着字边说道,“我这边只找到一些他与高官富商吃饭的资料,并没有决定性证据。”

丹尼尔摸着头,不好意思地说道:“我去银行调查他的流水,明面儿上的账完全没问题。银行说,可能他是用别人的账户运作的,可这些银行方面就没办法提供具体的情报了,只能让我自己再去查,可我总不能潜入他家去翻吧。这是警察局给咱们的秘密委托,就是想在不动警力的情况下,暗地里掌握他贪污的证据,然后才好公开调查他。唉!这一下可难办了。”

正在这时,侦探社的电话响了起来。

“马上就要过年了,还有案子啊,坏人都不用过年的吗?”萝茜心里吐槽着接起了电话,“你好,这里是怪鸭侦探社。什么?好的,好的,我们马上过去。”

放下电话,萝茜走到沙发前,对一直瘫在沙发上发呆的比利探长说:“探长,别发呆了,有案子了,你总不能一直沉浸在抓不到罗拉这件事上吧。警察局的公开道歉应该能让罗拉安静一段时间了,咱们该查的,该做的都已经做了,唯一不如罗拉的就是身体没有她灵活,咱们过两年以后结伴锻炼吧。”

比利探长明白这些道理,自己在侦探推理上并没有输,可是福特的入狱,陈达集团马上就要破产这两件事明明是自己引起的,但自己却丝毫没有办法阻止。罗拉的安静,也只能让悲剧不再发生,那么已经发生的悲剧该怎么挽回呢?这几天比利探长都无心办案,警察秘密委托调查幼儿园园长的案子,他都没有参与。

丹尼尔强行拉起了比利探长,“探长,一直这样,可不像你啊!我和萝茜一直在你身边呢,你不是一个人在战斗啊,有什么事情是咱们三个人一起克服不了的呢?”

比利探长看到丹尼尔和萝茜这样给自己打气,决定不能这么消沉下去了。福特和大报没能保护好,可不能再让丹尼尔和萝茜再为自己担心了。

他振作起来说:“丹尼尔、萝茜,谢谢你们。咱们来说说刚才的案子吧。”

萝茜看到恢复成平常样子的比利探长,安心地说道:“探长,这几天我和丹尼尔调查的幼儿园园长的案子,虽然你没有参与,但你知道是怎么回事吧?刚才的电话就是这个幼儿园打来的,说园长被打晕,保险箱被打开了。目前园长已经被送到医院还没醒。保险箱里少了什么他们也不知道。”

“探长,咱们赶紧去看看吧,也许还能找到园长贪污的证据呢。”

比利探长看着日渐成熟的丹尼尔和萝茜,露出了欣慰的笑容。

曾经是舆论中罪大恶极的山谷都市幼儿园,是山谷都市最大的幼儿园,它是由政府出资建造的,所以设施完善,学费低廉,是山谷市民不二的选择。比利探长一行人来到了监控室,调出昨天一整天的监控画面,画面中没有看到任何一个可疑的人。只有老师、学生和来接送学生的家长。这说明这个案子是熟人作案。

于是,比利探长来到了园长被打晕的地方——他自己的办公室。据别的老师说,昨天最后一次见到园长是在放学后的教师会议上,会议大概六点半结束,然后老师们就陆续走了,园长也像往常一样,一个人回到办公室去了。据说他经常自己待在办公室,直到深夜,也不知道他在干什么。

看来园长比较孤僻,并不受老师们的爱戴。于是比利探长让丹尼尔去找门卫大叔,了解一下会议结束以后老师们离校的时间状况。比利探长开始在园长办公室里寻找线索。他注意到,园长的办公桌上有一个装有荧光灯管的台灯,此时还正在亮着。这盏灯样式较老,还没有启动器。在台灯旁边还放着一只手电筒,也是亮着的。

“这个现场保护得真是好呀。”比利探长笑着和跟随调查的教导主任说道,“为什么会有手电筒呢?是园长眼神儿不太好吧?”

教导主任解释说:“是这样的,昨天晚上七点多的时候,学校突然停电了,大概八点多的时候才来电,所以这手电筒可能是园长应急的时候开的吧。”

萝茜听到这里,认真地分析道:“昨晚停了一个小时的电,桌上的手电筒又亮着,是不是可以确定犯人正是在一个小时之内作的案呢?当时屋里漆黑,园长正拿的手电筒照明,这时犯人趁暗打晕了他,撬开了保险柜,然后以老师的身份正常走出了学校。那么只要是停电一小时之内走出学校的老师就是犯人了。对不对,探长?”

探长刚想说话,这时丹尼尔带着三名老师走了进来。

(音频参考:https://www.ximalaya.com/sound/71282468)

不一样的春节①

（钥匙开门声）

孩子：妈妈你回来啦！

妈妈：宝贝有没有想妈妈呀？

孩子：想了想了，妈妈我都想死你了！昨天我有乖乖听话，吃了好多饺子，因为爸爸说，把盘子里的饺子都吃完妈妈就会回来陪我们过年啦。

可是我不明白，为什么别人的妈妈都在家陪着孩子过年，我的妈妈却要在大年三十值班呢？

妈妈：因为妈妈是医生啊，我要帮生病的小朋友们治好病，他们才能早点开开心心地回家过年啊！

孩子：那妈妈你现在治好他们了吗？

妈妈：治好了治好了，接下来的几天妈妈都不用值班了，能在家好好陪着你。

孩子：太好了！妈妈，我要你陪我去游乐场，我们还要去看电影，吃各种好吃的！

妈妈：好好好。

信息：鉴于新型冠状病毒肺炎疫情严重，全市医护人员取消春节假期，正常值班，请在今天下午回医院报到，各位辛苦。

妈妈：宝贝，对不起，妈妈可能不能在家陪你过年了，我一会儿还要回医院。

孩子：为什么？我们不是已经说好了吗？

妈妈：因为……这几天有一种叫作新型冠状病毒的坏东西悄悄溜进了我们生活的地方，它钻进人们的身体里，让很多人生了病。感染了这种病毒的人会头疼、咳嗽、发烧。我要赶快回去给他们治疗才行啊。

孩子：可是我等了一整天，就希望妈妈能回来陪陪我，你现在才刚回来，就要走。我不要妈妈走，我不要妈妈走。

妈妈：孩子，妈妈真的很抱歉。可妈妈是个医生啊，治病救人是我的职责。医院里还有很多感染了新型冠状病毒的病人在等着我们帮助，所以我必须要走。

孩子：哼！你整天就会想着别人，根本不陪我，你是不是不爱我了，不想要我了！

（短信声）

信息：请各位医生准时回岗，做好各项准备。

妈妈：孩子，对不起。等把病毒赶走了，我一定回来好好陪着你。妈妈爱你。

（关门声，下楼脚步声）

孩子：坏妈妈，我讨厌死你了！

---

① 冠状病毒肆虐，用这个原创儿童广播剧告诉孩子：我们正在经历什么[EB/OL].(2020-01-28)[2023-05-08].https://baijiahao.baidu.com/s?id=1656970622297215472&wfr=spider&for=pc.

爸爸:怎么了宝贝?为什么不开心了?

孩子:爸爸,妈妈不要我了!她又回医院了!她是个坏妈妈!

爸爸:宝贝,别哭了。爸爸妈妈爱你,我们不会不要你的。

孩子:真的吗?

爸爸:当然,你是我们的宝贝,我们永远爱你。

孩子:那为什么妈妈要走?我怎么求她她都不肯留下来陪我。

爸爸:因为你的妈妈是个勇敢的战士,现在我们生活的地方闯进了一个可怕的敌人,会危害大家的健康。而妈妈回去就是要帮助大家战胜这个敌人,保卫大家的健康。

孩子:我知道,妈妈这个敌人叫作新型冠状病毒。得了病的人会咳嗽、发烧、头疼,可是这不就跟感冒差不多吗,以前我感冒了,妈妈只要给我开点药,我吃了之后很快就会好啦。她只要也给那些病人开点药就好了,为什么非得回医院去呢?

爸爸:因为这个冠状病毒跟我们以前遇到过的病毒都不一样。一般的病毒在显微镜下放大看起来就像个小圆球,而这种病毒周围还长了很多凸起的小疙瘩,就像是国王头上戴的王冠,所以叫作冠状病毒。

你听故事和看动画片也知道,戴着王冠的国王总会比其他人要更厉害。这种病毒也是,会让人染上严重的病。更糟糕的是,之前从来没人得过这种病,所以我们没有专门用来对付它的药。

这就需要成千上万像妈妈一样的医生、护士一起回到工作岗位,大家共同努力,拿起武器跟可恶的病毒打一场硬仗,找到消灭它的方法!

孩子:我懂了,新型冠状病毒就是病毒里的坏国王,像国际象棋里的国王一样非常厉害。而妈妈就是拿着宝剑的勇士,要帮大家除掉这个坏国王。可是之前从来都没遇到过,那它怎么会突然跑出来让大家生病呢?

爸爸:这些病毒,可能很早以前就存在在大自然里了。只不过它们一般都在野生动物,比如蝙蝠的身上,不会传染到人类。直到有一天,一个馋嘴的人为了品尝野味,把野生动物抓来做成了菜吃掉,于是野生动物身上的病毒就传染给了他,接下来他再传染给别人。

孩子:吃野生动物的人真是太可恨了!动物们那么可爱,他居然把它们做成菜吃,还把病毒传染给别人!

爸爸:是啊,野生动物很可爱,可是它们身上可能有几百种我们不知道的病毒,所以我们只要远远地看着它们就好,千万不要去打扰它们。

孩子:爸爸,我也想帮妈妈做点什么,跟她一起对付可恶的病毒。

爸爸:那我们一起录个预防疾病的儿歌小视频,传到网上去,教会更多小朋友正确地预防病毒入侵,避免得病好不好?

孩子:好!

抗冠状病毒儿歌

勤洗手来多通风,少出门多在家里。
要是咳嗽打喷嚏,抬起手肘捂口鼻。
不吃生冷和野味,口罩戴好要牢记。
多喝热水爱洗澡,别贪玩按时休息。
学会保护好自己,新型肺炎远离你。

孩子:妈妈,你看到我和爸爸录的小视频了吗?我们也在跟你一起为战胜新型肺炎努力呢!

妈妈:宝贝,我看到啦,你真棒!

孩子:妈妈,你和所有的医护叔叔阿姨都辛苦啦,你们也要注意保护好自己哦,我和爸爸在家等着你们胜利的消息!

妈妈:放心吧宝贝,用不了多久,我们一定会战胜病毒,让大家都健健康康地回家。到时候我一定回家好好陪陪你!

孩子:好,一言为定,我们等你!妈妈,加油!

爸爸、妈妈、孩子一起:“武汉加油!中国加油!”

《三国演义》儿童广播剧　第1回　东汗末年 天下大乱

小朋友你好,从今天开始,狮子老爸要给你开讲由喜马拉雅独家出品的儿童广播剧《三国演义》了。这本书啊,是咱们中国的四大名著之一,他的原作者呢,是元末明初的小说家罗贯中。这位罗先生啊,那可真不一般,他把中国东汉末年一直到西晋朝初年近百年的历史啊,写得是栩栩如生,淋漓尽致,让人们读了这本《三国演义》之后,都是心驰神往,恨不得自己也变成那时候的一个大将军。

一个聪明的谋士,跟三位主角曹操、刘备、孙权一起逐鹿天下,成为名垂千史的大英雄。那接下来,让我们穿越时空,一起来到《三国演义》的世界吧。

天下大势,分久必合,合久必分。在中国的古代呀,大家都争着抢着要当皇帝,导致国家朝代经常变动,而且每一次改朝换代伴随的都是打打杀杀。老百姓在这里呀,就活得很痛苦。你听听他们的呼声吧——

“哎哟,这连年打仗地都荒废了。吃不上饭哪。”

“哎,这当官儿的不打仗就来抢我们土地,想种地都没地方了,这可怎么活呀?”

偏偏福无双至,祸不单行。在战争年代,旱的旱,涝的涝,老百姓吃不上粮食不说,还生了一种很严重的疾病,叫作瘟疫。

在那个时候,可没有现在这么好的医生跟医院,一旦生了瘟疫,那就是非死不可了。

“我们快饿死了,求求您了,给我们点儿吃的吧。”

“我可怜的孩子呀,你才刚出生就得了瘟疫。我也不活了,我随你一起去吧。”

“风不调雨不顺，还天降瘟疫，这是汉朝气数已尽，上天警示。我乃大贤粮师，可医百病，开仓放粮。”

“有粮吃，还可除瘟疫。乡亲们，快，快，快来呀！”

这成千上万的老百姓走投无路之时，听到有个叫大贤良师的能治瘟疫，还给饭吃，纷纷前来投靠。

“各位父老乡亲，我乃巨鹿人士张角，号大贤良师，乃是受上天所托前来解救苍生的神仙。如今民不聊生，这是官逼民反。大家不得已而反之，这是顺天行事。尔等都在头上绑一条黄色头巾，你我今日便皆是黄巾军。”

这大贤良师张角微微一煽动，各地的老百姓就纷纷响应，很快就有50万人加入了黄巾军。听，他们浩浩荡荡狂奔而来，宛如一群蝗虫，铺天盖地。

“苍天已死，皇天当立，岁在甲子，天下大吉。苍天已死，皇天当立，岁在甲子，天下大吉。”

黄巾军焚烧了官府，打杀了官吏，一下子占领了很多城市，战火迅速蔓延，不过短短十天，天下都知道了有一位大贤良师，他带领的黄巾军有如神助，由老天撑腰。等到消息传到当时的京师洛阳之后，皇帝吓坏了。

此时的皇帝啊，是个年轻的孩子，刚刚29岁，就是汉灵帝。虽说他是皇帝，但是真正的政权、兵权都被外戚跟宦官把持。当他听到天下大乱的消息时，他只能求救身边的外戚大将军何进，而何进的妹妹就是她宠爱的皇后。

这黄巾军继续东征西讨，等到了幽州地界时，当时的太守刘焉赶紧张贴告示，招兵买马对抗黄巾军，而其下的卓俊也贴出了这样一张告示。就是这样引出了一位旷世枭雄，也就是我们的主人公之一刘备。

要说起刘备啊，我再给你好好介绍一下。刘备这个人模样十分古怪，他的两只耳朵呀出奇得大，大到什么程度呢，能垂到自己的肩膀上。哎哟，你瞧瞧他的两个手臂呀，也特别长，长得都垂过膝盖下面了。眼睛也很长，长到能看到自己的耳朵。虽说他长相是有些奇怪，但是他的出身却十分显赫。他是汉朝的皇室宗亲，也就是皇帝的亲戚，是中山靖王的后代，汉景帝的玄孙。不过现在他的家庭已经破败了，他自己呀，也就是每天以织草鞋、卖草鞋为生。

这天早晨，在涿郡城门口围了一大群百姓，纷纷都议论着那张贴在城墙上的募兵告示。

“哈哈，我识字儿，我识字儿啊，我给大家念念听听。幽州刺史刘焉，布告四方百姓：黄巾军，欺君罔上，聚众造反，竟又犯我幽州地界，残害生灵，荼毒百姓。为防周郡守备之不虞，奉天子御诏，招募四方精壮之士，从军守土，保境安民。有愿从军者，速来投报。”

“哎，这是要招兵买马呀。”

“你听说了吗，黄巾首领，得过异人传授，能治百病，还能变出粮食来。”

“我也听说呀，他有500个徒弟，个个武艺高强，还得到过天人秘符。”

“符上写什么？”

“符上写着，苍天已死，皇天当立。”

“你不要脑袋了啊。”

“我看哪，这也是气数。大汉哪，完啦！”

刘备在一旁目睹了这一切，想到自己是堂堂的皇室后裔，却不能报效朝廷，不由深深叹了口气。

（音频参考：https://xima.tv/1_fDWKm8？_sonic=0）

《汪汪队立大功》第4集 秋季庆典

秋天到了，果园里挂满了红彤彤、黄澄澄的果实，牧羊犬阿奇跟斑点狗毛毛正在农场帮农妇由美摘水果。瞧他们正忙得不亦乐乎。

阿奇：哇，好大好红的苹果。

由美：阿奇，我种的苹果是冒险湾最甜的，等采摘完就能举办秋季庆典啦。

阿奇：太好了，农妇由美，那让我们帮你全都采摘下来吧。

由美：太棒了，哈哈，谢谢你，阿奇。

毛毛：农妇由美，我帮你把那边的苹果也摘下来啊。

不等农妇由美回答，毛毛就朝着不远处的苹果树冲去。

毛毛：看我毛毛，火力全开！

他纵身一跃，然后一头撞到了一棵矮矮的苹果树上。紧接着，他又被树干反弹了出去。

阿奇：毛毛当心！

毛手毛脚的毛毛一头栽进了南瓜堆里。等他从里面爬出来的时候，一个大大的南瓜壳儿正好扣在了他的脑袋上，把他的半张脸都给盖住了。

毛毛：嘿嘿嘿，我的头上有好多好多好多的星星呀。

阿奇：毛毛，别用爪子抓星星了，你只是被撞晕了啊。

毛毛：原来是这样啊。

这时一阵寒风吹了过来。毛毛揉了揉自己的鼻子，又忍不住打了个哆嗦。

毛毛：啊，好冷啊！

由美：不好，天气预报说，这里马上就要有暴风雪了！如果水果结冻了，就不能拿出去卖了。可是我们还有很多水果没有摘。

阿奇：别担心农妇由美，汪汪队会帮助你的！

阿奇用脑袋亲密地蹭了蹭农妇由美的腿，然后对毛毛说：“毛毛，咱们现在就去找莱德吧。”

毛毛:好啊,快走吧。

毛毛、阿奇:莱德,莱德……

莱德:怎么了,阿奇?

阿奇:暴风雪就要来了,农妇由美需要我们的帮助。

这时,毛毛在一旁不停地踏着小碎步,急得团团转。

毛毛:是的是的,她一定要在下雪前抢收完水果,不然她就没有办法举办秋季庆典了。莱德,快想办法,快想办法呀。

莱德:别担心毛毛,没有困难的工作,只有勇敢的狗狗。汪汪队,总部集合!

阿奇、毛毛:莱德需要我们!

很快,狗狗们就赶到了总部大厅,莱德给他们介绍起了这次的任务内容。

莱德:狗狗们,我们需要在暴风雪到来之前帮农妇由美把所有的水果都采摘下来,并且运到谷仓里,不然果园结冰,那里的水果就会坏掉了。毛毛,我需要你的梯子,方便大家去树上摘水果。

毛毛:我火力全开!

莱德:小砾,你用挖掘机把摘下来的水果运到谷仓里。记住,动作一定要快!

小砾:小砾,往前冲!

莱德:其他的狗狗们也过去帮忙,这次的任务我需要全体狗狗一起参加!好了,汪汪队出动吧!

阿奇:阿奇的警用卡车变身完毕!

小砾:小砾的挖掘机变身完毕!

路马:路马的水陆两用气垫船变身完毕!

灰灰:灰灰的回收卡车变身完毕!

天天:天天的飞行机翼变身完毕!

毛毛:毛毛的消防车变身完毕!

莱德:好了狗狗们,出发!

汪汪队全体出动了,他们飞速赶往山上的果园,在那里,他们能在最短的时间内把所有的水果都收进谷仓里吗?

请听下集——《手忙脚乱的狗狗们》。

(音频参考:https://www.ximalaya.com/sound/473194215)

本章小结

1. 恐怖题材广播剧的演播技巧主要包括巧用声调、营造氛围、控制气息三个方面。
2. 爱情题材广播剧的演播技巧主要包括演播者要有角色感、要有分寸感以及要使受众有满足感三个方面。

3. 武侠题材广播剧的演播技巧主要包括塑造英雄形象、感受角色心理、树立空间意识三方面。
4. 少儿题材广播剧的演播技巧主要包括轻松、活泼、夸张的表达，富有感情色彩的表达以及口语化、通俗化的表达三个方面。

思考题

不同类型的恐怖题材广播剧有哪些演播方面的细微差别？

参考文献

[1]罗莉.文艺作品演播技巧[M].2版.北京:中国广播电视出版社,2013.

[2]孙悦斌.声音者:孙悦斌配音理论及实践技巧[M]北京:中国传媒大学出版社,2016.

[3]张颂.中国播音学[M].2版.北京:北京广播学院出版社,2003.

[4]罗莉,王明军.文艺作品演播选[M].北京:中国传媒大学出版社,2009.

[5]张颂.播音主持艺术论[M].北京:中国传媒大学出版,2009.

[6]王明军,阎亮.影视配音艺术[M].北京:中国传媒大学出版社,2007.

[7]罗莉.文艺作品演播教程[M].北京:北京大学出版社,2007.

[8]吴郁.主持人思维与语言能力训练路径[M].北京:中国广播电视出版社,2005.

[9]陈亮.播音主持心理学教程[M].北京:北京大学出版社,2007.

[10]祁芃.播音主持心理学[M].北京:北京广播学院出版社,1999.

[11]张颂.播音员主持人训练手册:诗歌朗诵[M].北京:中国传媒大学出版社,2007.

[12]高贵武.解析主持传播[M].北京:北京广播学院出版社,2004.

后 记

在教材的编写过程中,我们选用了很多位作者的作品,并通过多方与作者进行联系,获得了他们的大力支持。在此,我们表示衷心的感谢。但是仍有部分作者因地址或姓名不详而无法取得联系。这些作品的版权归原作者所有,所有作品素材仅供学习交流使用,如有侵权请联系删除。

再次表示感谢!

卢茜

2024 年 10 月

图书在版编目(CIP)数据

新媒体文艺作品演播 / 卢茜编著. -- 北京：中国传媒大学出版社，2025.1
ISBN 978-7-5657-3333-8

Ⅰ. ①新… Ⅱ. ①卢… Ⅲ. ①播音—语言艺术 Ⅳ.①G222.2

中国版本图书馆 CIP 数据核字(2022)第 205485 号

新媒体文艺作品演播
XINMEITI WENYI ZUOPIN YANBO

编　　著　卢　茜
策划编辑　李水仙
责任编辑　李水仙
封面设计　风得信设计 · 阿东
责任印制　李志鹏

出版发行　中国传媒大学出版社
社　　址　北京市朝阳区定福庄东街 1 号　　**邮　　编**　100024
电　　话　86-10-65450528　65450532　　**传　　真**　65779405
网　　址　http://cucp.cuc.edu.cn
经　　销　全国新华书店

印　　刷　艺堂印刷(天津)有限公司
开　　本　787mm×1092mm　1/16
印　　张　14
字　　数　341 千字
版　　次　2025 年 1 月第 1 版
印　　次　2025 年 1 月第 1 次印刷

书　　号　ISBN 978-7-5657-3333-8/G · 3333　　**定　　价**　59.00 元

本社法律顾问：北京嘉润律师事务所　郭建平